中山大学岭南（大学）学院
LINGNAN (UNIVERSITY) COLLEGE

广东改革开放40周年回顾与展望丛书

陆　军◎主编

# 广东制造发展
# 四十年

○ ·········· ○ ·········· ○

张斌　张宏斌◎编著

中国社会科学出版社

## 图书在版编目（CIP）数据

广东制造发展四十年 / 张斌，张宏斌编著 . —北京：
中国社会科学出版社，2018.10

（广东改革开放 40 周年回顾与展望丛书）

ISBN 978 – 7 – 5203 – 3461 – 7

Ⅰ . ①广…　Ⅱ . ①张…②张…　Ⅲ . ①制造工业—
工业发展—研究—广东　Ⅳ . ①F426.4

中国版本图书馆 CIP 数据核字 (2018) 第 248697 号

出 版 人　赵剑英
责任编辑　喻　苗
责任校对　胡新芳
责任印制　王　超

出　　　版　中国社会科学出版社
社　　　址　北京鼓楼西大街甲 158 号
邮　　　编　100720
网　　　址　http://www.csspw.cn
发 行 部　010 – 84083685
门 市 部　010 – 84029450
经　　　销　新华书店及其他书店

印　　　刷　北京明恒达印务有限公司
装　　　订　廊坊市广阳区广增装订厂
版　　　次　2018 年 10 月第 1 版
印　　　次　2018 年 10 月第 1 次印刷

开　　　本　710 × 1000　1/16
印　　　张　18.75
插　　　页　2
字　　　数　256 千字
定　　　价　79.00 元

# 总　　序

　　党的十一届三中全会，吹响了中国改革开放的号角，从此中国大地发生了翻天覆地的变化。时至今日，已经整整四十年，中国从一个贫穷落后的国家发展成为世界第二大经济体，外界称之为中国奇迹。四十年的改革开放，给中国人民带来了实惠，也给世界人民带来了福利，中国已经成为了世界第一贸易大国。四十年的风雨历程，四十年的探索前行，走出了一条中国特色的社会主义道路，向世人证明了中国特色社会主义制度的优越性。

　　广东地处华南，濒临港澳，是中国改革开放的试验田和排头兵。从蛇口工业区、经济特区到沿海开放城市，再到沿江沿边城市，形成全面对外开放的新格局，广东的先行先试以及"敢为天下先"的开创精神，为全国提供了很好的经验借鉴。2018年3月7日，习近平总书记在参加十三届全国人大一次会议广东代表团审议时发表重要讲话，充分肯定了党的十八大以来广东的工作，深刻指出广东在我国改革开放和社会主义现代化建设大局中的重要地位和作用，对广东提出了"四个走在全国前列"的明确要求。"进一步解放思想、改革创新，真抓实干、奋发进取，以新的更大作为开创广东工作新局面，在构建推动经济高质量发展体制机制、建设现代化经济体系、形成全面开放新格局、营造共建共治共享社会治理格局上走在全国前列。"从某种意义上讲，广东的改革开放就是全国的一个缩影，广东的经验就是全国的经验。党中央在充分肯定广东成绩的同时，对广东也提出了更高和更大的要求。

1985 年我还在中山大学攻读研究生，到深圳参加广东外贸体制改革课题的调研，当年深圳建设时期晴天黄尘漫天、雨天泥泞的道路至今印象深刻。珠江三角洲河网密布，水系发达，改革开放前广东、特别是珠三角交通很不发达，广州到东莞要过五六个渡口，要用 6 个多小时的时间。如今粤港澳大湾区城市群通过高速铁路、高速公路、港珠澳大桥等连成一体，成为世界上最发达的区域。改革开放初期，以习仲勋、任仲夷等为代表的老一代改革开拓者，以大无畏的改革精神和实事求是的探索精神，给广东的发展打出来一片新天地。广东从改革开放前的一个偏远落后的省份，如今已经连续 29 年经济总量位列全国第一。广东"以桥养桥""以路养路"，率先到国际金融市场融资，率先成功采用 BOT 的建设方式，率先采用掉期等风险管理的方式，率先发行信用卡等，广东在中国不知有多少个全国第一！从经济特区的建立，对外开放以及"三来一补"的发展模式，助力广东取得发展的原始积累；到珠三角的迅速崛起，广东制造蜚声海内外；再到广东创造，成为创新创业的引领者，这中间不知凝聚了多少广东人民的勤劳和智慧。特有的广东经济发展模式，给各种所有制经济提供了发展的舞台，特别是民营经济以及家族企业开拓了一条特色发展之路。企业发展需要社会和政策的土壤，企业也在不断地回馈社会和国家，广东的企业家们也格外注重履行企业社会责任。经济的发展，更离不开政府的政策扶持和市场制度建设，金融、外贸、工业、财政、税收等各个领域的改革，在广东大地上全面推开。广东的发展离不开港澳两地的支持，同时广东的发展也给港澳的发展注入了新的活力。在"一国两制"方针的指导下，粤港澳经济合作的格局也在不断发展和壮大。最近粤港澳大湾区建设的战略设想，也给粤港澳合作提出了更高的要求，粤港澳三地人民将发挥更大的智慧来互补互助，解决发展的瓶颈问题，将会给世界大湾区经济建设和制度创新留下浓墨重彩的一笔。然而，发展也存在一定的问题，广东的区域发展极不平衡，粤东西北等地区的经济发展甚至滞后于全国平均水平，最富在广东，最穷也在广东。2020 年我们要全面步入小康社会，广东的扶贫攻坚工作也尤为艰巨。

中国、特别是广东的改革开放走的是一条创新开拓之路，没有现成的经验可以借鉴，是中国共产党人，带领全国人民披荆斩棘，共建美好家园的探索之路，所以有人把改革称之为摸着石头过河。既然是走没有人走的路，就会出现这样或那样的问题，也会遇到这样或那样的困难。我们把这些解决问题的思路和克服困难的方法总结起来，这就是经验，是希望给继续前行的人点上一盏明灯。

中山大学地处广东改革开放这块热土，中山大学的众多师生全程参与了广东的改革开放，见证了广东改革开放的奇迹。在我的记忆中，广东改革开放四十年的不同阶段碰到的重要的理论与实践问题，都有我们经济学人参与研究。从最早的加工贸易、"三来一补"，鲜活农产品输港问题，到香港珠三角"前店后厂"、国际经济大循环、珠三角发展规划、产业升级转型、大湾区建设、价格改革、外贸改革、金融改革、国企改革、农民工问题等，中山大学的经济学人都积极地贡献着智慧。1989 年成立的中山大学岭南（大学）学院，本身就是作为中国教育部和中山大学在中国高等教育改革开放方面的一个尝试。得益于广东改革开放的伟大成就，经过近 30 年的建设，岭南学院已经通过了 AACSB、AMBER 和 EQUIS 等国际商学院的三大认证，跻身于国际优秀的商学院之列。自 2017 年初，岭南学院就计划组织校内外专家学者编写"广东改革开放 40 周年回顾与展望"丛书，从经济发展、经济改革、对外开放、区域经济发展、民营企业、广东制造、财政改革、金融发展、企业社会责任以及粤港澳合作等视角全方位回顾广东的发展历程，总结广东的发展经验，并展望未来的发展方向。丛书的编写工作，得到了中山大学领导的大力支持，学校不仅在经费上全力支持，而且在总体布局上给予了诸多指导。当然，由于团队水平有限，写作的时间较短，难免有所疏漏，错误在所难免，还请广大读者批评指正。

中山大学岭南（大学）学院　陆军教授

2018 年 10 月 21 日

# 目　　录

**第一章　1978—1990 年起步发展阶段** ………………… （1）

　第一节　阶段发展概况 ………………………………… （1）

　第二节　主要改革政策及阶段成果 …………………… （4）

　第三节　主要开放政策及成果 ………………………… （14）


**第二章　1991—1997 年高速发展阶段** ………………… （26）

　第一节　广东制造业的发展背景和发展概况 ………… （26）

　第二节　新一轮改革浪潮：社会主义市场经济体制

　　　　　地位的确立 ………………………………… （31）

　第三节　新一轮开放浪潮：外向带动的经济发展模式 ……… （35）

　第四节　广东制造业的支柱产业 ……………………… （37）

　第五节　广东制造业的特点 …………………………… （51）

　第六节　广东制造业的问题 …………………………… （54）


**第三章　1998—2007 年调整发展阶段** ………………… （58）

　第一节　广东省产业结构与制造业发展概况 ………… （58）

　第二节　制造业产业转移与集群经济 ………………… （76）

　第三节　制造业支柱产业培育及布局 ………………… （98）

　第四节　国有企业改革与民营经济发展 ……………… （127）

　第五节　高新技术产业与自主创新 …………………… （152）

第六节 宏观环境与重大政策 ……………………………………（164）

**第四章 2008 年至今转型发展阶段** …………………………（181）

第一节 金融危机下的制造业 ……………………………………（181）

第二节 政策制度与制造业转型升级 ……………………………（183）

第三节 广东省制造业发展分析 …………………………………（190）

第四节 广东省制造业产业转移与产业升级 ……………………（202）

第五节 广东制造业转型升级城市范例 …………………………（219）

**第五章 广东制造业发展现状及特点** …………………………（248）

第一节 广东省制造业的总体发展情况 …………………………（249）

第二节 广东省制造业集聚发展特征凸显 ………………………（261）

第三节 广东省制造业展望 ………………………………………（274）

**参考文献** ………………………………………………………（280）

**后　记** …………………………………………………………（291）

# 第 一 章

# 1978—1990 年起步发展阶段

## 第一节　阶段发展概况

现有研究者普遍将广东省改革开放早期的工业结构演进历程分为两个阶段：[①] 第一阶段为日用消费品工业阶段，1978—1984 年，纺织服装、饮料、食品、轻工业迅速发展并成为支柱工业；第二阶段为耐用消费品工业阶段，1984—1990 年，以空调、冰箱、彩电三大家电产品为代表的耐用消费品工业迅速成长为主导产业，建立起以轻型、外向型为特点的工业结构。

### 一　改革开放政策提出

1976 年末，"文革"刚结束时，国内经济落后，人民思想僵化，全国百废待兴。面对这样的情况，邓小平同志公开发表讲话认为："就整个政治局面来说，是一个混乱的状态；就整个经济情况来说，实际上是处于缓慢发展的状态和停滞的状态。"在经济方面，由于连续多年鼓吹"唯生产力论"、"不为错误路线生产"，许多生产组织名存实亡，生产者大都人心涣散。在城市，大批工厂停工停产，机器设备大量损坏；在农村，许多农民的生活极为困难，全国有相当多的农民口粮不足。不仅如此，20 世纪 70 年代末，和平与发展成为世界新

---

① 毛蕴诗、汪建成：《广东企业 50 强——成长与重构》，清华大学出版社 2005 年版。

主题，抓住机遇，加快发展，尽快改变中国贫穷落后的面貌成为当时中国社会的主流思想。

1978年12月召开的十一届三中全会重新确立了党的政治路线、思想路线和组织路线，做出了把党和国家的工作重心转移到社会主义现代化建设上来并实行改革开放的伟大决策。自此，改革开放在中国大地正式拉开了序幕。

## 二 广东发展阶段成效

1979年，中国经济体制改革启动，伴随改革进程的推进，旧的计划经济体制逐渐解体，新的市场经济体制因素迅速成长。改革开放前十年，广东省经济社会取得了巨大的发展。改革开放前，广东省既没有优惠的政策，也没有优越的地理位置，加上广东省不具备丰富的自然资源（尤其是矿产资源），工业发展受到极大的限制，更谈不上大型工业企业的发展。在当时，不论是大型企业的数量还是大型企业的工业总产值、平均产值都是极为低下的。改革开放后，在内部推动和外部拉动双因素驱动下，广东省工业得到了前所未有的巨大发展，工业产值急剧增长、产业结构不断优化升级。与此同时，广东的大型企业集团也得到了飞速的扩张，新的品牌形象不断涌现，打造出了美的、科龙、TCL、华为等驰名中外的大型企业。这些大型企业的形成和发展，对广东省甚至对全国的经济都有着举足轻重的作用。

1978年到1990年，广东省GDP呈指数性增长。1978年广东省GDP为185.85亿元，到1985年为577.38亿元，1990年达到1559.03亿元，是1978年的8倍。由图1—1可以看出，工业产值也逐年快速增长，1978年广东省工业产值为76.12亿元，1985年达到185.81亿元，到1990年实现523.42亿元，是1978年的近7倍。1978年开始改革开放后的十年间，社会总产值、工农业总产值、国民收入和财政收入平均每年分别增长17.4%、13.5%、11.3%和10.0%，改变了1978年以前连续13年广东省经济发展速度低于全国平均水平的落后情况。

与此同时，三大产业总产值均显著提升。由图 1—2 和图 1—3 可以看出，1978—1990 年，第二、第三产业持续保持高速增长，第二产业占总体 GDP 的比重最高，房地产业、金融业、建筑业、交通运输仓储业、批发零售业和工业均保持增长。由此可见，1978 年到 1990 年广东省经济高速增长，工业产值实现大幅度飞跃。

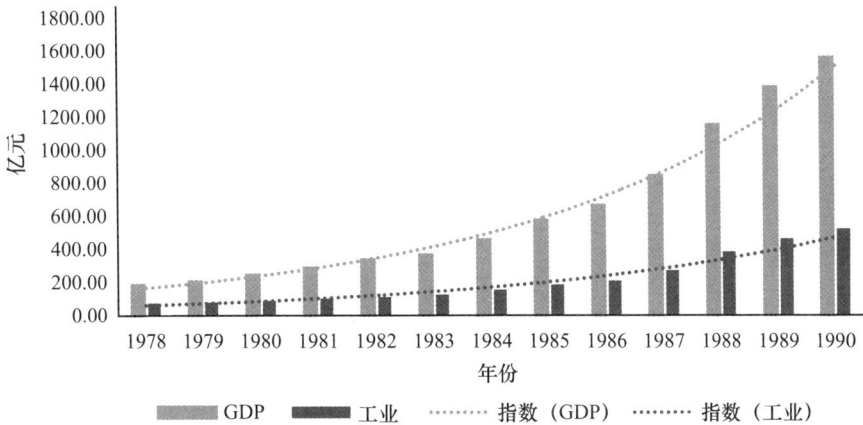

图 1—1　1978—1990 年广东省 GDP 及工业产值

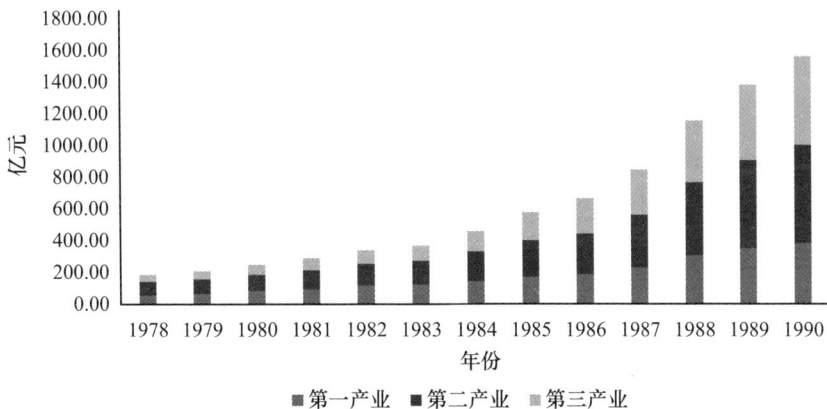

图 1—2　1978—1990 年广东省 GDP 及产业分布

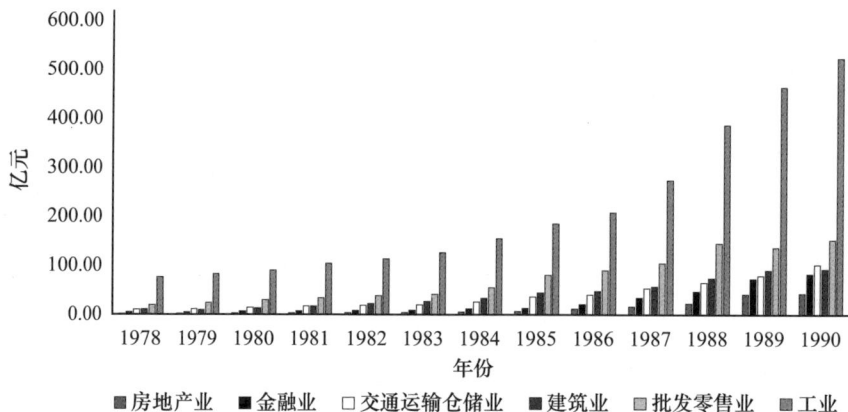

图1—3　1978—1990年广东省各产业产值

# 第二节　主要改革政策及阶段成果

1979年4月，中央决定发挥广东毗邻港澳、华侨众多的优势，让广东在改革开放中先走一步。此后，一系列利好政策在广东铺开。

## 一　主要政策措施

（一）特殊政策、灵活措施

1979年7月15日，中共中央、国务院批转广东省委和福建省委关于对外经济活动实行特殊政策和灵活措施的两个报告，主要内容包括以下四点：

（1）计划制订以省为主；

（2）扩大地方对外贸易的权限；

（3）财政实行大包干；

（4）在物资供应、劳动工资和物价等方面，给地方以适当的机动权。

1981年4月，省委提出"对外更加开放，对内更加放宽，对下更加放权"。1984年11月，省委进一步提出破除"左"的思想束缚。

1985 年 5 月，省委提出进一步破除产品经济的旧观念，明确商品经济是社会经济发展不可逾越的阶段，要求改革必须适应发展社会主义商品经济的要求，保证了特殊政策和灵活措施的正确执行。特殊政策和灵活措施，为广东在改革开放中先走一步创造了条件，使广东进入了新中国成立以来发展升级最旺盛、经济实力增长最快、人民得到实惠最多的黄金时期。

（二）生产资料价格体制改革

在改革商品流通体制的同时，广东采取"放调结合、以放为主"的方针，稳妥进行价格改革，把绝大部分农副产品及日用工业品的价格放开或实行浮动，对生产资料实行双轨制，逐步引入市场机制，扩大市场调节。到 1987 年底，国家计划管理价格与市场调节价格在日用工业品价值总量中的比重为 20∶80，农副产品为 25∶75，生产资料为 30∶70。通过价格改革，逐步改变了商品价格长期背离价值和不反映供求关系的状况，发挥了刺激生产、调节结构、增加供给的积极作用。

广东生产资料价格改革起步较早，1980 年就已对物资部门计划外组织的钢材、化肥等实行保本经营价。之后又迈开了两大步：一是从 1984 年起，在国家规定的 21 种生产资料范围内，计划外物资按保本微利、不超过计划内物资价格 20% 的幅度作价；二是从 1985 年开始，取消品种范围和价格浮动幅度的限制，计划外物资价格随行就市，自由浮动。至 1985 年，广东对能源、交通和生产资料普遍实行了计划内外的"双轨价格"。计划外的指导价和市场调节价占生产资料销售总额的比重，1985 年已达 56%，1986 年上升为 65%，1987 年扩大到 70% 左右。

生产资料实行"双轨价格"，即国家计划内生产、流通的生产资料继续实行计划价格；计划外生产、流通的生产资料实行市场调节价。价格"双轨制"初步改变了过去生产资料生产长期低价微利，亏损由国家补贴的局面，调动了制造业企业生产积极性。改革后，广东主要重工业产品产量有较大幅度的增长。如水泥 1987 年比 1978 年增长 3.2 倍，发电量、钢材增长 1.4 倍。

1986 年底，经省人民政府批准，进一步改革"双轨价格"，对计划内钢材允许企业在保证完成国家生产建设任务的前提下，将部分计划内钢材（2%）作为商品投入市场，按市场自由价格进行买卖调换，从而有效地促进了钢材市场的发展。到 1987 年底，全省已建立钢材市场 10 个。

表 1—1　　　广东省 1978 年 12 月至 1984 年 9 月价格改革内容

| 年份 | 价格改革内容 |
|------|------|
| 1979 | 以 25% 左右的幅度提高粮食等农副产品的收购价，恢复议购议销，开放集市贸易价格，广州市放开塘鱼价格。 |
| 1980 | 提高猪肉等 8 种副食品销售价和煤、铁、木材等原料、燃料价格。 |
| 1981 | 提高烟、酒和 19 种农副产品价格；调低手表等 5 种轻工产品价格。 |
| 1982 | 逐步开放羽毛球、衣架等 150 种小商品价格，实行市场调节。 |
| 1983 | 调整纺织品价格，提高棉纺织品价格，降低化纤和产品的价格。广州市放开水果购销价格。 |
| 1984 | 提高铁路水路运输的价格，调整煤炭、钢铁、水泥、生铁、化肥等生产资料的价格。广州市放开蔬菜价格。 |

资料来源：谢鹏飞编：《广东发展之路：以改革开放 30 年为视角》，广东省出版集团、广东人民出版社 2009 年版，第 264 页。

### (三) 国有企业承包制改革

承包制全称为承包经营责任制。承包经营责任制是在社会主义公有制基础上，按照所有权与经营权分离的原则，通过签订承包合同，确定国家与企业之间的责、权、利关系，使企业具有自主权的经营管理制度。其基本形式是"两保一挂"，即企业保证完成承包合同规定的上缴税利指标，保证完成国家规定的技术改造任务，工资总额与实现利税挂钩。

我国承包制一共出现两次浪潮：一次是以安徽省凤阳县小岗村为起点的家庭联产承包责任制，另一次是从 1987 到 1992 年的国有企业承包制改革。1984 年 10 月 20 日十二届三中全会正式通过了《中共中央关于经济体制改革的决定》（以下简称《决定》），《决定》指出，增强企业的活力，特别是增强全民所有制的大、中型企业的活力，是以城市为重点的整个经济体制改革的中心环节。

承包经营责任制有以下几点好处：

（1）有利于企业所有权与经营权分离，理顺企业所有者、经营者和生产者的关系，促使企业加强管理，完善内部经营机制，达到增产节约和增收节支；

（2）有利于推进技术进步，增强企业发展的后劲；

（3）有利于国家财政收入稳定增长；

（4）有利于控制积累基金和消费基金的不合理增长。

截至 1987 年上半年，中国已有 75% 的大中型国营企业实行了各种承包经营责任制，这些企业的生产增长和实现利税情况普遍好于未实行的企业。

（四）流通产业改革

1978 年开始的改革开放，首先是从流通领域进行，打破了商品流通三级批发、四级流转的单一商品流通渠道，在批发方式上，改变了固定对象、固定供应区域、固定作价倒扣率的三固定的管理方式，进行了"三多一少"（多种经济成分、多种流通渠道、多种经营方式、减少流通环节）为主要内容的改革，改变了流通企业在计划体制下形成的行政管理机构附属物的地位和缺乏经营自主权的状况。这一系列的改革促进了生产，繁荣了经济，搞活了流通，使市场格局发生了根本变化。[①]

1980 年 9 月，广东省政府印发了省财贸工作会议制定的《关于疏通商品流通渠道，促进商品生产，搞活市场的十二项措施》（以下简称《十二项措施》），推进流通体制的重大改革，对打破计划经济体制下重生产、轻流通的扭曲状态产生了重大影响。具体措施包括：

---

① 隋广军：《广东产业发展研究报告》，暨南大学出版社 2001 年版。

（1）改革日用工业品购销政策，缩小计划收购范围；

（2）打破国营企业独家经营，实行多种经济成分并存、多种经营方式竞争、多条渠道流通；

（3）打破城乡分割，实行城乡通开，在大中城市和中心集镇建立批发市场和贸易货栈。

流通体制改革的主要内容是放开多种经济成分的市场主体，大幅度放开自由买卖、自由议价的商品种类范围，完全废除国内商品流通的地域和批零层次的限制，这为广东省的商业体制改革开了好头，定了基调。时任省长叶选平在1990年的全省市场工作会议上说："市场是整个经济活动承上启下、承前启后的枢纽。承生产之前，启消费和需求之后——流通这个枢纽活跃不起来，前后两头都活跃不了，所以各级政府要善于抓流通枢纽。"

时任省委书记谢非在1991年7月的全省农业工作会议上说："充分发展流通服务，既能帮助农民推销产品，又能及时反馈市场信息引导农民生产，并且能够以流通为纽带，连接各家各户，形成专业经营、集约经营、联合经营、规模经营，进行大批量生产，进入大批量的远距离流通。"商品流通总体发展迅速，对全省经济持续快速发展和社会稳定起到很强的促进作用，对制造业的发展也起了关键作用。同时，改革生产资料流通体制，突破了生产资料不是商品的传统观念，逐步放开了生产资料市场。随着流通体制的深化，统购统销的逐步取消，商品自由贸易有步骤地展开。广东商品流通基本走上了商品经济的轨道，商品流通业的发展促进了城乡工农业的发展、技术升级和产品更新换代，使广货的竞争力大大加强。

（五）政治体制改革

经济改革，客观上要求与政治改革相配套。1978年9月，李先念在国务院务虚会上提出："我们要改革一切不适应生产力的生产关系，改革一切不适应经济基础的上级建筑。"在贯彻对外开放方针的过程中，不少地区也开始政治体制改革，其中以深圳蛇口工业区为典型。深圳蛇口区政治体制改革的举措主要有以下几点：

第一，党政企分开。深圳市政府派在蛇口的管理局主要负责工商管理、税务、公安和统计，不设计委、纪委、工业局、商业局等直接指挥生产的机构，也不直接管理水电、道路、绿化、学校、医院等公用事业；从区委到企业党委不设与政府职能或企业行政职能相重复的机构，不干预政府和企业的正常活动，集中精力抓党的建设和干部教育。

第二，改革干部制度。工业区的大小企业，不论是外商投资企业，还是国营、内联企业都没有行政级别，干部调入工业区，原有级别一律冻结在档案里，不再作为使用、升降、调资、分房、用车的依据；工业区董事会中7名董事由干部无记名差额选举产生，每届任期3年，另4名董事由招商局指派，总经理及其以下各级干部实行聘任制。

第三，鼓励群众批评监督。工业区努力创造民主环境和气氛，把各级干部置于群众的监督之下。蛇口区较早地建立了新闻发布会等制度，群众可以利用新闻沙龙、学术团体等形式自由地讨论工业区的建设方针、重大决策和国内外大事，还可以公开批评管理部门和领导干部的错误。对于群众的正确批评，管理部门和领导干部一般都会立即研究、切实改进，并给予表扬鼓励；即使是不太正确的意见和牢骚怪话，也让人讲话，不搞以言治罪。

（六）民间科技企业支持

在改革开放过程中，不少地区出台措施鼓励民间科技企业发展，其中以深圳市为典型。1987年2月，深圳市颁布了《关于鼓励科技人员兴办民间科技企业的暂行规定》（以下简称《暂行规定》），根据《暂行规定》，只要有两名科技人员采取停薪留职、辞职、离退休等方式，实行"四自"（自由组合、自筹资金、自主经营、自负盈亏）原则，具有法人代表资格，就可以申报兴办民间科技企业。深圳市有关部门积极支持民间科技企业，从各方面给予配合：市科委拨出100万元的发展基金，扶持民间科技企业；工商局拟定新的措施，办理民间科技企业的登记手续；允许民间科技企业搞中外合资项目；为民间科技企业进出口元器件大开绿灯。

深圳兴办民间科技企业，引起了社会的强烈反响，得到了国内外的密切关注。到 1988 年 6 月底，深圳市民间科技企业已有 73 家。在这些民间科技企业中，50% 左右属于技术密集型的电子行业，70% 的企业法人代表具有中高级技术职称，其中 50% 的科技人员来自北京、上海、武汉、西安、广州、成都、哈尔滨、贵州、昆明等地。已投产的产品，有一半左右是专利成果。据深圳科委对 1987 年正式开业的 31 家民间科技企业进行的调查，民间科技企业生产的产品有电子、民用电器、仪表、环境工程、工业设计、装潢、印刷等系列，已开发 73 项，总投资额达 1500 万元。其中 13 家已经投产的企业，到 1987 年底总产值达到 159 万元，利润为 15.5 万元，创汇为 2.1 万美元。

## 二 阶段典型成果

从十一届三中全会到十二届三中全会召开，广东省成为全国改革开放的先锋。在初步探索阶段经历了价格改革、创办经济特区以及流通产业改革等，广东以敢为人先的精神进行以市场为取向的改革实践，为全国的改革提供了丰富经验，也取得了一系列改革成果。

（一）顺德，以工业立市

自改革开放以来，顺德在短时间内发生了举世瞩目的变化，不少人认为顺德的发展在某种意义上代表着中国未来的发展方向。顺德过去是一个典型的农业县，经济基础十分薄弱。改革开放以后，根据自身条件，确立了工业立市的思路，走以工业为主，集中生产轻工产品，特别是家电产品的道路，在较短的时间内完成了初级工业化的任务，将顺德由一个农业县发展成为一个工业市。

1978 年，国家对机械工业进行调整，采取扶持轻工业发展的方针。之后，顺德地区的农机厂和农械厂生产的机床机电产品的销售也开始走出困境，顺德真正意义上的工业化开始正式起步。随着中国改革开放政策的实施，人民生活水平得到逐步提高，日用消费品的市场越来越大，顺德地区的农机厂和农械厂利用原有的厂房、设备开始生产日用电器，相对比较简单又有市场的风扇就成了农机厂和农械厂转产的首选。到 1981 年，桂洲柴油机配件厂、桂洲农机厂、勒流农机厂、陈村农机厂、北滘农机二厂、北滘电器厂 6 家农机和农械工厂转产电风扇。这几家工厂后来也分别改名为桂洲第一风扇厂、桂洲第二风扇厂、环球电器厂、华英风扇厂、南方电器厂、美的电扇厂。这些工厂生产的电风扇在国内市场曾经赫赫有名，北滘因为风扇厂最多而被人称为"风扇城"。1978 年成立的北滘裕华电风扇厂是顺德最早生产电风扇的企业，早在 1975 年，裕华电风扇厂的前身——北滘电器塑料厂，试制成功梅花牌 9 吋金属台扇。到 1987 年，裕华电风扇厂的产值已经过亿元，坐上了中国乡镇企业的第一把交椅。1990 年，顺德全县有 21 家规模电风扇厂，产值接近 19 个亿，销量占国内市场的 25%、美国市场的 30%、加拿大市场的 60%。顺德成为名副其实的世界电风扇制造中心。[①]

电风扇的成功激励顺德人向其他家用电器产品进军。1981 年，龙江镇世埠家用电器厂在省内最早生产电饭锅系列产品。至年底，容奇镇电器厂试制成功国内第一台 700 瓦自动恒温式保温电饭锅。1985 年，桂洲电器制品厂试制成功国内第一台直筒式自动保温电饭锅。后来，该厂改名为广东电饭锅厂，发展成为当时国内最大的电饭锅厂。到 1990 年，顺德的电饭锅产量已经占了全国总产量的 1/4。1983 年 10 月，潘宁带着容奇镇容声家用电器厂的人试制成功国内第一台双门电冰箱，后来又专门为这个双门电冰箱成立了广东珠江冰箱厂。最终，容声冰箱成长为中国冰箱最早的民族品牌。1987 年，顺丰电子厂——广东华宝空调厂的前身在国内成功开发出当时的高科技产品——房间分体式空调。同年，杏坛铁工厂——康宝电器的前身成功试制远红外线高温杀菌全自动电子消毒柜。

改革开放初期，顺德的广大干部和群众创造性地理解和执行中央的方针政策，利用改革机遇，从实际出发，千方百计加快经济建设的步伐。在经济发展思路上，创造了"以集体经济为主、以工业为主、以骨干企业为主"的发展战略，推动了经济尤其是工业的迅速振兴，

---

[①] 引自：林德荣《可怕的顺德》，机械工业出版社 2009 年版。

基本实现了工业化，逐渐被学术界和新闻界称为"顺德模式"，也成为改革开放成果中不可忽视的部分。

（二）韶关，承包经营改革

自 1980 年起，韶关钢铁向省里承担生产、亏损定额包干，四年不变；1984 年起，韶钢又对省承担七年投入产出包干并开始试行厂长负责制；这一期间，韶关钢铁从亏损大户走向盈利大户。韶关市于 1984 年吸收[①]。韶关市于 1984 年吸收韶钢承包经营的成功经验，对市属 66 家企业因厂制宜，采取不同形式的承包经营责任制，并坚持"包死基数，确保上缴，超收多留，歉收自补"原则，很多企业也发展了起来，为全省开展承包经营责任制提供了有益经验。1986 年，中央对广东财政实行包干体制，各级政府对企业亦实行了各种形式的承包制，全省迅速掀起了一股承包热潮。据统计，共有 2076 户国有工业企业实行了承包，占国有工业企业的 92%；有些行业还实行了不同形式的全行业承包，一时使承包经营成为全省大中城市经济体制改革的主旋律。

1987 年，广东推行的承包经营责任制又取得了突破性的进展，在承包经营的内容形式和方法上，都发生了一些根本性的转变，如引进承包经营的竞争机制，变被动承包为主动承包，使承包经营形成了一种竞争局面。有些企业也将风险机制引入承包经营责任制中，实行全员抵押承包，使全体职工增强了集体意识，不仅调动了职工的积极性，而且也使每个职工有了强烈的责任感，使承包制得到了充实和提高，促进了企业的技术进步和基础设施的建设和发展。

（三）清远佛山，企业经营改革

1978 年 10 月，清远县首先在氮肥、化肥、水泥、农机 4 间工厂试行超计划利润提成奖，把完成国家计划同搞好企业经营管理和改善职工生活有机地结合起来，有效地调动了主管部门、企业和职工群众的积极性。同年 11 月，超计划利润提成奖的办法在全县 17 家国营企业

---

① 谢鹏飞编：《广东发展之路：以改革开放 30 年为视角》，广东省出版集团、广东人民出版社 2009 年版，第 291 页。

全面铺开。1979 年 8 月，在全省工业交通企业增产节约会议上肯定并推广了清远经验，开始了在 169 家国营企业实行扩大企业自主权的改革，基本内容是：（1）把经营权还给企业；（2）扩大企业留利比例；（3）实行厂长、经理负责制，民主选举厂长经理；（4）允许企业用集资方式筹集资金；（5）改革劳动用工体制；（6）企业奖金在征收奖金税的条件下上不封顶、下不保底；（7）改革分配制度，包括试行浮动工资、计件工资、联销联利全浮动工资等；（8）推行多种形式的承包经营，包括在企业内部实行多种形式的层层承包制。

1979 年，清远全县工业总产值比改革前的 1977 年增长了 50.18%，上缴税金增长了 25.4%，实现利润 425 万元，比 1977 年净增 456 万元。1981 年，清远县在超计划利润提成奖的基础上，继续扩大企业自主权，改革企业内部分配制度，改革企业管理体制，实行"利润包干，逐年递增，超额分成，一定三年"的承包制。企业经营机制的改革，带来了生产的发展和经济效益的提高。改革后 5 年（1979—1983）与改革前 5 年（1974—1978）相比，平均年工业产值增长了 48.2%，年均利润增长了 1.13 倍。5 年中新增固定资产近 2000 万元。"清远经验"的创造和推广为后来试行推行企业经营机制改革开辟了道路。

被列为全国中等城市经济体制综合改革试点城市之一的佛山市，实行改革开放以来，在深化企业改革，不断增强企业活力的同时，注重建立和培育市场体系，改善宏观管理手段；大力引进外资和先进技术设备，对工业企业进行技术改造，着力调整产业结构和产品结构，推动国民经济持续高速增长。到 1987 年，佛山市工业总产值超过百亿元大关，达到 115.61 亿元（按不变价格计算，包括乡镇工业产值），比 1978 年的 16.15 亿元增长了 6.16 倍，年平均递增 24.4%，大大高于全省、全国的增长率，进入全国工业年产值超百亿元的 20 个明星城市行列，是广东省继广州之后的又一个工业年产值超百亿元的城市。

# 第三节　主要开放政策及成果

## 一　"三来一补"

（一）政策背景与内容

很多人认为，中国的开放，是从引进外资兴办"三来一补"企业开始的。"三来一补"于1978年提出，"三来"是指来料加工、来样加工、来件装配，而"一补"是指补偿贸易，是广东省在改革开放初期尝试性地创立的一种企业合作贸易形式。"三来一补"的出现主要跟改革开放初期地方缺乏资金、技术和技术人员有关，之后逐步成为广东利用外资的典范，后来该模式被全国其他地方广为采用。

"三来一补"有明确的设立条件：不要求注册资本；合作双方必须是企业法人机构；外方未曾有抵触中国法例的不良记录；有固定、独立的注册地址或经营场所；有明确的经营范围。"三来一补"也有规定的登记程序：政府审批；注册地址消防合格许可审批；环保审批；工商登记；组织代码登记；税务登记；外汇登记；海关登记。"三来一补"的文件资料包括：股东之商业注册登记文件；银行资信证明；登记场地之合法使用证明，包括房地产证或租赁物业之租约；负责人或经理之履历与身份证明文件；来料加工合作合同/协议；其他相关的注册登记要求文件资料。

广东在引进外资的同时，还注意引进国外先进的技术和设备。1981年2月召开的广东省五届人大三次会议明确提出："自觉地把内外经济拧成一股绳，结合成为一个有机的整体，使之相辅相成，互相促进……把引进外资、先进技术、科学管理同改造现有企业和发展能源交通结合起来，把发展进出口贸易同发展国内工农业生产、改善市场供应、解决城市的'骨''肉'关系结合起来，把建设经济特区同繁荣全省乃至全国经济结合起来。"引进先进技术设备，既是实施外向带动的物质技术基础，也是树立改革开放形象的重大举措。改革开放之初，广东工业基础薄弱，企业规模小，工艺落后，设备残旧，产品档次低，花色品种少，经济效益差。要走出国门，参与国际竞争，必须"造船出海"，引进国外的资金、技术和先进的设备，改造老企业，提高产品的竞争力。省委、省政府有关领导认识到"广东到了在技改上狠下功夫的时候了"。借助"三来一补"政策，广东省充分利用外汇相对较多的优势，为引进先进技术设备做好准备。

（二）引进外资技术成果显著

1979 年至 1987 年，广东省全省实际利用外资达 55.3 亿美元，占全国同期实际利用外资总额的 60% 以上，利用外资兴办"三资"企业 6061 家，开办"三来一补"业务 79320 项，居全国第一位，全省共引进技术设备 90 多万台（套），引进生产装配线 2400 多条，其中七成以上属于 20 世纪七八十年代先进水平，有半数以上的老企业得到了技术改造。

珠江三角洲乡镇企业率先发展"三来一补"，引进外资、吸收消化先进技术、移植先进管理方法、开发新产品、发展对外贸易、跻身国际市场、出口创汇，成为广东省发展外向型经济的主力军。借助"三来一补"政策，珠江三角洲乡镇企业普遍从发展内向型结构转向以外向型结构为主体上来；从单纯的设备引进转移到引进、吸收、消化、创新的轨道上来；把单纯生产内销产品转移到内外并举、逐步扩大出口的轨道上来；[①] 逐步把乡镇工业分散布点转移到相对集中；在改善投资环境、提高办事效率上下功夫，增强外资吸引力。到 1987 年底，珠江三角洲引进设备 55.3 万台（套），有 1000 多种产品进入 80 多个国家和地区，拥有年工业总产值超千万元的乡镇企业达 159 家，其中有 2 个超亿元。乡镇企业比较发达的佛山市，年工业总产值超千万元的企业有 114 家。珠江三角洲发展的外向型乡镇企业 1100 多家，其中年创汇 100 万美元以上的企业达 50 家，初步形成了一大批"贸工农"一体化的外向型生产基地。

"三来一补"是广东省改革开放初期实施的对外经济技术合作与

---

① 王基宁：《考察广东军地企业得到的几点启示》，《军事经济研究》1989 年第 10 期。

贸易的创新，开创了我国利用外资做加工贸易的先河。其中广州的万宝冰箱厂、广美食品有限公司、珠江啤酒厂等企业是率先引进国外先进技术和设备并取得成功的代表性企业。

（三）典型企业发展成果

通过引进先进技术设备，广东工业企业技术水平呈现出了跳跃式的发展。全省半数以上的老企业的技术设备得到不同程度的更新改造。引进外资、引进技术，与广东坚持外向带动，增强全民的开放意识是分不开的。

1. 万宝冰箱厂

万宝冰箱厂原是个年生产不到 2 万台冰箱的小厂，1980 年亏损 35 万元。技术引进让这家濒临绝境的工厂走上了兴旺发达之路。1983 年，万宝冰箱厂从新加坡引进一套八成新 10 万台设备的生产线，一年生产冰箱 7 万台，还清全部外债后，获利 700 万元；1984 年 5 月，万宝又从日本引进一套年产冰箱 5 万台的新设备，投产后，年生产电冰箱共 14 万台，赢利 2000 万元。万宝冰箱厂改为电冰箱工业公司，年产值居全国同行业首位，占全国冰箱总产值的 26.9%。1984 年，广州市引进日本松下公司生产线，成立广州市电冰箱压缩机厂，年生产能力达 100 万台。这是我国第一条冰箱压缩机生产线。

随后，公司在消化吸收进口技术的基础上，对两条生产线先后进行了 8 次大规模的技术改造，冰箱生产规模迅速扩大，1985 年至 1987 年产量分别为 20 万台、40 万台、70 万台。

1988 年 4 月，在广州市政府的指导下，万宝电器集团公司诞生，它集合了 43 家电器产品、零配件、原材料生产企业及科研、设计、金融、商业单位，生产和经营九大类 100 多个品种规格的家用电器产品，职工达到 3 万多人。1988 年底，万宝集团完成工业总产值 23 亿元，实现利润 3 亿元，冰箱产量突破 100 万台大关，跻身世界电冰箱企业"八强"，冰箱压缩机产量也连续多年居全国第一。1989 年 4 月，万宝电冰箱获得美国 UL 认证，并在世界 16 个国家和地区注册了商标。万宝走了一条"引进—吸收—创新"的路。①

## 2. 广美食品有限公司

广美则走了一条"出让市场，开展合资"之路。广美食品有限公司（以下简称广美公司）是由北京中国国际信托投资公司和广州市广东罐头厂与美国 BEATRICE（毕萃斯）公司合资建立的。这个项目是梁灵光任轻工部部长时，与美国最大的食品集团 BEATRICE 公司谈定"共同在中国发展食品业"的一个意向。当时 BEATRICE 总裁提出在中国建立一个大型的、全国性的食品集团——既是生产型的（有工厂、企业）也是投资型控股型的（有金融机构），用美国人的话说是一个伞形的大企业，可以辐射全中国。经双方反复研究，最后认为可以在广州先建立一个经济实体，建一个生产厂家，等立足后再向外扩散。

然而，广美公司从开始立项起就引起了激烈的争论。因为它主要是看好中国市场，重点发展软饮料，而广州有些人认为软饮料是广州的优势，不应让出市场。②"合资企业是互利的，虽然我们让出部分市场，但可以得到更多的好处，这个项目是经过认真调查研究的，是可行的，外方愿意出钱，并派人来管理，工厂建在广州，我们是可以放心的。"梁灵光的讲话消除了这些人思想上的顾虑。双方于 1981 年 12 月在广州正式签订了合同。1983 年，共投资 1000 万美元的广美食品有限公司终于在广州市东郊珠江河畔破土动工了。这是我国改革开放初期最大、最早的中外合资企业，也是食品饮料行业第一家中外合资企业。1984 年 10 月，该公司就把高质量的产品推向了市场，几年后，卜卜星、美津饮料、美登高冰激凌系列产品发展成为大众喜爱的名牌，广美食品有限公司成为我国改革开放初期办合资企业的一个成功范例。

---

① 谢鹏飞编：《广东发展之路：以改革开放 30 年为视角》，广东省出版集团、广东人民出版社 2009 年版。

② 梁灵光：《"先行一步"中的磕磕碰碰（上）》，《南风窗》1997 年第 8 期。

### 3. 珠江啤酒厂

珠江啤酒厂也采取了"引进—吸收—转让"的形式。[①] 苏云对珠江啤酒厂早期发展进行了详细的描述，[②] 要点摘编如下。

20 世纪 80 年代初，珠江啤酒厂从法国、比利时引进了当时先进的啤酒生产设备、工艺设计和技术许可证，并从法国和比利时贷款，成为我国啤酒行业第一家全面引进外国先进生产设备和工艺技术的啤酒生产厂家。珠江啤酒厂是以补偿贸易形式引进国外先进技术设备的建设项目，首期工程按合同规定 30 个月内建成投产，国际上建设同类工程，最快的也要 29 个月；但是，珠啤创业者们与工程施工单位及外籍专家通力合作，采用国内外联合设计、施工、安装交叉进行的办法，1983 年 12 月破土动工，1985 年 7 月试产成功，仅用了 19 个月的时间，被誉为广州轻工建设的"珠啤速度"。首期工程投产当年就获得"广东省名新特优产品优秀奖"等荣誉，充分显示出引进设备和工艺技术的巨大优势。之后几年，产销量连年上升，产量已超过原设计能力 5 万吨的 36%，产品远销美国、加拿大、澳大利亚、比利时等十多个国家和地区，深受消费者欢迎，并收到了较好的经济效益。

在偿还外债方面，珠江啤酒厂通过艰难的谈判工作，签订了多渠道还贷的补偿贸易合同，其一是以啤酒返销形式还贷，比如单是返销法国德希尼布公司的啤酒每年最多达 21000 吨，并规定最少不少于每年应还的本金和利息；其二是利用啤酒废渣做原料配制生产成颗粒饲料返销比利时，既解决了国内大型啤酒厂废渣处理难的问题，又增强了还贷能力。

珠江啤酒厂十分注意引进技术的消化吸收工作。外籍专家、工程技术人员刻苦钻研，经过反复的实践，消化吸收了具有 20 世纪 80 年代先进水平的啤酒快速发酵工艺，使我国传统的啤酒酿造发酵期由

---

① 谢鹏飞编：《广东发展之路：以改革开放 30 年为视角》，广东省出版集团、广东人民出版社 2009 年版，第 127 页。

② 苏云：《利用外资的关键在效益——珠江啤酒厂利用外资引进技术取得成效》，《南方金融》1989 年第 10 期。

50—60 天缩短为 12 天，大大缩短了生产周期，提高了啤酒产量。与此同时，珠江啤酒还进行了多项技术改造，降低了生产成本。

珠江啤酒还成功地对韶关啤酒厂进行了技术转让，使该厂试产的第一罐啤酒质量就全部符合国家优质啤酒标准，为国家节省了大笔资金和外汇。珠江啤酒厂还先后为韶关、珠海、惠州、贵阳、衡阳、福州、西安、枣阳等啤酒厂家代培生产技术骨干 200 多人，为国内啤酒工业发展做出了贡献。

4. 中美玩具厂

改革开放之前，广东省玩具生产企业以二轻系统下的集体企业为主，生产技术水平与国外有较大差距，产品品种少、式样花色相对单一，主要面向国内市场销售，出口量极低。1980 年，广东仅有二轻系统下属 10 余家玩具生产企业，产值约为 2000 万美元，出口值不足 400 万美元。①

"三来一补"政策的实施使得玩具行业发生了翻天覆地的变化。以芭比娃娃生产厂"中美玩具厂"为例，1984 年美泰香港分公司在中国内地选址建厂时先后考察了上海、广州等地后，最终决定落户在当时建厂条件还相当简陋的官窑；其中，业内前所未有的"工厂接受美式管理"成为官窑最大卖点。在改革开放的影响下官窑人们意识到这次机会的重要性并成功抓住了它；随后中美厂由中方出厂房，负责配套设施建设、招工、生产管理，美方负责设备、原材料、设计、产品标准。美方带来了先进的设备，也带来了现代化、规范化的管理方法；严格的打卡考勤制、岗位聘用制、计件工资制等制度，很快在中美厂内实施、推行，生产迅速走上了正轨，投产当年即开始赢利。②

类似中美玩具厂的企业还有很多，OEM（Original Equipment Manufacturer，俗称代工生产）也成为中国玩具产业步入现代化大发展初期的主要形态；历经十年奋发，1990 年广东玩具产值达到了 16 亿元，

---

① 口述：杨开茂，整理：林枫：《中国玩具第一省——广东玩具产业发展光辉 35 年》，中外玩具网"中外玩具制造"。

② 黄子婧：《小娃娃撬动大产业》，《中外玩具制造》2018 年第 4 期。

占全国玩具出口比重为 51.43%，成为美、日、英、法等国家优质玩具的主要供应地。[①] 到 20 世纪 80 年代后期，广东玩具业已发展成为重要产业，广东成为玩具出口和内销的主要供货地。

## 二 区域开放

### （一）政策背景和内容

#### 1. 经济特区

1979 年 7 月，中共中央、国务院决定在深圳、珠海和汕头划出一定的区域试办出口特区。1980 年 8 月，第五届全国人民代表大会常务委员会第十五次会议审议批准了《广东经济特区条例》，将"出口特区"正式改名为"经济特区"，我国第一批经济特区在广东正式诞生。1980 年 8 月 26 日，深圳作为中国第一个经济特区，成为最早对外开放的城市。到 1987 年底，3 个经济特区累计完成基建投资 140 亿元，基建竣工面积达 2000 多万平方米，开发出建设用地 60 多平方公里，出现了一批工业厂房、商业楼宇、旅游、文化等设施和居民住宅，使昔日贫困的地区变成了比较现代化的城市和新兴工业区。1987 年，经济特区已投产的工业企业达 1600 多家，工业总产值达 63 亿元，比 1979 年增加约 60 倍。

经济发展遵循从"点"到"线"再到"面"的发展路径，而经济特区是做"点"的最好形式，这有助于观察国际经济的发展变化，学习外资企业的先进技术和科学的管理经验，摸索实验有关政策，为我国的社会主义现代化建设服务。对比国内外经济体制改革方面的政策，有助于政府找出适用于全国的带有共性的政策方案加以推广。经济特区为开展外引内联，发展外向型经济提供了良好的平台。

1984 年，邓小平说："特区是个窗口，是技术的窗口，管理的窗口，知识的窗口，也是对外政策的窗口。"经济特区在我国的地位和作用主要有五点：[②] 一是在体制改革中发挥"试验田"的作用，二是

---

① 口述：杨开茂，整理：林枫：《中国玩具第一省——广东玩具产业发展光辉 35 年》，中外玩具网"中外玩具制造"。

② 钟坚：《经济特区的酝酿、创办与发展》，《特区实践与理论》2010 年第 5 期。

在对外开放中发挥重要的"窗口"的作用，三是在自主创新中发挥重要的排头兵作用，四是在现代化建设中发挥"示范区"作用，五是对香港、澳门顺利回归和繁荣稳定发挥重要的促进作用。中央领导多次指出，发展经济特区，是建设有中国特色社会主义事业的重要组成部分，将贯穿我国改革开放和现代化建设的全过程。

2. 沿海港口城市

1984 年 1 月 24 日至 2 月 5 日，邓小平视察广州、深圳、珠海、顺德，对广东改革开放成绩给予了高度评价。1984 年 3 月，中共中央、国务院决定进一步开放包括广州、湛江在内的 14 个沿海港口城市。11 月和 12 月，国务院先后批复，同意在湛江、广州两个开放城市兴办经济技术开发区。1985 年 2 月，决定把珠江三角洲开辟为经济开放区。1988 年初，国家提出了沿海地区经济发展战略，其主导思想是利用国际有利形势和沿海地区的优势，大力发展外向型经济，促进我国的现代化建设。1987 年 11 月，经国务院批准，广东省扩大了经济开放区的范围，整个沿海地带都成了经济开放区，面积达 11.67 万平方公里，占全省总面积的 56%，人口达 4400 多万，占全省总人口的 68%。

（二）外向型经济发展成果显著

改革开放初期，广东省积极引进资金、技术、设备、先进管理经验、人才和信息，有效地推动了外向型经济的发展。以广州为例，1987 年出口创汇 9 亿美元，比 1978 年的 1.34 亿美元增长了 6 倍。1988 年上半年，又签订利用外资项目 188 个，其中生产性项目占 91%；自营外贸企业增加到了 61 家，出口实绩 52133 万元，完成年度计划的 81.84%，比上年同期增长了 27.93%。广州经济技术开发区自 1984 年底奠基以来，首期开发的 2.6 平方公里的基础设施基本完成，批准外引内联合同 202 个（外商投资生产型企业 51 个），总投资 8.96 亿元，到 1987 年底已有 57 家生产性企业投产。

区域开放使得粤港之间的前店后厂成为一种典型生产经营模式。封小云对这一模式有着详细的论述：这是两个地区间的专业化分工与合作的结果，是两个地区最具经济效益部分的结合；前店后厂能迅速发展，证明跨境的地区性分工造成的经济效率的提高大大超过了由此带来的交易成本；香港之所以专业化为"店"，是因为香港厂商在处理全球性的生产管理、供应与销售等服务支援业务方面的效率，香港的服务基础设施、法律和经营的环境所提供的低交易成本，远远胜过广东的珠三角地区；而广东之所以专业化为"厂"，是因为广东有着香港所不能提供的丰廉的土地，以及具有巨大潜力的低成本的劳动力市场；厂店的这种分工合作是大珠三角经济繁荣成长的重要动力；前店后厂主要参与的是由跨国的销售商主导的、全球分布最广的一种基本形式；跨国公司主要通过发包和转包形式，在全球进行制造生产（主要在发展中国家进行），例如耐克、阿迪达斯等公司，成本低廉、交易高效正是这类跨国销售公司的主要诉求；而粤港之间的前店交易高效与后厂成本低廉的结合恰好适应了跨国公司的需要；这也是珠三角通过前店后厂的发展成为全球最大的纺织服装、制鞋、钟表、玩具等加工出口基地的重要原因。①

区域开放对工贸企业发展来说尤其重要。从1981年广东省政府批准第一批具有自营进出口业务权的工贸企业开始，至1987年已发展到171家。据对其中63家工贸企业的统计，1987年出口创汇4.71亿美元，比上年增长56%，占当年全省贸易出口创汇总额的10.2%。这表明工贸企业已成为广东外经外贸的重要力量。工贸企业的发展扩大了出口创汇。例如，南海藤厂、广州电筒工业公司在1985年以前，出口创汇在几百万美元左右徘徊，1985年自营进出口业务后，1986年出口创汇就突破1000万美元。同时工贸企业促进了技术进步和管理水平的提高，初步建立起进口、引进、科研、生产"一条龙"的生产经营管理体系。例如万宝电器工业公司、白云山制药总厂等，已拥有当代世界先进水平的技术装备，并相应推行了现代化管理阶段。此外，工贸企业开拓了远洋市场，到海外办企业。1987年有20多家工贸企业先后在美国、加拿大、西班牙、中国香港等国家、地区参加了出口商品

---

① 封小云：《关于前店后厂模式的再思考》，《经济前沿》2003年第5期。

展销会，取得了较好的成绩。

（三）典型行业发展成果

1. 纺织业

20 世纪 80 年代初，广东的经济在新形势下迅速崛起，在一穷二白几乎没有任何工业基础的一片土地上建立起庞大的轻工业体系。当时中央给与了广东优惠的开放政策，毗邻港澳使广东迅速获得了初期发展的资金，在梯队转移过程中基本接收了整个香港的轻工业群。当时，国内轻工业基本一片空白，梯队转移为广东省的轻工业提供了巨大的市场。广东思想开放，受传统计划思想的影响较小，也没有老工业体系整改的压力。此外，由于成本问题，国外发达国家纺织等行业处于全面衰退阶段，这也为中国纺织品出口提供了巨大的市场。；广东思想开放，受传统计划思想的影响较小；没有老工业体系的整改压力；由于成本问题，国外发达国家纺织等行业处于全面衰退阶段，为中国纺织品出口提供了巨大的市场。

纺织业呈现出一派生机勃勃的景象，尤其以江门市所辖各县为典型。素有"葵乡"之称的新会县，于 1983 年建起了新会涤纶厂，占地面积 30 多万平方米，引进了国外 20 世纪 80 年代紧凑型高速纺织机、高速拉伸机，生产出各种规格的涤纶低弹丝、网络丝、异形丝、空气变型丝。它以多品种、优质获得了国内外的赞誉，"菊花牌"涤纶丝连续三年打入纺织部抽样三榜之内，继而又被希德西伦赛勒赫公司鉴定为具有国际水平。该厂 1987 年总产量达 13440 吨，总产值 2.91亿元，税利达 5000 万元，形成针织、梭织、染整、印花、成衣加工一条龙的南国"纺织城"。鹤山县生产的"美雅"拉舍尔毛毯也以印花艳丽赢得海内外消费者的青睐，荣获纺织部"三大支柱"创新奖、优质产品奖、全国最受消费者满意奖，1987 年实现产值 1.5 亿元，占全县工业总产值的 60%，税利达 2700 万元，创汇 460 万美元。

在利用外资中脱颖而出的恩平县广联泰纺织厂，投资 6500 万美元，3000 万人民币，形成封闭式钢架结构厂房，引进世界一流先进技术设备，形成年产 3.33 万锭棉纱的生产能力，取得一流的经济效益，三年内又赚回一个"广联泰"。该厂产品刚问世就被评为省优名牌，成为全国著名的起点高、规模大、效益佳、后劲足、影响广的中外合资企业。台山县投资 1.2 亿人民币，建造了面积达 40134 平方米、年产 1.2 亿码的高档水磨蓝牛仔布厂。1987 年江门市属 35 间企业实现产值 11.38 亿元，占全市工业总产值的 17%，出口量达 1.1 亿元，创部优产品 8 项，省优产品 32 项，乡镇纺织企业发展到 250 多家，初步形成具有化纤、棉、毛、麻纺系列，拥有多层次配套加工的纺纱、织造、针织、印染等行业。

广东货凭借其质量和价格方面的优势很快就超过了当时的上海货，畅销全国，并且在港资企业的带动下，大量出口。广东利用劳动力成本低的特点，抢占了国外发达国家正在退出的劳动力成本较高的国际市场。以劳动密集型为特征的纺织、食品与建材等行业成了当时广东经济的支柱产业。这些产业发展迅速，为广东的初期发展做出了巨大的贡献。

2. 制冷设备制造业

陈银荣、赵宁凡对广东省的制冷空调工业有着详细的总结。① 要点摘编如下。

广东省的制冷空调工业是从 20 世纪 50 年代起步，60 年代参加全国自行设计制造高速多缸短行程活塞式压缩机系列产品，以后又不断发展其他多种类型的制冷机和应用产品，经过近几十年的建设，特别是 80 年代以来，广东省制冷空调工业获得了迅猛发展，不断引进国外先进的技术和装备，更加促进了制冷空调企业的发展和兴旺；1990年，省内已拥有 40 余家生产企业，其中 80% 以上集中在广州、番禺、顺德、佛山、中山和珠海等地。

1990 年，广东省的制冷设备制造行业拥有固定资产约 15 亿元，占地面积共约 103 万平方米，生产面积约 58.8 万平方米，有职工总人数约 2.1 万人。千人以上的企业有 7 个，固定资产原值在千万元以上

---

① 陈银荣、赵宁凡：《广东省制冷设备制造行业概况与发展浅探》，《制冷》1991 年第 3 期。

的企业有 23 个，年总产值在千万元以上的企业有 17 个。上缴利税粗略统计 1989 年为 1.1 亿元，1990 年为 8600 万元。全省制冷空调行业 1990 年出口创汇约 2700 万美元。

广东省制冷空调行业的万宝电器集团公司、珠江冰箱厂、华宝空调器厂等在全国颇具影响。珠江冰箱厂生产的容声冰箱和华宝空调器厂生产的空调器，即使在 1990 年全国市场疲软的情况下，依然供不应求；而万宝电器集团公司是全国最大的冰箱出口基地。珠江冰箱厂的每一台产品都必须经过 24 小时的运行检测才予以出厂，华宝空调器厂将出厂产品仅作为半成品，到了用户手中，并能正常使用才算作合格品，这都是全新的质量意识与管理措施。广州豪华汽车空调工业公司是全国仅有的两家汽车空调压缩机引进生产线之一的企业，年产量可达 10 万台。广州冷冻机厂生产的列车空调机占全国产量的 70%。

# 第 二 章

# 1991—1997 年高速发展阶段

## 第一节　广东制造业的发展背景和
　　　发展概况

### 一　广东制造业的发展背景：三大困境与南方谈话

20 世纪 90 年代初，国际共产主义运动遭受严重挫折，中国的社会主义事业处于面临何去何从的关键时刻。政治方面，受原苏东社会主义国家剧变后国际局势变化的影响，一股企图否定以经济建设为中心的"左"的思潮迅速抬头；思想方面，出现了否定党在社会主义初级阶段基本路线的主张，"以阶级斗争为纲"的论调呼之欲出；经济方面，经济体制改革进程陷入停滞状态，甚至在局部领域出现向旧体制倒退的困境。[①]

不仅改革进程陷入停顿，对外开放也举步维艰；伴随"治理整顿"以来宏观经济的紧缩，90 年代以后西方对中国实施所谓"制裁"，中国的对外开放进程也遭遇巨大阻力；1989 年与 1988 年相比，实际利用外资额的绝对值减少了 1 亿多美元；1990 年略有回升，但也仅达到 1988 年的水平。更为严重的是，在理论上，利用外资的政策以及作为对外开放"窗口"的经济特区都遭到了责难；一些学者甚至提出，在经济特区，除了国旗和党旗是红的以外，其他都是白的，是资本主

---

① 赵凌云：《"南方谈话"在中国改革开放与思想解放进程中的历史地位》，《中南财经政法大学学报》2002 年第 2 期。

义的。利用外资多一分，就多一分资本主义，"三资"企业多了，就是资本主义多了。[①]

在中国社会主义事业面临三大重要的现实困境——发展速度严重滑坡、改革进程陷入停顿、开放步伐近乎停滞之际，邓小平同志适时发表了具有里程碑意义的南方谈话，提出了社会主义本质论、社会主义市场经济论、改革动力论、共同富裕论等重要理论，从思想认识和理论上解决了上述三个方面的重大问题。

在南方谈话期间，邓小平视察了深圳、珠海等经济特区，从理论上阐述了以经济建设为中心、抓住机遇促进国民经济快速发展、力争使经济几年上一个台阶的指导思想。邓小平强调，发展条件好的地方，应该抓住机遇加速发展，发展速度应高于全国平均水平，"比如广东，要上几个台阶，力争用二十年的时间赶上亚洲'四小龙'"。

邓小平也阐明了加快推进经济体制改革的必要性，提出了"三个有利于"这一衡量改革是姓"社"还是姓"资"的判断标准。"三个有利于"即是否有利于发展社会主义社会的生产力，是否有利于增强社会主义国家的综合国力，是否有利于提高人民的生活水平。针对一些人和地方在改革中的保守心态，邓小平倡导"三敢"精神，即"敢试、敢闯、敢冒"。邓小平提出用 30 年的时间通过改革建立比较定型和成熟的社会主义体制。"改革开放胆子要大一些，敢于试验，不能像小脚女人一样，看准了的要大胆地试，大胆地闯。"

同时邓小平阐明了加快对外开放的必要性。针对一些对经济特区的批评，邓小平指出："深圳的建设成就，明确回答了那些有这样那样担心的人，特区姓'社'不姓'资'。"针对一些人对利用外资的责难，邓小平指出："从深圳的情况来看，公有制是主体，外商投资只占四分之一，就是外资部分我们还可以从税收、劳务等方面得

---

① 赵凌云：《"南方谈话"在中国改革开放与思想解放进程中的历史地位》，《中南财经政法大学学报》2002 年第 2 期。

益处嘛！多搞点'三资'企业不要怕。只要我们头脑清醒就不要怕，我们有优势，有国营大中型企业，有乡镇企业，更重要的是政权在我们手里。"

南方谈话之后，广东为落实邓小平提出的20年内赶超亚洲"四小龙"的要求，制定了《广东省20年经济社会发展纲要（草案）》。1993年5月，中共广东省第七次代表大会将广东在未来20年内赶上亚洲"四小龙"、基本实现现代化作为广东地方党组织的奋斗目标。广东省委书记谢非代表省委在会议上提出：[1]广东省今后的发展思路是，以建设有中国特色社会主义的理论为指导，以经济建设为中心，以改革开放为动力，以"四项基本原则"为保证，坚持"两手抓"的方针，强化农业、交通能源通信、科技教育三个基础；建立社会主义市场经济、民主法制和廉政监督三个机制；实现产业结构、生态环境和人口素质三个优化，保持国民经济高速、高效、协调、持续发展，不断提高人民生活水平，促进社会全面繁荣进步。这就是"三个三工程"。

由此，广东掀起了新一轮改革开放的热浪，经济增长迎来一次巨大的跳跃，其中1992—1995年间，广东整体经济增长就翻了一番。[2]

## 二 广东经济增长和产业发展概况

如图2—1所示，1991—1997年，广东省地区生产总值高速增长。1991年广东省GDP为1893.3亿元，1997年增长到7774.3亿元，年平均增长率超过26%。同期工业增加值由675.55亿元增长到3235.42亿元，年平均增长率超过30%。由图2—2的产业分布可以看出，第二产业占比最大且平稳上升。

---

① 温宪元：《邓小平与改革开放伟大事业——基于广东改革开放伟大实践的研究》，载《邓小平与中国道路——全国纪念邓小平同志诞辰110周年学术研讨会论文集（下）》，2014年。

② 丁家树：《广东经济发展的回顾和世纪之交的战略选择》，载曾牧野、张元元、马恩成等《转型期广东经济改革与发展》，广东经济出版社1998年版，第247—256页。

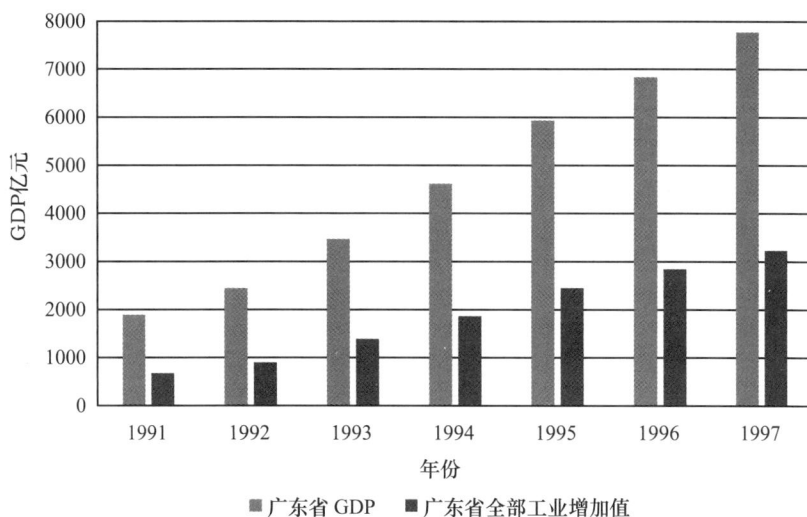

图 2—1　1991—1997 年广东省 GDP 和广东省全部工业增加值

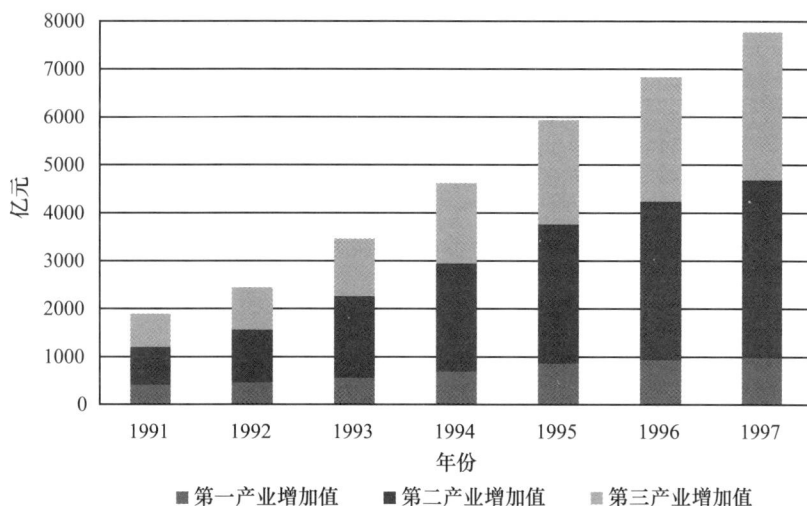

图 2—2　1991—1997 年广东省 GDP 和产业分布

### 三　广东制造业对 GDP 的贡献

根据广东省产业发展数据库的数据，广东工业增加值由 1991 年的 675.55 亿元持续增长至 1997 年的 3235.42 亿元。同期，工业增加值占广东 GDP 的比重由 35.68% 平稳上升至 41.62%，工业对 GDP 的贡献率由 44.77% 上升至 63.48%，工业对 GDP 增长的拉动由 1991 年的 7.92% 上升至 1993 年的 15.34%，之后又逐渐回落至 1997 年的 7.11%。如表 2—1 和图 2—3 所示。

表 2—1　　　　　　广东工业对 GDP 的贡献（1991—1997 年）①

| 指标 | 全部工业增加值<br>（亿元） | 工业增加值占地区<br>生产总值比重（%） | 工业对 GDP 的<br>贡献率（%） | 工业对 GDP 增长的<br>拉动（%） |
|---|---|---|---|---|
| 1991 | 675.55 | 35.68 | 44.77 | 7.92 |
| 1992 | 899.28 | 36.74 | 50.07 | 11.07 |
| 1993 | 1386.83 | 39.97 | 66.75 | 15.34 |
| 1994 | 1865.44 | 40.39 | 60.36 | 11.89 |
| 1995 | 2448.82 | 41.27 | 58.47 | 9.09 |
| 1996 | 2842.85 | 41.59 | 59.43 | 6.7 |
| 1997 | 3235.42 | 41.62 | 63.48 | 7.11 |

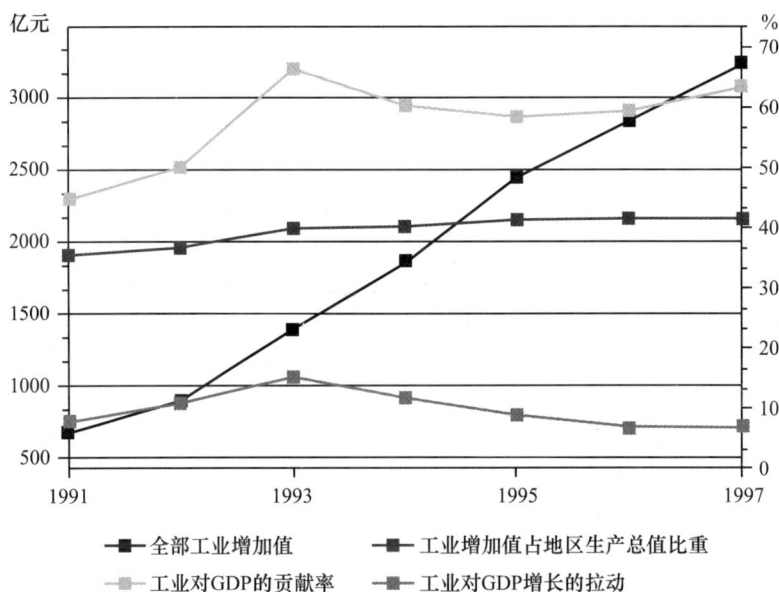

图 2—3　1991—1997 年广东工业对 GDP 的贡献

① 资料来源：广东省产业发展数据库。

## 第二节 新一轮改革浪潮：社会主义市场 经济体制地位的确立

1992年，我国确立了建立社会主义市场经济体制的改革目标，将非公有制经济接纳为国民经济的重要组成部分。十四大报告第一次明确"我国经济体制改革的目标，是建立社会主义市场经济体制"，十四届三中全会则进一步明确了市场经济改革的目标和路径，勾勒出社会主义市场经济的初步轮廓。[①]

十四大以后，全国对以市场为导向的广东经济体制改革予以高度关注。作为在改革开放中先行一步的探路者，广东省已将改革重心从冲破计划经济旧体制，转移到全面建立社会主义市场经济体制上；广东省明确提出，要深化体制改革，从培育市场体系、建立现代企业制度、转变政府职能和建立社会保障体系等方面，"整体推进、重点突破"；与此同时，1993—1994年，顺德市进行了一场"悄悄"的产权体制改革，发展出股份制和股份合作制企业，实现了政企分开和政资分离，初步建立起现代企业产权制度的基本框架。[②]

经过新一轮的改革，到1997年，广东省公有制经济占GDP的比重下降至59.0%，非公有制经济占GDP的比重上升到41.0%[③]。至此，广东省以公有制为主体的多种经济成分并存的所有制格局已经形成。

---

① 舒元：《广东发展模式》，广东人民出版社2008年版。

② 韩建清：《扎根改革现实，理论之树常青——广东理论界贯彻邓小平理论纪实》，《南方经济》1997年第6期。

③ 舒元：《广东发展模式》，广东人民出版社2008年版。

案例 2—1

# 顺德产权改革

## 顺德产权改革的开端

进入 20 世纪 90 年代，顺德经济发展保持着强劲的势头，以家用电器为龙头的制造业迅速崛起。据统计，1991 年顺德共有制造业企业 6187 家，制造业总产值 106.62 亿元。[①] 国优产品神州牌燃气热水器、容声牌电冰箱、三角牌（爱德、容声）电饭锅等，已经达到国际同类产品的先进水平，行销 100 多个国家和地区。1991 年，在全国按年产值评出的全国十大乡镇企业中，顺德独占 5 家，分别是美的电风扇厂、蚬华电风扇厂、华英电风扇厂、广东珠江冰箱厂和广东电饭煲厂。

然而，随着企业规模的不断扩大，90 年代初，顺德经济发展过程中出现的"产权不明、权责不清、政企不分、管理不善"等问题日益成为政府和企业的共同困扰。"企业负盈，银行负贷，政府负债"的现象比比皆是，国有资产流失十分严重。

在新的经济发展阶段下，需要进行体制创新。从 1993 年下半年起，按照产权清晰、权责明确、政企分开、科学管理的要求，顺德实行全方位改革，在全国率先推行企业转制；1993 年 11 月 22 日，顺德糖厂、顺德啤酒厂、广东顺德食品进出口公司等 8 家企业与市政府签订股权转让协议书，成了顺德第一批转制企业，"企业转制"由此诞生。[②]

## 顺德产权改革的具体措施

按照产权清晰、权责明确、政企分开、科学管理的要求，顺德市以产权制度改革为突破口，进行了市镇两级公有制企业的改革。

---

① 陈俊凤：《广东经济发展探索录》，广东人民出版社 2009 年版。

② 曾牧野、张元元、马恩成等：《转型期广东经济改革与发展》，广东经济出版社 1998 年版，第 126—132 页。

（1）明确产权，实行公有制实现形式的创新

原来的公有制企业只有国有制和集体所有制两种形式，这两种传统的公有制形式存在许多问题——产权封闭，政企不分，公有产权没有人真正负责。

顺德市按照优化产业结构、盘活资产存量的要求，根据不同情况，选择多种形式进行转制，主要形式有：①② 对政府独资的企业进行公司化改造，建立规范化的政府全资企业或公股控股的混合型企业；组建规范化的股份有限公司，把列入省股份制改造试点的企业进行公司化改造使之成为混合持股的股份有限公司，或争取在国内外上市，如"美的""万家乐""科龙"等公司；建立中外合资合作有限责任公司，进一步理顺中外合资合作企业产权关系，或把原来政府独资企业通过出让部分股份给国外有实力的公司、财团，从而建立中外合资合作有限责任公司，引进资金、技术和市场；将一部分股权转让给企业员工，另一部分租赁给员工经营，把设备、技术专利和成品、半成品、原材料等作价转让给企业员工，把土地使用权、厂房等公有资产租赁给企业员工经营，这是一种较为普遍采用的形式，占转制企业总数的1/3 以上；全部资产作价转让给员工，转为新的股份合作制企业；实行民有民营，通过拍卖，收回原来投资，对亏损、微利或经营无望的小型企业实行破产、公开拍卖，转为民有民营或私有私营。

（2）建立新的公有资产管理体系

顺德市按照政企分开、政资分离的原则，建立起三层架构的公有资产管理体系。③

第一层次：市、镇政府公有资产管理委员会。它是政府领导下专司公有资产管理的职能部门，负责市、镇公有资产的宏观和全方位管

---

① 马壮昌、符立东：《推进产权制度改革，转变经济增长方式——顺德市产权制度改革的实践与思考》，《南方经济》1996 年第 1 期。

② 邓伟根：《转型中的顺德：中国市场经济的雏形》，《广东经济》1995 年第 12 期。

③ 张元元、招汝基、朱卫平：《顺德政府经济职能转变的考察》，《南方经济》1997 年第 6 期。

理与监督，并下设公有资产管理办公室，负责日常性管理事务。

第二层次：公有资产管理经营公司。这类公司由公有资产委员会授权对公有资产进行运作和管理，具有法人资格，其具体职能是通过对公有资产进行投资、管理、监督、服务等营运活动，实现公有资产的保值和增值。

第三层次：公有独资、控股和参股企业。这类企业对公有资产经营管理公司授权占用的公有资产拥有法人财产权，实行自主经营、自负盈亏，它们一般都按照现代企业制度的要求，形成了股东大会、董事会、监事会和经理人员相互制约的公司内部治理结构。

（3）优化公有资产结构，提高公有资产质量

原公有资产分布过广，结构不合理。顺德市按照"抓住一批，放开一批，发展一批"的思路，对原有公有资产进行了战略性改组。"抓住一批"指的是对关系全市国计民生、带有专营性质的、重要的基础设施、骨干规模企业，进行公司制改造；"放开一批"指的是对大多数一般竞争性的中小型企业，放开改制形式，主要由民间去办；"发展一批"指的是对高新技术企业，加大投入，促进其快速成长。

（4）改革投资体制

改革政府作为单一投资主体的做法，确立了科学的投资原则和多元投资主体。凡是一般竞争性项目的投资，以企业资本、民间资本、外资为主；凡是外资和民间资本有能力办，而且符合国家和地方产业政策及有关法规的项目，鼓励并创造条件让其尽力去办。

**顺德产权改革的成果**

经过改革，顺德市原市镇两级 1001 户企业中，由政府独资经营 94 户，控股经营 48 户，参股经营 21 户，股份合作制 235 户，租赁经营 331 户，合伙经营 249 户，停产 21 户，企业产权由封闭走向开放，混合所有制成为主体，公有制实现形式出现了多样化，大多数职工成为企业的股东。[①]

---

① 《顺德市人民政府，完善改革构建社会主义市场经济框架》，《珠江经济》1997 年第 7 期。

顺德产权改革解放了生产力。据统计，1996 年全市转制工业企业产值比 1992 年增长了 1.03 倍，职工人均收入增长了 80%。1994—1996 年，全市实际利用外资 10 亿美元，是过去 10 多年引进外资的 2 倍，出现了近 50 家国际知名大企业来投资合作，有效促进了地方经济的开发转型。1996 年全市国内生产总值、工农业总产值比转制前的 1992 年均增长了 1.7 倍，财政收入增长 2.3 倍。

通过产权制度改革，顺德实现了从计划经济向市场经济的体制跨越，政府逐步退出控股地位，推动公有资本向基础设施领域集中，从一般竞争性产业和领域中全面退出，使顺德市经济彻底转向"政府宏观调控，企业自主经营"的发展轨道。[①]

顺德产权制度改革，不仅是顺德改革开放的一个重大决策，而且在中国改革开放的历史进程中也占有重要地位。顺德产权制度改革在 1997 年党的十五大前后，被《人民日报》等媒体广为宣传，吸引了全国人的眼球，超过 20 万人前来顺德取经学习。一时舆论界对顺德议论纷纷。有人说，"90 年代以来还没有哪一个市的改革引起如此大范围、长时间的关注和争议"[②]。


## 第三节　新一轮开放浪潮：外向带动的经济发展模式

1992 年邓小平南方谈话后，广东对外开放得到迅速发展，逐渐形成外向带动的经济发展模式。同年十四大提出了扩大对外投资和跨国经营的指导思想，广东许多部门、地区和企业都把发展跨国经营提高到进一步扩大改革开放、促进经济发展的战略高度来考虑。[③] 1993 年

---

① 陈俊凤：《广东经济发展探索录》，广东人民出版社 2009 年版。
② 宋静存：《改革出理论，真知靠实践——记广东理论界对市场经济理论的探索》，《南方经济》1998 年第 1 期。
③ 陈俊凤：《广东经济发展探索录》，广东人民出版社 2009 年版。

广东省出台《广东海关当前支持地方外向型经济发展的措施》，帮助外商投资企业简化手续，促进利用外资工作的进一步发展。该措施规定对遵守海关法律、管理机制完善、信誉良好的外商投资企业，经审核后由海关授予"信誉良好企业"称号，对符合海关监管条件的外商投资企业，可以批准建立保税仓库、保税工厂，试行多厂的保税集团管理措施。

在此期间，广东抓住毗邻港澳、华侨众多的区位优势，发挥经济特区的窗口、试验基地和排头兵的作用，积极开拓多元化的国际市场，提高对外开放水平，使广东经济直接与国际市场对接，参与国际竞争。此外，体制改革的深化逐步放宽了外资进入的限制，加速了广东企业的国际化进程。[①]

统计数据显示，对外开放是推动广东经济迅速增长的首要因素，特别是"三资"企业，它利润丰厚，扩张势头迅猛。1991年，"三资"企业出口值为532748万美元，至1995年增长了3倍多。[②] 以港资为主的外资大量涌入广东参与基础设施建设和开发房地产业，使此期间的建筑业在广东经济扩张中起了极大的作用。再加上固定资产投资规模扩张引发国内需求非常旺盛，广东制造业在四年间增长了近2倍。

**案例2—2**

# 广东企业的国际化步伐

20世纪90年代中后期，广州卷烟一厂、珠海格力电器股份有限公司、江门中裕摩托集团等一批企业尝试利用闲置设备，陆续到柬埔寨、巴西等东南亚和南美发展中国家和地区设立加工装配厂，开展境

---

① 舒元：《广东发展模式》，广东人民出版社2008年版。

② 丁家树：《广东经济发展的回顾和世纪之交的战略选择》，载曾牧野、张元元、马恩成等《转型期广东经济改革与发展》，广东经济出版社1998年版，第247—256页。

外加工贸易；随着外向带动和"走出去"战略的提出，广东境外投资进入稳步发展阶段。华为、中兴、TCL、康佳、美的、格兰仕等企业纷纷实施全球化战略；在 90 年代，广东企业国际化经营步伐加快，竞争力逐步提高；在巩固港澳市场的同时，重点开拓北美、欧美、东南亚、日本市场；其中以华为最为人所瞩目。[①]

深圳华为技术有限公司：华为是一家高科技民营企业，成立于 1988 年；华为以渐进方式向外拓展，走国际化道路；1996 年，华为与香港和记电信合作，提供以窄带交换机为核心产品的"商业网"产品；在这次合作中，华为取得了国际市场运作的经验；和记电信在产品质量、服务等方面近乎苛刻的要求，也促使华为的产品和服务更加接近国际标准；接着，华为开拓发展中国家市场，重点是市场规模大的俄罗斯和南美地区；华为凭借低价优势进入大的发展中国家，规避发达国家准入门槛的种种限制；1997 年，华为在俄罗斯和巴西建立了合资公司。[②]

# 第四节　广东制造业的支柱产业

1991—1997 年广东省正处于国民经济和社会发展第八个五年计划时期（"八五"）和第九个五年计划时期（"九五"）。"九五"计划中经济建设的主要任务包括，大力振兴支柱产业，努力提高工业整体素质和水平。1996 年印发的《广东省国民经济和社会发展第九个五年计划纲要》对电子工业、石油化学工业等支柱产业的战略布局是，以提高经济效益为中心，以外向型经济为先导，以技术进步为动力，着力调整产业结构，加快运用高新技术改造提高传统优势产业，适度加快发展重化工业，积极培育高新技术产业。优化企业组织结构，组建综

---

① 卢荻：《积极实施开放战略　广东要大胆"走出去"》，《广东经济》2009 年第 8 期。
② 同上。

合性企业集团，增强工业的市场竞争能力和后续发展能力。在工业保持较快增长的同时，使支柱产业和企业集团发展有较大突破。

主要政策措施有：①

（1）深化工业经济管理体制改革。重点是加快国有企业改革，建立现代企业制度，增强企业活力。加强宏观调控，制定和组织实施产业发展规划，通过政策和信息指导，引导工业企业健康发展。

（2）加速工业技术进步。积极发展高新技术产品与产业的发展。引进先进技术，改进传统产业，加快企业工艺设备更新，加强新技术、新产品的开发。

（3）优化投资结构，集中力量保重点。引导社会资金和外资投向重点产业；股票、债券融资应优先安排、重点建设；大力发展金融中介服务，为企业发展筹措资金。

（4）重点抓好大型企业和企业集团，以资产为纽带，对企业进行重组，组建一批实力雄厚的企业集团。通过存量资产的流动和重组，优化企业组织结构和投资结构，优化产权配置。从政策上扶持一批规模较大、经济效益好、市场信誉佳的龙头企业，并通过这些企业的对外兼并、参股，逐步建成实力雄厚的企业集团，形成规模经济，承担起重点建设、国际市场开拓的主要任务。

（5）强化对建设单位的管理，积极推行建设监理，建立招标管理站，认真抓好工程招标工作，建立健全工程质量管理法规和政策。

## 一 支柱产业的结构变动

广东省的支柱产业随着时间迁移处于动态变化的过程中。根据表2—2的数据，1990年和1995年两个年份中，占工业总产值前六名的产业产值比重之和分别为68.0%和65.8%，基本可视为广东工业的支柱产业。其中，食品饮料烟草、纺织服装、石油化学、电气机械及器材、电子及通信设备这5个产业在两个年份中比重都位于前六名，而

---

① 《广东省国民经济和社会发展第九个五年计划纲要》，1996年。

1995 年的第六名由迅速崛起的专用设备制造业占据。被取代的普通机械制造业，由 1990 年的第四名下降至第七名。[①]

表 2—2　　　　　　　　　　　广东工业支柱产业变动比较

| 产业名称 | 产业产值占总产值比重（%） | |
| --- | --- | --- |
| | 1990 年 | 1995 年 |
| 1. 食品饮料烟草 | 13.8 | 8.6 |
| 2. 纺织服装 | 15.7 | 15.1 |
| 3. 石油化学 | 10.1 | 7.8 |
| 4. 普通机械 | 9.7 | 6.8 |
| 5. 电气机械及器材 | 9.2 | 10.1 |
| 6. 电子及通信设备 | 9.5 | 17.4 |
| 7. 专用设备 | 2.6 | 7.0 |

由表 2—2 可以看出，前四个传统支柱产业正在走下坡路，而后三个新兴支柱产业则正在不断壮大，改变着支柱产业的格局。这说明，广东工业支柱产业正由过去以传统的劳动密集型产业为主向以新兴的技术密集型产业为主转变。这是广东省支柱产业构成的质的转变。

## 二　支柱产业的典型代表

### （一）电子及通信设备

广东电子及通信设备制造业（以下简称电子工业）起步于 1982 年，产品以黑白电视和小型消费电子为主。[②] 1980—1995 年，广东电子工业连续 15 年以年平均 38% 的增长率高速增长，到 1995 年，广东电子工业的产值为 988.18 亿元（1990 年不变价），占广东工业总产值的 17.4%，成为全省最大的工业生产部门。广东电子工业在全国名列

---

① 陆果怡：《从广东工业结构变动看支柱产业的选择》，载曾牧野、张元元、马恩成等《转型期广东经济改革与发展》，广东经济出版社 1998 年版，第 276—283 页。

② 陈怀凯、丘磐：《广东电子信息产业与珠江三角洲——关于把珠三角作为中国发展知识经济实验区的建议》，《科技进步与对策》1999 年第 6 期。

前茅，连续 6 年居全国各省、市、自治区的首位。1996 年全国电子工业总产值中，广东占有 20.62% 的比例，成为同行业瞩目的电子工业大省。电子工业具有技术进步率高、吸收科研成果快、劳动生产率高的特点，其前后向关联度（影响力系数和感应系数）均超过平均水平，对其他产业具有较大的带动作用。[1]

1. 发展历程

改革开放前广东的电子工业十分薄弱。1978 年，广东省电子局系统电子工业企业才 165 家，工业总产值仅 2.34 亿元（1980 年不变价），在全国同行业中排第九位。

"七五"和"八五"期间全省乡及乡以上电子工业总产值分别年均递增 31.3% 和 46.5%，比同期全省工业总产值年均增长速度分别高出 9.0 个和 17.5 个百分点。电子工业成了广东工业各行业中产值增长最快、效益相对较高的行业之一，其在全省经济发展中的支柱作用不断增强。

1996 年，全省乡及乡以上电子工业总产值 1141.09 亿元，占全省工业总产值的 17.7%，所占比重比 1985 年高出近 10 个百分点；广东的电子工业总产值已连续 6 年、出口产值和出口创汇额也连续 10 年居于全国同行业首位；全国 50 多种重点电子产品中，广东有 30 多种产品产量进入全国同类产品前五位，其中计算机、程控交换机、电话机、彩电、收录机和音响组合等 24 种电子产品的产量在全国各省市中居于首位。[2]

"九五"计划对于电子工业的战略布局是，重点发展以通信产品和计算机系列产品为主的电子信息产业，开发集成电路、新型元器件和电子材料等关键配套件以及新型的消费类电子产品。加快深圳大规模集成电路、东莞南方新型电子元器件基地、肇庆风华新型片式元器件生产出口基地、珠海南方软件园、广东北电交换系统设备项目等重

---

① 王光振、谢衡晓：《论广东主导产业的选择》，《岭南学刊》1998 年第 2 期。
② 罗流发：《广东电子信息产业：机遇与挑战》，《珠江经济》1998 年第 1 期。

点工程的建设。

2. 特点

陈章波对这一阶段的广东制造的发展特点做了非常详细的总结，要点摘编如下。

广东电子工业呈现出高度外向型特征，具有发展外向型经济的良好人缘和地缘。从各类型经济的贡献上看，广东电子工业能有今日的成就，很大程度上要归功于"三资"企业和"三来一补"企业的蓬勃发展。据统计，1996年全省乡及乡以上独立核算电子工业企业1601家，其中"三资"企业841家，占比52.5%；国有、集体和股份制企业则分别占12.5%、28.4%和1.6%；同年，全省电子工业总产值1136.17亿元，其中"三资"企业产值901.08亿元，占比79.3%；国有、集体和股份制企业产值则分别占8.3%、8.6%和2.5%；[1] 从出口来看，广东电子产品出口一直在全国同行业中具有举足轻重的地位，从1986年起，出口产值年年保持全国电子工业第一位；1996年广东电子工业出口交货值达210亿元，占全国电子工业出口交货值的33.43%，为我国电子产品出口做出了突出贡献。[2]

广东电子工业的城市集群效应显著，相继涌现出一批具有一定发展实力的电子工业重要城市；1993年，广东省电子工业总产值在15亿元以上的市有6个，分别为深圳116亿元，惠州52亿元，佛山31亿元，珠海27亿元，广州19亿元，中山16亿元；这6个城市电子工业总值占全省电子工业总产值的8.5%；从地域上看，这6个城市处于经济特区和珠江三角洲经济开放区，已形成北起广州、连接广东南部并延伸至东南部的广东电子信息产业密集区，这个区域集结了全省80%以上的重点骨干电子企业、优秀技术人才和先进技术设备。[3]

一批大型骨干企业集团脱颖而出。根据国家经济贸易委员会公布

---

① 罗流发：《广东电子信息产业：机遇与挑战》，《珠江经济》1998年第1期。

② 陈章波：《广东电子信息产业战略发展重点的若干探究》，《西江大学学报》1999年第1期。

③ 同上。

的 1993 年全国 46 家最大电子企业名录，其中广东有 13 家；当年，广东省产值超过 1 亿元的电子企业有 69 家；1996 年，全国销售额最大的百家电子企业中，广东上榜的有 16 家，其中超过 10 亿元的有 10 家；同年，广东省 82 家大中型电子企业共创造工业总产值 339 亿元，利润总额 16 亿元，占全省 384 家电子企业同项指标的比重分别为 66% 和 84%，可见大型骨干企业在全省电子工业中举足轻重。[①]

一批具有规模优势的主导产品逐渐形成。进入 20 世纪 90 年代以来，广东电子工业加大了技术引进和技术改造力度，大力发展规模经济，重视科研开发和产品质量，促进了一批具有规模优势的产品进入市场。这方面的典型代表是广东步步高电子工业有限公司，该公司坚持自主研发技术战略，其通信系列产品凭借先进工艺和可靠质量赢得了消费者的青睐。1996 年，广东电子工业主导产品生产总量居全国同类产品前五名的有近百个。不少产品在世界范围内也占有优势，例如，深圳开发科技股份有限公司的硬盘磁头产量占世界 5%，位居世界前三名之列。[②]

**案例 2—3**

# 步步高通信设备有限公司

步步高通信设备有限公司前身为步步高电话机厂，建厂于 1995 年 10 月，一直致力于有绳电话、无绳电话、数字无绳电话、音乐手机等各类通信产品的研究、开发、生产、销售。[③]

步步高通信系列产品以高新技术和先进工艺、完善的管理在同行业中独树一帜。根据有关市场调研统计的结果显示，步步高无绳电话

---

① 陈章波：《广东电子信息产业战略发展重点的若干探究》，《西江大学学报》1999 年第 1 期。

② 同上。

③ 资料来源：《步步高公司简介》http://www.gdbbk.com/zygsjj/index_15.aspx.

自 1998 年起市场占有率一直稳居行业第一。

1997 年，步步高无绳电话机被中国消费者保护基金会推荐为"消费者信得过产品"。1998 年，国家技术监督局对电话机质量进行抽检，步步高电话机被评为"电话机国家监督抽查优等品"。2002 年 2 月，"步步高"被国家工商行政管理总局批准认定为"中国驰名商标"。

步步高通信当时具有完善的移动终端产品开发平台，和整机、单元电路硬件设计能力，基于芯片级和协议栈的软件开发能力，高精度的自动化的移动电话生产线，尖端的移动电话测试仪器和设备程序化、规范化、信息化、网络化管理，步步高通信产品借助于专业的服务网络享誉中国，并逐步向香港、台湾等地区市场乃至东南亚、欧美等国际市场拓展。

## （二）电气机械及器材

1995 年，广东电气机械及器材制造业的总产值为 559.2 亿元（1990 年不变价），占广东工业总产值的 10.1%，是广东第二大工业产业；电气机械及器材制造业的代表是家用电器产业（以下简称家电产业）；广东家用电器产品在全国占有极大优势，家电产业的总产值占全国同类工业总产值的两成。①

广东家电产业借广东改革开放先行之机，经过 20 年来的发展壮大，涌现了一批全国闻名甚至在世界上都颇有名气的家电企业，也涌现出了一大批驰名品牌和畅销产品，如康佳、TCL 王牌、创维彩色电视机；容声、华凌、万宝电冰箱；星球、星宝牌组合音响；威力、金羚牌洗衣机；万家乐、万和、神州热水器；万宝、万家乐抽油烟机；美的、三角、爱德、容声、万宝、万家乐电饭煲；格兰仕、蚬华、三角微波炉；爱多、步步高激光影碟机；格力、美的、科龙、华宝空调；等等。其中，顺德被誉为"家电之都""家电名城"，不少家电企业集中在顺德市，尤其是生产电风扇、电冰箱、空调品、微波炉等的企业；

---

① 王光振、谢衡晓：《论广东主导产业的选择》，《岭南学刊》1998 年第 2 期。

以家用电器为代表的"广货"畅销全国，深受消费者喜爱。[①]

广东家电产业在生产能力、市场占有率和销售规模几个方面都具有强大的竞争力。邓伟根和周毅用实际数据对这些特征进行了详细总结，要点摘编如下。

（1）生产能力。广东家电产业的生产能力在全国居于前列，以彩色电视机、电冰箱、空调、洗衣机为例，从表2—3可以看出，广东家电产业主要家电产品产量除洗衣机外，其余三种产品产量占全国总产量的百分比均达1/3，特别是当时彩色电视机、电冰箱的生产能力有大幅度提高，所占份额较高；1997年，广东家用电器产品产量分别为：电冰箱329.67万台，彩色电视机1021.24万台，洗衣机205.6万台，空调442.85万台，电风扇5435.34万台，微波炉289.61万台，组合音响1586.79万台，其产量都处于全国的前三名，这说明了广东家电的生产能力在全国处于领先地位。[②]

表2—3　　　　广东主要家电产品产量占全国总产量的份额[③]　　　　单位：%

|  | 1991 | 1992 | 1993 | 1994 | 1995 | 1996 | 1997 |
|---|---|---|---|---|---|---|---|
| 彩色电视机 | 26.79 | 27.53 | 29.38 | 26.77 | 37.12 | 44.47 | 43.58 |
| 电冰箱 | 24.32 | 26.13 | 20.73 | 24.20 | 23.21 | 27.57 | 33.43 |
| 洗衣机 | 25.15 | 26.17 | 27.14 | 22.60 | 19.77 | 15.77 | 16.36 |
| 空调 |  |  |  | 43.08 | 37.62 | 49.80 | 52.19 |

（2）市场占有率。《中国经济信息》杂志社和赛诺市场研究公司联合发布的家电产品市场占有率统计资料（1998年1—6月）显示，市场占有率处于前十位的品牌中广东品牌分别为：彩色电视机有康佳、TCL王牌、创维，其市场占有率之和为25.0%（1—6月平均数，以下

---

① 邓伟根、周毅：《我国家电业竞争力实证分析——广东的问题与对策》，《南方经济》1999年第7期。

② 同上。

③ 同上。

同）；电冰箱有容声、华凌，其市场占有率之和为20.5%；洗衣机有金羚、威力，其市场占有率之和为6.7%；空调有格力、美的、科龙、华凌、广州松下，其市场占有率之和为17.4%；微波炉有格兰仕、蚬华、惠尔浦，其市场占有率之和为64.4%；激光影碟机有爱多、步步高、蚬华，其市场占有率之和为30.3%；从以上数据分析可知，广东家电产品品牌阵容强大，市场占有率较高，具有较大的竞争优势。[①]以微波炉行业的格兰仕公司为例，[②] 该公司从引进国外生产线，为国外企业做OEM起家，由一个名不见经传的小厂发展为国内市场占有率75%、国际市场占有率45%的行业领头羊，是广东家电产业的成功范例。

（3）销售规模、利税总额。销售规模可以反映出产业内企业的市场营销能力和产品的市场竞争力，而利税总额可反映出企业的赢利能力，两个指标从不同的角度体现了企业竞争能力，中国家用电器协会发布的优秀家电企业龙虎榜的资料显示，1997年销售收入超过10亿元的家电企业共20家（不含电视机厂家），其中有科龙集团（55.66亿元）、格力电器（44.20亿元）、美的集团（31.40亿元）、华宝空调器厂（18.22亿元）、顺德格兰仕（11.14亿元）、中山威力集团（11.10亿元）、广东卓越空调器厂（11.07亿元）、万宝电气集团（10.25亿元）8家广东家电企业，其销售总额占该20家销售总额的32.8%，利税超过亿元的企业共16家，其中有科龙集团（8.02亿元）、格力电器（3.47亿元）、美的集团（2.80亿元）、格兰仕电器厂（1.49亿元）、华凌集团（1.26亿元）5家广东家电企业，其利税总额占该16家利税总额的29.1%；根据电子工业部公布的1997年电子百强资料（按销售收入排序）显示，电视机厂家销售收入超过10亿元的企业共有9家，其中，广东康佳集团、TCL集团、创维集团榜上有

---

① 邓伟根、周毅：《我国家电业竞争力实证分析——广东的问题与对策》，《南方经济》1999年第7期。

② 汪建成、毛蕴诗、邱楠：《由OEM到ODM再到OBM的自主创新与国际化路径——格兰仕技术能力构建与企业升级案例研究》，《管理世界》2008年第6期。

名，其销售收入分别为 75.78 亿元、54.13 亿元、22.60 亿元。其销售收入总额占该 9 家销售收入总额的 33.12%；综合有关资料，按销售收入排序，1997 年广东家电企业进入前十名的企业分别为：彩电业的康佳、TCL、创维 3 家；冰箱业的科龙、万宝 2 家；空调业的格力、美的、华宝、科龙、华凌、卓越 6 家；洗衣机业的威力、金羚 2 家；热水器业的万家乐、万和、神州 3 家；微波炉业的格兰仕、蚬华 2 家。从销售规模和利税总额来看，广东家电产业的整体竞争力颇具竞争优势。[①]

**案例 2—4**

# 格兰仕的自主创新与国际化路径[②]

1978 年建立之初，格兰仕只是广东顺德一个生产羽绒制品的小型工厂；1992 年，格兰仕放弃了经营多年且盈利颇丰的羽绒制品业务，转而进入微波炉制造业；格兰仕进入微波炉行业时，该行业具有以下几个特点：（1）与许多产品在中国的发展一样，微波炉在中国已进入技术成熟期；（2）跨国公司纷纷将产能向中国转移，但几项核心技术仍然由大型跨国公司控制；（3）成本竞争成为该产品的关键成功因素。格兰仕恰恰是在这项技术的成熟期进入，利用跨国公司对华进行技术输出的机会构建最初的技术基础，通过消化吸收、学习改进、集成、自主开发，直至赶超欧美先进水平；在进入微波炉行业后的短短十余年时间内，格兰仕从引进国外生产线，为国外企业做 OEM 起家，由一个名不见经传的小厂发展为国内市场占有率 75%、国际市场占有率 45%、拥有 650 多项专利技术、年产值近 200 亿元的国际化程度较

---

① 邓伟根、周毅：《我国家电业竞争力实证分析——广东的问题与对策》，《南方经济》1999 年第 7 期。

② 汪建成、毛蕴诗、邱楠：《由 OEM 到 ODM 再到 OBM 的自主创新与国际化路径——格兰仕技术能力构建与企业升级案例研究》，《管理世界》2008 年第 6 期。

高的大型企业。下文将围绕格兰仕构建技术能力的过程分析其自主创新与国际化的路径。

（1）引进技术，快速扩张国内市场

1992 年格兰仕通过考察决定放弃原先利润丰厚的羽绒制品业务，转而进入微波炉制造业。总裁梁庆德多次登门拜访，聘请了上海无线电 18 厂的 5 位微波炉专家为公司的高级工程师，建立了第一支技术队伍，奠定了企业和外国进行技术引进与合作的基础。同年，格兰仕投资 400 万美元从日本东芝公司引进 20 世纪 90 年代最先进的微波炉生产线及相关技术。次年，格兰仕又聘请日本的管理人员从事生产线的管理工作。通过引进国外先进技术，格兰仕在劳动力成本低的基础上，迅速将其转变为高效率的产能。1993 年批量生产微波炉 1 万台，1994 年产销量达到 10 万台，1995 年格兰仕微波炉的产销量升至 25 万台，并获得国内微波炉 25% 的市场份额，占据了中国微波炉市场第一的位置。

变压器是微波炉的重要零部件，当时日本产品的价格是 20 多美元，而欧美企业单成本就要 30 多美元。格兰仕利用自己的成本优势，从美国和日本引入最先进的生产线，帮助它们生产，以每件 5—8 美元的成本价向外国企业供货，但格兰仕保存设备的使用权，就是说，在保证外国企业的需求之外，余下的生产时间归格兰仕自己所有。实际上，在格兰仕 24 小时三班倒一周六天半的工作制度下，仅用一天时间就可以完成欧美日国家一周的产量，余下的时间都在生产自己的产品，节省了大笔引进设备所需的外汇，又及时扩充了产能。之后，格兰仕把这一战术反复克隆，用在微波炉其他零部件乃至整机之上，先后与近 200 家跨国公司合作，不断地引进国外先进的生产线。更重要的是，格兰仕在这个过程中得以接触微波炉制造各个环节的生产技术，为以后自主研发微波炉核心部件——磁控管的制造技术，从而为掌控整个微波炉制造流程打下了基础。

这一阶段格兰仕扩张的重点是国内市场，并从成立一开始就以自有品牌，即 OBM 的方式进行扩展，迅速在国内建立了强大的市场地位。但客观来看，格兰仕此阶段的技术基础薄弱，基本以引进技术为主。

（2）消化吸收，基于 OEM 的国际化

1996 年格兰仕微波炉的年产量增至 60 万台，1997 年快速提高至 200 万台。随着 1996 年 8 月和 1997 年 10 月的两次幅度达到 40% 以上的大规模降价，格兰仕在 1997 年已获得了国内 47.6% 的市场占有率。此外，从引进东芝生产线时起，格兰仕就在企业内部建立了严格的质量管理制度，严把产品质量，其微波炉在 1996 年获得 ISO9001 国际质量体系认证，成为中国第一家获此认证的民族品牌产品。随后，格兰仕微波炉又先后获得德国 GS、欧盟 CE、美国 UL、丹麦 DEMKL、挪威 NEMKO 等多国质量认证。这些条件促使格兰仕提出构建"世界工厂"的战略，开始进行基于 OEM 的国际化扩张。

1997 年，当时在国内微波炉市场同样享有较高声誉的蚬华公司为了与急于在中国市场扩张的美国惠而浦合资，不得不放弃了为其他跨国公司的贴牌生产，被迫与法国大客户翡罗利公司分手。于是，翡罗利公司找到了正在国内迅速崛起的格兰仕，两家公司的合作从 1000 台订单开始。由于在试用期的良好表现，1998 年，格兰仕获得了翡罗利 10 万台的大订单。自此，格兰仕微波炉开始大规模进入国际市场，并借着当时欧洲各国对 LG 等韩国微波炉品牌实施反倾销制裁之际，大举进入欧洲市场，迅速填补了韩国企业退出所留下的市场空缺，一举进入被韩日企业垄断多年的国际微波炉制造市场。当年，格兰仕欧洲分公司随着业务扩展的需要而成立，成为其海外市场开拓的桥头堡。格兰仕微波炉的国际市场占有率在 1998 年达到 15%。1999 年，格兰仕建成生产能力为 1200 万台、全世界最大的微波炉生产基地。随后，格兰仕以英、法、德三个市场为基础，逐步与欧洲大型家电生产企业联合，将产品扩展到非洲、拉美及北美市场，并和法国家乐福、德国麦德龙、法国欧尚等世界级大型连锁超市建立合作关系。格兰仕开始通过 OEM 的方式，基于出口战略迈出了国际化经营的第一步。

（三）石油化学

石化工业是重要的基础原材料工业，具有劳动生产率高、附加值大、技术系数大等特点，它一方面可以满足本地区原材料的需求，另一方面可以带动合成材料、精细化工等下游加工业的发展，产业关联效应十分明显。广东省轻纺工业的发展为石化工业准备了良好的市场条件，据海关统计，1995 年广东进口初级型状聚乙烯、聚丙烯、聚苯乙烯、聚氢乙烯的金额达 30 多亿美元，市场需求极大。[①] 广东石化工业已具有良好的基础，以石油冶炼为基础、以乙烯为龙头的大石化框架已经形成。当时茂名石化的冶炼能力居全国第一。

广东省"九五"计划对石油化学工业的战略布局是，重点发展以乙烯为龙头的石油化工、高精尖的精细化工和支农的化肥工业；进一步扩大茂名、广州两大炼油厂的原油加工能力，茂名石化总厂新增原油加工能力 850 万吨/年，广州石化总厂新增原油加工能力 680 万吨/年；建设惠州南海石化 800 万吨原油加工、45 万吨乙烯项目；充分利用茂名、广州、惠州三大乙烯装置的副产品，进行综合利用和深加工；抓好大化肥项目前期工作，争取建设云浮硫铁矿化肥项目，并视南海天然气勘探开发情况，利用天然气建设 1—2 套大化肥项目。[②]

广东石油化学工业依靠科技进步，从"七五"规划产业结构调整，经过"八五""九五"的建设，发生了明显的变化，形成了较合理的格局，形成了雄厚的实力。冯惠流对广东石油化学工业的发展进行了系统的回顾，要点摘录如下。[③]

（1）乙烯工业从无到有，先后建成了茂名、广州两套乙烯装置。"八五"期间，酝酿已久的茂名 30 万吨/年乙烯和广州 15 万吨/年乙烯工程项目获国家批准建设，前者总投资 168 亿元，1997 年建成投产。

①　王光振、谢衡晓：《论广东主导产业的选择》，《岭南学刊》1998 年第 2 期。

②　《广东省国民经济和社会发展第九个五年计划纲要》，1996 年。

③　冯惠流：《"入世"与广东石油化学工业面临的机遇与挑战》，《广东化工》2000 年第 27 卷第 3 期。

两套乙烯装置的建成投产,填补了广东省石油化工的空白,标志着广东化学工业进入了以现代石油化工为主体的发展阶段,并使广东省一跃成为国内化工强省。[①]

(2)原油、天然气生产从无到有,1997年广东省原油产量达到1420万吨,占全国原油产量的10%,天然气产量达36.8亿立方米,占全国天然气产量达16.4%。[②]

(3)炼油能力达到较大的规模,茂名石化为1350万吨,广石化为770万吨,湛江东兴为150万吨,合计2270万吨,占全国第二位。而且以炼进口原油为主,是我国进口原油加工的基地。[③]

(4)主要化工产品的生产能力有了很大的提高。在这段时期,70%的重点化工产品生产能力翻了两番以上,并且开发投产了一大批新的化工产品,使全省化工产品品种数量由原来的700多种增加到2000多种。化工行业门类也由原来的约20个增加到近40个,已初步形成了具有一定规模、门类比较齐全的化学工业体系。有一批重要化工产品的生产规模和生产技术已处于国内乃至国际先进水平,成为国内主要生产开发基地和出口基地,如乙烯、塑料、硫铁矿、轮胎外胎、胶鞋、保险粉、气雾剂等产品。[④]

## 三 高速增长的产业

在"八五"(1991—1995年)期间,广东工业产业中有六个产业高于总体平均增长速度,它们依次是:专用设备制造业、电子及通信设备制造业、其他制造业、文教及印刷业、非金属矿物制品业和电气机械及器材制造业。[⑤]

---

① 金泽龙:《广东化学工业现状及发展思考》,《化工科技市场》2003年第26卷第9期。

② 冯惠流:《"入世"与广东石油化学工业面临的机遇与挑战》,《广东化工》2000年第27卷第3期。

③ 同上。

④ 同上。

⑤ 陆果怡:《从广东工业结构变动看支柱产业的选择》,载曾牧野、张元元、马恩成等《转型期广东经济改革与发展》,广东经济出版社1998年版,第276—283页。

从结构变动来看，以上六个产业占总体比重分别为 7.0%、17.4%、2.1%、3.4%、5.3%、10.1%，十年间分别上升了 4.1 个、11.2 个、1.3 个、1.0 个、0.7 个、2.1 个百分点。增长速度较高且所占比重较大的是专用设备制造业、电子及通信设备制造业、电气机械及器材制造业。

# 第五节　广东制造业的特点

这一时期，广东制造业具有以下特点：

## 一　工业轻型化

1990 年、1995 年广东轻工业占工业总产值的比重分别为 69.1%、62.4%，同期重工业产值占工业总产值的比重分别为 30.9%、37.6%。[①] 资料表明，改革开放以来广东轻工业比重最高的年份是 1990 年，而 1995 年则降至 80 年代初的水平。

可以看出，广东工业结构仍以轻型为特色，但是轻工业逐渐由高峰回落。[②] 与此同时，重工业在逐渐增长，但仍发展不够。[③] 虽然石油、天然气开采业、非金属矿物制品业和化学原料及化学制品制造业保持较快的增长速度，但重化工业和基础工业总体上发展缓慢。

## 二　主导产业转变迅速

传统劳动密集型轻加工业走向衰退，新兴技术密集型轻加工业迅速崛起。前者如食品加工业和纺织业等，比重连连下滑，其中食品加

---

　　① 王光振、谢衡晓：《关于广东主导产业的选择》，载曾牧野、张元元、马恩成等《转型期广东经济改革与发展》，广东经济出版社 1998 年版，第 284—293 页。

　　② 陆果怡：《从广东工业结构变动看支柱产业的选择》，载曾牧野、张元元、马恩成等《转型期广东经济改革与发展》，广东经济出版社 1998 年版，第 276—283 页。

　　③ 王光振、谢衡晓：《关于广东主导产业的选择》，载曾牧野、张元元、马恩成等《转型期广东经济改革与发展》，广东经济出版社 1998 年版，第 284—293 页。

工业由 1985 年占 15.9% 下降至 1995 年仅占 3.8%；后者如电子及通信设备制造业、电器机械及器材制造业和专用设备制造业等，其中发展最为迅速的主要是市场广大的家用电子电器和民用摩托车。电子及通信设备制造业比重由 1985 年的 6.2% 猛增至 1995 年的 17.4%，高居各业之首。

### 三 外向型特征显著

从利用外资的情况来看，1979—1995 年，广东协议利用外资累计达到 1371.17 亿美元，实际利用外资 529.95 亿美元，几乎占同期广东全社会固定资产投资的一半。[①] 从所有制来看，1995 年广东外资工业总产值为 2887.07 亿元（1990 年不变价），占广东工业总产值的 50.2%。[②] 从"三资"企业来看，至 1995 年末，"三资"企业工商登记 59582 户，注册资本 1291.31 亿美元，"三资"企业产品出口达到 246.67 亿美元，占广东省出口总额近一半。从市场结构来看，广东省的工业产品大约 1/3 出口国外，1/3 销往国内省外市场，本省市场只占 1/3。

### 四 工业企业小型化

广东省工业的主体是小型企业。1995 年广东省小型企业数量达到 39731 个，占同期企业总数的 95.7%。小型企业的产值占同期工业总产值的 58.2%。在国有企业方面，由于投资决策体系分散，各地纷纷铺摊子、上项目，使资金无法集中运用，导致企业规模小，产品结构雷同。在"三资"企业方面，由于其直接投资的 80% 来自港澳的中小资本，受其投资母体小型化的制约，企业规模也较小。[③]

---

① 丁家树：《广东经济发展的回顾和世纪之交的战略选择》，载曾牧野、张元元、马恩成等《转型期广东经济改革与发展》，广东经济出版社 1998 年版，第 247—256 页。

② 《广东省国民经济和社会发展第九个五年计划纲要》，1996 年。

③ 同上。

### 五　区域差异显著

广东制造业的发展在省内各区域是极不平衡的。[①] 依广东省统计部门的划分，广东区域分为珠江三角洲、经济特区、北部山区、东西两翼共五大区域。

从工业总产值方面看，选择工业总产值、产品销售收入、利润总额、实缴税金作为比较指标，如表2—4所示。

表2—4　　　　1995年广东五大区域工业产出指标对照表[②]

（按全部工业企业和生成单位数计算）　　　　单位：亿元

| 指标<br>区域 | 工业总产值 | | 产品销售收入 | | 利润总额 | | 实缴税金 | |
|---|---|---|---|---|---|---|---|---|
| | 绝对值 | 排序 | 绝对值 | 排序 | 绝对值 | 排序 | 绝对值 | 排序 |
| 珠三角 | 6130.8 | 1 | 5966.9 | 1 | 196.1 | 1 | 250.8 | 1 |
| 特区 | 1289.9 | 2 | 1316.5 | 2 | 63.5 | 2 | 35.6 | 4 |
| 山区 | 769.8 | 3 | 737.5 | 3 | 19.5 | 3 | 41.9 | 2 |
| 西部 | 573.5 | 4 | 547.2 | 5 | 12.9 | 4 | 39.8 | 3 |
| 东部 | 568.9 | 5 | 552.1 | 4 | 11.8 | 5 | 19.5 | 5 |

通过数据对比可以看出，珠江三角洲的工业是广东工业经济的主体，经济特区也在广东工业经济中有重要地位。山区工业显著弱于珠江三角洲和经济特区，但强于东西两翼。东西两翼的工业经济水平在全省最为落后。

从企业实力和规模方面对比，表2—5列出的是广东各区域大中型企业的数量和比重，可以看出各区域企业规模的差异。表2—6列出的是广东各区域的企业平均销售收入、平均产值、平均固定资产原值、平均固定资产净值，可以看出各区域企业的实力差异。

---

① 董小麟：《广东工业的区域比较及发展思路》，载曾牧野、张元元、马恩成等《转型期广东经济改革与发展》，广东经济出版社1998年版，第343—352页。

② 资料来源：广东省第三次工业普查。

表 2—5      1995 年广东五大区域大中型企业分布及所占比重①

**（按乡及乡以上企业与生产单位数计算）**

| 区域 \ 指标 | 大企业数目及其在<br>全省大企业中的比重 | | 中型企业数目及其在<br>全省中型企业中的比重 | | 大中型企业<br>占本区企业<br>的比重（%） |
|---|---|---|---|---|---|
| | 绝对数 | 比重（%） | 绝对数 | 比重（%） | |
| 珠三角 | 423 | 82.14 | 844 | 66.83 | 5.12 |
| 特区 | 78 | 15.15 | 96 | 7.60 | 3.90 |
| 山区 | 29 | 5.63 | 179 | 14.17 | 1.72 |
| 西部 | 45 | 8.74 | 155 | 12.27 | 5.23 |
| 东部 | 13 | 2.52 | 87 | 6.89 | 2.08 |

表 2—6      1995 年广东五大区域乡及乡以上独立核算

**企业平均规模对照表②**      单位：万元/家

| 区域 \ 指标 | 平均销售收入 | 平均产值 | 平均固定<br>资产原值 | 平均固定<br>资产净值 |
|---|---|---|---|---|
| 珠三角 | 2479.7 | 2528.7 | 1677.5 | 1303.1 |
| 特区 | 3210.2 | 3120.1 | 2430.5 | 1979.2 |
| 山区 | 570.6 | 589.8 | 494.6 | 393.7 |
| 西部 | 1349.4 | 1416.6 | 960.5 | 737.1 |
| 东部 | 782.4 | 774.1 | 441.5 | 353.1 |

对比可知，经济特区的企业实力位居全省首位，而珠江三角洲的企业规模远超过其他区域，西部地区的骨干企业地位特别突出。山区、东部地区的企业规模和实力与其他区域有较大差距。

# 第六节　广东制造业的问题

改革开放以来，广东指导经济发展的主体思路是：改革放权，引

---

① 资料来源：广东省第三次工业普查。

② 同上。

入市场机制，调动各级地方和生产者（包括华侨、港澳同胞）的积极性，形成千军万马过大江的态势。这个思路适合当时的情形，符合工业化初期的产业发展方式和体制转变模式，因而取得了巨大的成功。①

但20世纪90年代的情况已发生了变化：投资少、规模小、风险小的劳动密集型工业逐渐失去了对经济增长的推动作用；而发展资金、技术密集型工业，则需要巨额投资、承受较高风险、具备雄厚的技术力量，并有一定规模的企业组织做依托。这些条件目前在广东大多数企业中并不具备。

广东形成的轻型、外向和劳动密集型的产业结构，只适合于过去国内轻纺消费品短缺、市场需求旺盛和广东众多劳动力成本低廉的情况，不适合于90年代的国内外市场和广东生产要素已发生变化的情况。

## 一 国内外市场的变化

80年代末以来，国内消费品市场已由卖方市场变成了买方市场，广东产品遇到了兄弟省市的强有力竞争。而在国际市场上，受发达国家贸易保护主义的障碍和国内出口退税率调整的影响，广东出口产品本已存在的高成本、低效益问题也被充分暴露出来，使外贸出口遇到较大困难。②

## 二 广东生产要素的变化

另外，经济的发展、人们收入的提高，使得珠江三角洲原来低廉的劳动力已不低廉了，原先低价的土地也变得贵起来，水、电、原材料、燃料价格、运输费用以及资金等生产要素价格比全国大多数地方都高，环保、治安、城市建设、社会管理等非生产收费也越来越多，

---

① 许卓云：《加快两个转变，推进广东产业结构转型》，载曾牧野、张元元、马恩成等《转型期广东经济改革与发展》，广东经济出版社1998年版，第266—275页。

② 魏大姣：《关于提升珠三角经济发展软实力的几点思考》，《商场现代化》2006年第01Z期。

导致企业的生产、销售成本迅速攀升。劳动力密集型产业所赖以生存的根基受到了削弱。①

### 三　工业设备相对优势的逆转

广东依托先走一步所形成的工业设备相对优势又发生了逆转。表2—7 所列 1985 年和 1995 年两次工业普查所示的数据，清晰地表明了这种变化。

表 2—7　　　　两次工业普查中广东工业设备状况与全国的比较②　　　单位:%

| | 1985 年第二次工业普查 | | 1995 年第三次工业普查 | |
|---|---|---|---|---|
| | 70 年代设备比重 | 80 年代设备比重 | 80 年代设备比重 | 90 年代设备比重 |
| 全国 | 43.0 | 38.9 | 53.3 | 37.3 |
| 广东 | 39.9 | 48.0 | 79.4 | 19.5 |
| 广东比全国 + - | -3.1 | 9.1 | 26.1 | -17.8 |

### 四　技术开发能力不足

问题最大的是广东企业的技术开发能力不足：占全省工业企业 95% 以上的小型企业基本上没有自己的技术开发机构。而在不到 5% 的大中型企业中，有技术开发机构的也仅占大中型企业总数的 37.1%（1995 年工业普查数），比全国平均数低 20 个百分点；技术开发人员占职工人数的比重、技术开发经费占销售收入的比重也都远低于全国平均水平（见表 2—8）。这势必成为广东省技术进步和产业升级的严重障碍。

---

① 魏大姣:《关于提升珠三角经济发展软实力的几点思考》,《商场现代化》2006 年第 01Z 期。

② 资料来源:《广东统计资料》〔1997〕24 号。

表2—8　　广东与全国及若干省市科技开发机构、人员、经费对比①　　单位:%

| 指标 | 全国 | 广东 | 江苏 | 上海 |
|---|---|---|---|---|
| 技术开发机构占大中型企业比重 | 57.0 | 37.1 | 68.7 | 45.5 |
| 技术开发人员占企业职工比重 | 3.2 | 0.6 | 3.9 | 4.7 |
| 技术开发经费占产品销售收入比重 | 1.3 | 0.9 | 12.1 | 7.0 |

在上述问题的共同作用下,广东工业产品在国内市场上的占有率日益降低,工业增长乏力。按国家统计局统计,1996年1—11月,广东省工业总产值增幅比全国平均数低4.6个百分点,在全国30个省市自治区中排倒数第8位。② 由此导致整体经济的不景气,广东的GDP增幅在这一时期自1983年以来首次降到全国平均值以下。③

可见,广东制造业结构调整是再次振兴广东经济刻不容缓的战略举措,新一轮的产业升级呼之欲出。

① 资料来源:《广东统计资料》〔1997〕24号。

② 许卓云:《广东经济结构需要实施战略性的调整——再论进入结构转型期的广东发展战略与对策》,《新经济》2005年第1期。

③ 黄德鸿、张南:《大力推动产业重组,提高广东工业素质》,载曾牧野、张元元、马恩成等《转型期广东经济改革与发展》,广东经济出版社1998年版,第257—265页。

# 第三章

# 1998—2007 年调整发展阶段

## 第一节　广东省产业结构与
## 制造业发展概况

### 一　广东省产业结构情况

在 1998 年至 2007 年的十年间，广东省的经济增长一直领先于全国平均水平，2007 年广东地区生产总值达到 31084.40 亿元，连续 19 年居全国首位。在经济保持稳定增长的同时，广东省产业结构也在不断优化调整，第一产业增加值比重总体呈递减趋势，第二产业增加值比重总体呈递增趋势，第三产业增加值比重总体呈先增后减趋势（见表 3—1）。

表 3—1　　　　　1998—2007 年广东省三次产业结构变化　　　　　单位：%

| 年份 | 第一产业比例 | 第二产业比例 | 第三产业比例 |
|------|-------------|-------------|-------------|
| 1998 | 11.66 | 47.68 | 40.67 |
| 1999 | 10.91 | 47.12 | 41.97 |
| 2000 | 9.18 | 46.54 | 44.27 |
| 2001 | 8.21 | 45.73 | 46.05 |
| 2002 | 7.52 | 45.50 | 46.98 |
| 2003 | 6.77 | 47.92 | 45.31 |
| 2004 | 6.47 | 49.20 | 44.34 |

续表

| 年份 | 第一产业比例 | 第二产业比例 | 第三产业比例 |
|------|------------|------------|------------|
| 2005 | 6.33 | 50.35 | 43.32 |
| 2006 | 5.76 | 50.66 | 43.58 |
| 2007 | 5.34 | 50.37 | 44.30 |

资料来源：广东统计年鉴。

在区域产业结构方面，广东省形成了以珠三角为核心，辐射带动东西两翼和粤北地区共同发展的结构。2007 年，珠江三角洲实现地区生产总值 25607.87 亿元，占广东省地区生产总值的 79.74%；粤东地区生产总值 2107.48 亿元，占 6.56%；粤西地区 2325.02 亿元，占 7.24%；粤北地区 2075.36 亿元，占 6.46%。十年间，珠江三角洲地区生产总值占广东省的比重从 68.77% 增加至 79.74%，核心地位进一步加强。

在产业调整升级方面，产业占 GDP 的比重能够较为直观地体现产业升级的情况。随着广东经济的发展，产业结构不断升级，四大经济区域的第二、三产业占 GDP 比重均呈现上升趋势，其中，珠三角最为突出，第二、三产业占 GDP 比重持续上升，第一产业占 GDP 比重则从 1998 年的 7.57% 下降到了 2.44%，而粤东、粤西和粤北地区的第一产业占 GDP 比重相对较高（见表 3—2）。

表 3—2　　　　主要年份广东省四大区域产业比重变化　　　　单位：%

| 产业 | 年份 | 珠三角 | 粤东 | 粤西 | 粤北 |
|------|------|--------|------|------|------|
| 第一产业 | 1998 | 7.57 | 17.97 | 30.99 | 34.40 |
| | 2000 | 6.52 | 17.47 | 29.31 | 32.65 |
| | 2002 | 5.60 | 16.86 | 27.74 | 30.14 |
| | 2005 | 3.15 | 12.66 | 23.96 | 23.10 |
| | 2007 | 2.44 | 9.80 | 21.57 | 17.21 |

| 产业 | 年份 | 珠三角 | 粤东 | 粤西 | 粤北 |
|------|------|--------|------|------|------|
| 第二产业 | 1998 | 49.06 | 46.97 | 36.87 | 37.91 |
| | 2000 | 49.14 | 46.08 | 37.12 | 35.92 |
| | 2002 | 49.31 | 46.15 | 36.92 | 36.24 |
| | 2005 | 50.59 | 49.16 | 40.50 | 39.84 |
| | 2007 | 50.95 | 53.32 | 42.84 | 49.42 |
| 第三产业 | 1998 | 43.37 | 35.05 | 32.14 | 27.70 |
| | 2000 | 44.34 | 36.46 | 33.58 | 31.43 |
| | 2002 | 45.09 | 36.99 | 35.34 | 33.61 |
| | 2005 | 46.26 | 38.17 | 35.55 | 37.06 |
| | 2007 | 46.61 | 36.88 | 35.59 | 33.37 |

资料来源：根据广东统计年鉴数据整理。

## 二 广东省工业总体分析

在这一阶段，广东省陆续出台了关于工业产业结构调整、提高工业产业竞争力等多项措施，促进全省工业产业结构逐步合理化。经过十年发展，广东省工业在全省经济结构中占据了重要地位。

### （一）工业总体实力分析

十年间，广东省工业生产能力大幅提高，生产规模迅速扩大，工业从业人员不断增长，国内和国际市场竞争力都不断增强。

在生产能力方面，广东省工业产品生产经历了从简单到复杂，从低效率到高效率，从外部承接到自我创新的过程。在1998—2007年的十年间，一些产品经历了从主导到衰退的过程，由于科技进步和市场变化，照相胶卷、磁带、录像带等产品从高产量转为逐渐退出市场，如1998年照相胶卷的产量为166.4万平方米，而2006年则降为1万平方米。而一些产品则经历了从起步到迅速发展，逐渐成为广东省工业竞争力的主导，如汽车、家电、电子计算机、集成电路等，2007年广东省汽车生产能力达102.51万辆，是1978年的254.04倍；与1978

年相比，2007 年广东省家电产业中的彩色电视机、家用电冰箱的生产能力达千倍以上；建筑材料中的平板玻璃生产能力提升了一百多倍，生铁、钢材、水泥等产品的生产能力也都提升了几十倍（见表3—3）。经过这一阶段的发展，广东省的主要工业产品在国内外的影响力都实现了较大的提升。

表3—3 广东省部分主要工业产品生产能力对比

| 产品 | 单位 | 生产能力 | | 生产能力提升 |
| --- | --- | --- | --- | --- |
| | | 1978 年 | 2007 年 | （倍） |
| 生铁 | 万吨 | 77.93 | 846.36 | 10.86 |
| 钢材 | 万吨 | 79.63 | 2660.35 | 33.41 |
| 水泥 | 万吨 | 451.40 | 13145.00 | 29.12 |
| 平板玻璃 | 万重量箱 | 44.42 | 7057.96 | 158.89 |
| 汽车 | 辆 | 4035.00 | 1025050.00 | 254.04 |
| 彩色电视机 | 万台 | 0.01 | 4539.11 | 453911.00 |
| 家用电冰箱 | 万台 | 0.45 * | 1372.00 | 3048.89 |
| 家用洗衣机 | 万台 | 4.20 * | 311.23 | 74.10 |

资料来源：幸晓维主编：《2008 广东工业统计年鉴》，中国统计出版社 2008 年版，第 12 页。

注：带"＊"号为 1980 年数据。

在生产规模方面，2007 年广东工业企业（单位）数为 47.33 万个，完成工业总产值 62759.92 亿元，为 1998 年的 5.15 倍，实现工业增加值 16356.33 亿元，占广东 GDP 的 52.62%。其中，规模以上工业企业（单位）数 42289 个，完成工业总产值 55252.86 亿元，实现工业增加值 14104.21 亿元，规模以上工业企业（单位）以占广东工业企业（单位）总数量的 8.93% 的比重，实现了广东工业总产值和增加值的88.04% 和 86.23%（见图 3—1）。

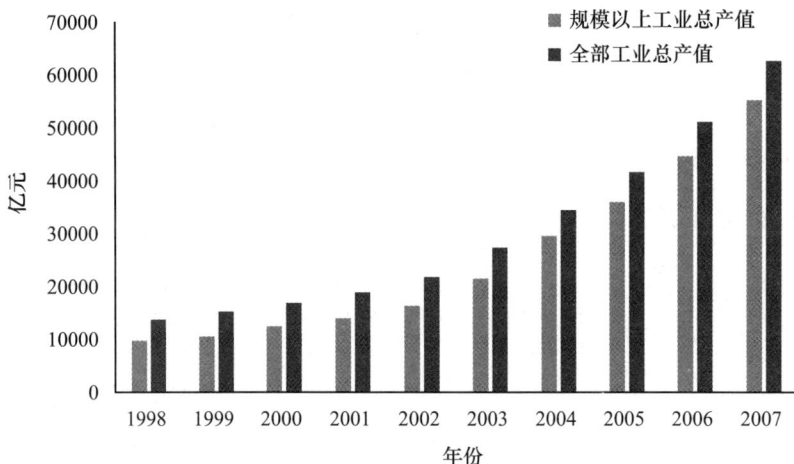

**图3—1　1998—2007年广东省规模以上及全部工业总产值**

资料来源：广东统计年鉴。

在促进就业方面，随着广东省工业生产能力的增强和生产规模的扩大，工业领域创造了大量的就业岗位，吸纳了来自本省和全国各地的大量劳动力。2007年，广东省规模以上工业企业从业人员达1307.40万人，是1998年的2.38倍，是1978年的7.67倍（见图3—2）。

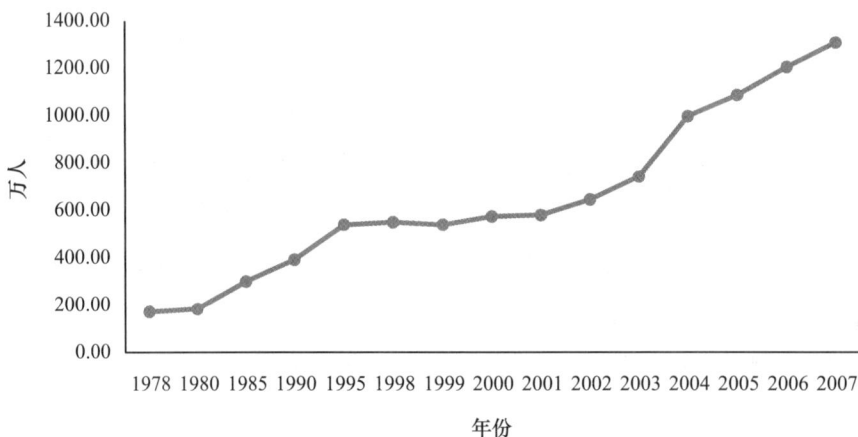

**图3—2　主要年份广东省规模以上工业企业从业人员人数变化图**

资料来源：广东统计年鉴。

在劳动生产率方面，随着工业化的发展和技术进步的影响，广东省工业企业的劳动生产率不断提升。2007 年，广东省规模以上工业企业全员劳动生产率达 107880 元/人，是 1998 年的 2.42 倍，劳动生产率得到显著提高（见图 3—3）。劳动生产率的提升带动了工业生产利润的增长，促进了增长方式的转变，推动了经济的可持续发展。

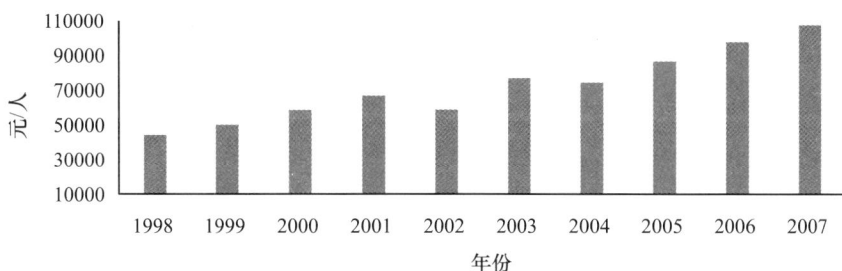

**图 3—3　1998—2007 年广东省规模以上工业企业全员劳动生产率**

资料来源：广东统计年鉴。

（二）工业内部结构特征

1. 重工业逐渐占据主导地位

在工业内部结构方面，重工业逐渐取代轻工业的主导地位。广东产业结构优化不仅体现在三次产业比重变化上，还体现在产业内部的变化上。与典型工业化国家经历类似，随着工业规模不断增加，工业内部结构由劳动和资源密集型产业向资本和技术密集型产业逐渐转化。十年间，广东适度加快了重工业的发展，以石油化工、装备制造及能源原材料等为代表的重工业迅速崛起，广东省工业结构由以轻工业为主转向以重工业为主，工业的重型化趋势明显。重工业占工业总产值的比重从 1998 年的 40.80% 上升至 2007 年的 61.59%，而轻工业占工业总产值比重则从 1998 年的 59.20% 下降到 2007 年的 38.41%（见表 3—4）。

表3—4　　　　1998—2007 年广东省规模以上工业总产值及其构成

单位：亿元、%

| 年份 | 规模以上工业总产值 | 轻工业总产值 | 轻工业比重 | 重工业总产值 | 重工业比重 |
|------|------|------|------|------|------|
| 1998 | 9738.56 | 5765.51 | 59.20 | 3973.05 | 40.80 |
| 1999 | 10538.17 | 6011.06 | 57.04 | 4527.11 | 42.96 |
| 2000 | 12480.93 | 6607.84 | 52.94 | 5873.09 | 47.06 |
| 2001 | 14035.35 | 7165.9 | 51.06 | 6869.44 | 48.94 |
| 2002 | 16378.60 | 8161.63 | 49.83 | 8216.97 | 50.17 |
| 2003 | 21513.46 | 9959.51 | 46.29 | 11553.95 | 53.71 |
| 2004 | 29554.92 | 12146.01 | 41.10 | 17408.91 | 58.90 |
| 2005 | 35942.74 | 14506.76 | 40.36 | 21435.97 | 59.64 |
| 2006 | 44674.75 | 17148.09 | 38.38 | 27526.65 | 61.62 |
| 2007 | 55252.86 | 21221.12 | 38.41 | 34031.74 | 61.59 |

资料来源：广东统计年鉴 2008。

### 2. 大中型企业带动作用增强

按企业规模对广东省工业企业进行分类的结果显示，广东省大型工业企业数量逐渐下降，中小工业企业数量迅速增加。2007 年广东省大型工业企业数量为 383 个，仅是 1998 年大型企业数量的 51%，但实现工业总产值 18468.82 亿元，是 1998 年的 6.72 倍。中小工业企业单位数量迅速增加，2007 年广东省中型工业企业数量为 5657 个，是 1998 年的 4.17 倍，实现工业总产值 19249.78 亿元，是 1998 年的 14.65 倍；小型工业企业数量为 36249 个，是 1998 年的 2.28 倍，实现工业总产值 17534.26 亿元，是 1998 年的 3.50 倍。

在工业企业规模结构方面，虽然大型企业数量下降将近一半，但大型企业产出仍在广东省工业中占据重要地位。十年间，大型企业总产值占全省工业总产值的比重一直处于 30%—37%。2007 年，工业企业中大型企业数量仅占工业企业总数量的 0.91%，但其工业总产值占全省工业总产值的 33.43%；中型企业以 13.38% 的数量占比创造了

34.84% 的产值；小型企业则以 85.72% 的数量占比创造了 31.73% 的产值（见图 3—4）。

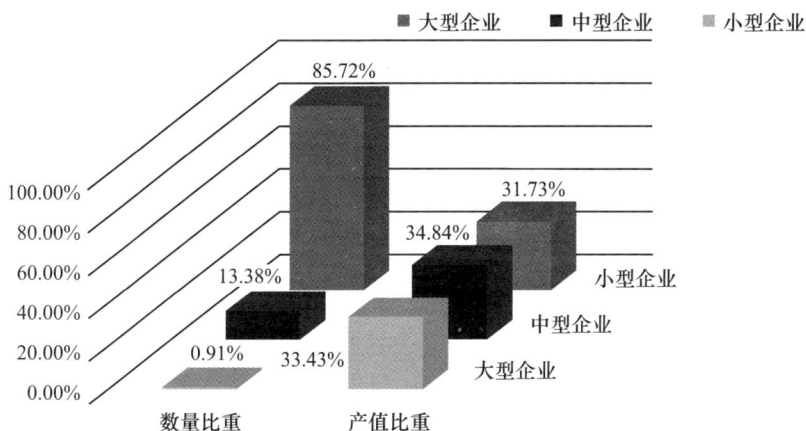

图 3—4　2007 年广东省工业企业规模分布情况

大中型工业企业以 14.29% 的企业数量，创造了 68.27% 的工业总产值，对广东省工业发展起到了极大的带动作用。与此同时，大中型企业在新产品产出方面也发挥了重要作用，2007 年，广东省大中型工业企业新产品产值 5436.10 亿元，占大中型工业企业总产值的 14.41%。

### 三　广东省制造业发展分析

（一）广东省制造业发展情况

2007 年广东省制造业增加值为 10522.59 亿元，是 1999 年的 5.68 倍，在全国制造业体系和广东省经济发展中，都占据了重要地位。1999—2007 年间，在中国制造业体系中，广东制造业增加值占全国制造业增加值的比重在 10.28%—13.73%，远高于全国平均水平。与此同时，广东制造业增加值占广东省 GDP 比重在十年间从 20.02% 增长到了 33.21%，制造业在广东省经济发展中的地位逐步上升（见表 3—5）。2007 年 8 月，中国企业联合会和中国企业家协会发布中国制造业企业

500 强排行榜，以经营规模作为入围标准。广东省上榜企业达 32 家，数量居全国第六位。

表3—5　1998—2007 年广东省制造业发展情况及与全国制造业对比表

单位：亿元、%

| 年份 | 广东制造业增加值 | 全国制造业增加值 | 广东占全国比重 | 广东省 GDP | 制造业占广东 GDP 比重 |
|---|---|---|---|---|---|
| 1998 | — | 27102.0 | — | 8530.88 | — |
| 1999 | 1851.89 | 15151.53 | 12.22 | 9250.68 | 20.02 |
| 2000 | 2205.03 | 17188.38 | 12.83 | 10741.25 | 20.53 |
| 2001 | 2566.34 | 20893.91 | 12.28 | 12039.25 | 21.32 |
| 2002 | 3007.89 | 22943.24 | 13.11 | 13502.42 | 22.28 |
| 2003 | 4333.49 | 31557.45 | 13.73 | 15844.64 | 27.35 |
| 2004 | 5318.20 | 51748.00 | 10.28 | 18864.62 | 28.19 |
| 2005 | 6945.65 | 52050.44 | 13.34 | 22557.37 | 30.79 |
| 2006 | 8706.15 | 64062.30 | 13.59 | 26587.76 | 32.74 |
| 2007 | 10552.59 | 85397.33 | 12.36 | 31777.01 | 33.21 |

　　对于制造业内部各行业的竞争力，何峰[1]运用 1998—2007 年广东 324 家制造业企业的面板数据对广东制造业各细分行业的产业竞争力进行测算，结果显示：（1）广东制造业竞争力优势产业主要以资本密集型和技术密集型产业为主，其中劳动密集型产业的竞争力排名靠后，已逐步丧失竞争优势，但部分劳动密集型产业仍然拥有较大的工业产值规模；（2）广东制造业产业竞争力总体上受劳动力的技术熟练程度和劳动积极性、资金管理能力的正向影响较大，而受技术创新能力、市场适应能力和国际化能力的影响微弱；（3）广东劳动密集型产业竞争力更明显地受劳动力的技术熟练程度和劳动积极性、市场规模的正

---

① 何峰：《广东制造业产业竞争力测算及其影响因素》，硕士学位论文，暨南大学，2012 年。

向影响，同时也更明显地不受技术创新能力的影响；（4）广东技术密集型产业的"技术密集"特征不显著，技术创新能力对其竞争力的影响十分有限。

在具体的制造业产品方面，广东省制造业有多项产品在全国具有重要地位，如广东省空调产量占全国总产量的 52.66%，彩色电视机产量占全国总产量的 42.73%，集成电路、乙烯、移动通信手持机产量占全国总产量的 20% 左右，家用电冰箱、机制纸及纸板、平板玻璃、成品糖的产量占全国总产量的 10% 以上，多项产品的产量居全国首位（见表3—6）。

表3—6　　　　　　广东省主要制造业产品产量及占全国比重

| 产品 | 单位 | 广东 | 全国 | 广东占全国比重（%） |
|---|---|---|---|---|
| 空调 | 万台 | 4220.60 | 8014.28 | 52.66 |
| 彩色电视机 | 万台 | 3622.25 | 8478.01 | 42.73 |
| 集成电路 | 亿块 | 86.43 | 411.62 | 21.00 |
| 乙烯 | 万吨 | 200.40 | 1027.80 | 19.50 |
| 移动通信手持机 | 万台 | 10686.00 | 54858.00 | 19.48 |
| 家用电冰箱 | 万台 | 804.16 | 4397.13 | 18.29 |
| 机制纸及纸板 | 万吨 | 930.23 | 7792.43 | 11.94 |
| 平板玻璃 | 万重量箱 | 6123.03 | 53918.07 | 11.36 |
| 成品糖 | 万吨 | 137.72 | 1271.38 | 10.83 |
| 微型电子计算机 | 万台 | 1157.28 | 12073.38 | 9.59 |
| 汽车 | 万辆 | 78.81 | 888.89 | 8.87 |
| 啤酒 | 万千升 | 290.80 | 3954.07 | 7.35 |
| 水泥 | 万吨 | 9799.57 | 136117.25 | 7.20 |
| 原油 | 万吨 | 1261.13 | 18631.82 | 6.77 |
| 布 | 亿米 | 44.87 | 675.26 | 6.64 |
| 家用洗衣机 | 万台 | 246.05 | 4005.10 | 6.14 |
| 卷烟 | 亿支 | 1178.54 | 21438.84 | 5.50 |

| 产品 | 单位 | 广东 | 全国 | 广东占全国比重（%） |
|------|------|------|------|------|
| 金属切削机床 | 万台 | 2.41 | 64.69 | 3.73 |
| 钢材 | 万吨 | 2026.88 | 56560.87 | 3.58 |
| 硫酸 | 万吨 | 171.06 | 5412.56 | 3.16 |
| 粗钢 | 万吨 | 1154.03 | 48928.80 | 2.36 |
| 化学纤维 | 万吨 | 49.16 | 2413.78 | 2.04 |
| 纱 | 万吨 | 41.06 | 2068.17 | 1.99 |
| 纯碱 | 万吨 | 34.13 | 1765.00 | 1.93 |
| 生铁 | 万吨 | 755.25 | 47651.63 | 1.58 |
| 烧碱 | 万吨 | 24.18 | 1759.29 | 1.37 |
| 化学农药原药 | 万吨 | 2.31 | 176.48 | 1.31 |

资料来源：中国统计年鉴。

广东省制造业在这十年间的发展，是广东省改革开放和经济社会发展的巨大推动力，带动了经济发展的活力，创造了大量的就业岗位，拉近了中国制造业和世界制造业之间的差距。与此同时，广东省制造业的内部结构不断优化，产业布局基本形成，产业特色逐渐突出，形成了规模化、集聚化的产业态势。

（二）制造业对外竞争力分析

广东制造业的开放程度很高，2007 年广东省规模以上工业企业各项经济指标中，外商投资工业企业数占广东省工业企业总数量的12.31%，外商投资工业总产值占广东省工业总产值的30.84%；港澳台投资工业企业数占广东省工业企业总数量的30.51%，港澳台投资工业总产值占广东省工业总产值的30.21%[①]。随着广东省不断推动制造业转型升级，加工贸易企业逐渐转向增资扩产、自主研发、延长产业链和扩大内销，推动加工贸易加快向高技术、高附加值发展转变。

---

① 数据来源：根据《广东统计年鉴 2008》计算。

在广东制造业出口的产品结构方面，机电产品和高新技术产品成为主要的出口产品。在机电产品出口方面，2007 年机电产品出口额占广东省出口总额的 68.59%，机电产品出口以电器及电子产品为主要代表，电器及电子产品出口额占广东省出口总额的 35.58%。在高新技术产品出口方面，2007 年高新技术产品出口额占广东省出口总额的 34.76%，[①] 高新技术产品出口以计算机与通信技术为主要代表，计算机与通信技术出口额占广东省出口总额的 30.52%。

1998—2007 年的十年间，广东省主要行业中对外竞争力在不断变化。用产业对外竞争力系数〔（出口－进口）/进出口〕对广东省海关进出口金额分析，运用竞争力系数对结果进行分类，分类标准如下：

对外竞争力强：竞争力系数≥0.5；

对外竞争力较强：0≤竞争力系数＜0.5；

对外竞争力弱：竞争力系数＜0。

广东制造业在发展过程中，一些行业的对外竞争力明显加强，如纺织原料及纺织制品行业和石材制品、陶瓷制品、玻璃及制品行业的竞争力系数分别从 1998 年的 0.35 和 0.42 提升至 2007 年的 0.65 和 0.62。一些行业对外竞争力略有加强，如珠宝首饰、硬币行业竞争力系数从 0.07 提升至 0.22。一些行业的对外竞争力得到保持，如鞋帽伞杖、加工羽毛、人造花、人发制品行业和家具、玩具等杂项制品行业的对外竞争力一直很强；食品、烟草及制品行业，皮革、毛皮及其制品、旅行用品、手提包行业，机械、电气设备、电视机及音响设备行业，对外竞争力一直处于较强水平。也有一些行业对外竞争力有所下降，如车辆、航空器、船舶及有关运输设备的对外竞争力则从 0.32 降至 0.17（见表 3—7、表 3—8）。

---

① 注：机电产品和高新技术产品在统计上存在交叉，故其占广东省出口总额比例之和大于 100%。

表3—7　　　　广东省制造业对外竞争力强的主要行业变化对比

| 行业（1998年） | 竞争力系数 | 行业（2007年） | 竞争力系数 |
|---|---|---|---|
| 鞋帽伞杖、加工羽毛、人造花、人发制品 | 0.96 | 鞋帽伞杖、加工羽毛、人造花、人发制品 | 0.96 |
| 家具、玩具等杂项制品 | 0.94 | 家具、玩具等杂项制品 | 0.92 |
|  |  | 纺织原料及纺织制品 | 0.65 |
|  |  | 石材制品、陶瓷制品、玻璃及其制品 | 0.62 |

表3—8　　　　广东省制造业对外竞争力较强的主要行业变化对比

| 行业（1998年） | 竞争力系数 | 行业（2007年） | 竞争力系数 |
|---|---|---|---|
| 食品、烟草及制品 | 0.44 | 食品、烟草及制品 | 0.49 |
| 石材制品、陶瓷制品、玻璃及其制品 | 0.42 | 皮革、毛皮及其制品、旅行用品、手提包 | 0.33 |
| 皮革、毛皮及其制品、旅行用品、手提包 | 0.41 | 珠宝首饰、硬币 | 0.22 |
| 纺织原料及纺织制品 | 0.35 | 机械、电气设备、电视机及音响设备 | 0.20 |
| 仪器、医疗器械、钟表及乐器 | 0.34 | 木及木制品、草柳编结品 | 0.17 |
| 车辆、航空器、船舶及有关运输设备 | 0.32 | 车辆、航空器、船舶及有关运输设备 | 0.17 |
| 机械、电气设备、电视机及音响设备 | 0.15 |  |  |
| 珠宝首饰、硬币 | 0.07 |  |  |

在广东省对外竞争力强或较强的行业中，具有代表性的优势产品主要包括：动植物产品制品，糖及糖食，蔬菜、水果等植物制品，饮

料、酒及醋，烟草及烟草制品，皮革制品、旅行用品及手提包，草柳编结品，地毯及纺织铺地制品，服装及衣着附件，鞋帽类及零件，伞、杖、鞭及零件，加工羽毛、羽绒及制品、人造花、人发制品，陶瓷产品，核反应堆、锅炉、机械设备及零件，铁道及电车机车、车辆及零件，船舶及浮动结构体，家具、床上用品、照明装置、发光标志，玩具、游戏、运动用品及零附件等。

广东省对外竞争力弱的行业主要集中于资源密集型行业和部分技术相对密集型行业，但行业中一些产品仍表现出很强的对外竞争力。受资源禀赋约束，广东省矿产品对外竞争力呈现出越来越弱的趋势；贱金属及其制品行业中，涉及资源的产品对外竞争力很弱，但钢铁制品、贱金属杂项制品等则具有很强的对外竞争力，2007 年钢铁制品对外竞争力系数达 0.71；在木浆、纸、纸板及制品行业，木浆及其他纤维素浆、废碎纸板基本全部靠进口，但书籍、印刷品、设计图纸在 2007 年的对外竞争力系数达 0.79，具有很强的对外竞争力。化工产品行业和仪器、医疗器械、钟表及乐器行业的资金、技术相对密集，对外竞争力也较弱，但化工产品中的炸药、烟火制品、易燃材料制品的对外竞争力达 0.97，化妆品及其原料、芳香料制品的对外竞争力达 0.59；仪器、医疗器械、钟表及乐器行业中，乐器及零附件的对外竞争力达 0.79，钟表及零件的竞争力也较强，达 0.44（见表 3—9）。

表 3—9　　　广东省制造业对外竞争力弱的主要行业变化对比

| 行业（1998 年） | 竞争力系数 | 行业（2007 年） | 竞争力系数 |
| --- | --- | --- | --- |
| 矿产品 | − 0.24 | 木浆、纸、纸板及制品 | − 0.04 |
| 木及木制品、草柳编结品 | − 0.27 | 贱金属及其制品 | − 0.13 |
| 贱金属及其制品 | − 0.31 | 仪器、医疗器械、钟表及乐器 | − 0.31 |
| 塑料、橡胶及其制品 | − 0.36 | 塑料、橡胶及其制品 | − 0.34 |
| 化工产品 | − 0.37 | 化工产品 | − 0.41 |
| 木浆、纸、纸板及制品 | − 0.44 | 矿产品 | − 0.72 |

### 四 广东省制造业调整历程

在发展过程中，广东省不断转变经济发展方式，充分运用各种国家优惠政策，借鉴吸收国内外先进技术和经验，实现了经济的快速增长。随着制造业的发展，一些问题逐渐显现，特别是发展中所面临的资源制约和发展瓶颈突出，如土地、资源等制约了劳动密集型企业的扩张空间，"高投入、高消耗、高污染、低效益"即"三高一低"的生产方式难以维持，劳动力、土地等成本的迅速上涨使低利润空间行业面临生存危机，核心技术缺失使企业发展处于价值链底端等。这些问题的存在，促使广东省不断对制造业的转型发展进行深入思考。

1998 年 3 月 9 日，时任中共中央总书记、国家主席江泽民在九届全国人大一次会议广东代表团全体会议上做重要讲话，要求广东"增创新优势，更上一层楼"，交出物质文明和精神文明建设两份好答卷，把广东的改革开放和经济社会发展推进到一个新阶段。当年 4 月，省委、省政府在全省开展了以"增创广东发展新优势"为主题的十大专题调研活动。通过调研，为推进全省改革开放和发展提供了很有参考价值的情况、思路、对策。大部分调研材料经过转化和运用，成为省委、省政府深化改革，加快发展的相关决策和工作部署的基础。

1998 年 5 月，广东提出大力推进经济体制改革和经济增长方式两个根本性转变，增创体制、产业、开放、科技教育四大经济发展新优势，突出抓好"外向带动""科教兴粤"和"可持续发展"。广东提出"分类指导、层次推进、梯队发展、共同富裕"的总体布局，"中部地区领先、东西两翼齐飞、广大山区崛起"的发展战略，经济特区和珠三角地区要率先基本实现现代化。[①] 1998 年 9 月 23 日，广东省委、省政府出台《关于依靠科技进步推动产业结构优化升级的

---

① 段华明：《广东改革开放 30 年的历程与经验》，《探求》2008 年第 6 期。

决定》，以科技进步作为全面推进增创广东发展新优势的切入点和突破口。提出实施科教兴粤战略，推动经济结构和经济增长方式的战略性调整。

1999 年 3 月 7 日，江泽民总书记在九届全国人大二次会议广东代表团全体会议上讲话，提出广东要率先基本实现现代化，为全国提供更多有益经验的要求。8 月 26 日，省委、省政府召开经济特区和珠江三角洲改革开放工作座谈会进行部署，要求经济特区和珠江三角洲地区先行一步，至 2010 年左右，把这一地区建设成为广东高新技术产业的重要基地，与港澳密切合作、与国际经济紧密联系的外贸出口基地，建立社会主义市场经济体制的先行区和可持续发展的示范区，对全省起示范、带动作用。

2000 年 2 月，江泽民总书记在出席广东省高州市领导干部"三讲"教育会议时，首次提出"三个代表"重要思想。

由于历史原因、比较优势和路径依赖等多种因素，广东省制造业外向型特征十分突出。在制造业对外贸易方面，十年间，广东对外贸易在经历调整后进入平稳发展阶段。1998—2001 年，广东省的进出口总量和结构都发生了新的变化，进出口总额的增长速度放缓且波动明显，外贸成本急剧上升，外贸摩擦问题严重，贸易条件恶化等发展难题突出，这些都导致了外贸增长速度放缓，甚至在 1998 年受东南亚金融危机影响而出现负增长，外贸依存度大幅下降。随着世界各国越来越重视知识产权保护，在世界产业转移过程中，依赖 FDI 的技术外溢获得核心技术越来越困难。

2001 年 12 月 11 日，中国成为 WTO 的第 143 个成员。以此为契机，广东进一步调整出口产品结构，更加积极有效地利用外资，不断扩大对外经济合作。2002 年以后，广东对外贸易进入平稳发展阶段。在贸易方式结构方面，2007 年，一般贸易出口额 1050.06 亿美元，占全年出口总额的 28.44%，而加工贸易出口额 2461.73 亿美元，占全年出口总额的 66.67%。在对外贸易的商品结构方面，进入 21 世纪后，广东进出口商品中高新技术产品出口比例提升较大，说明广东对外贸易结构呈现优化趋势，转型升级成效显著。①

2003 年 4 月，时任中共中央总书记、国家主席胡锦涛视察广东，强调了广东工作的重点任务，明确要求深入贯彻落实科学发展观，紧紧抓住国家支持珠江三角洲地区改革发展、支持经济特区创新发展的宝贵机遇，以科学发展为主题，以加快转变经济发展方式为主线，深化改革开放，把握新趋势，建立新机制，增创新优势，进一步加快转变经济发展方式，进一步深化改革开放，进一步推进以改善民生为重点的社会建设，进一步提高党的建设科学化水平，切实当好推动科学发展、促进社会和谐的排头兵，朝着率先全面建成小康社会的目标奋勇前进。

在广东省制造业内部结构调整方面，产业升级不断推进。1998 年，《中共广东省委、广东省人民政府关于依靠科技进步推动产业结构优化升级的决定》明确提出通过技术创新、技术改造发展壮大支柱产业。加快建设和重点发展电子信息、电器机械、石油化工三大支柱产业。应用高新技术改造提高纺织服装、食品饮料和建筑材料三大传统支柱产业。扶持汽车、医药和森工造纸等一批有发展潜力的产业。在微电子、生物技术、新材料、海洋技术、新能源及环保等领域，培育与形成一批高新技术企业和产品，促进支柱产业不断优化升级。进入 2000 年后，广东开始大力发展汽车、石油、化学原料及化学制品、冶金、医药、电子通信设备制造业等新支柱产业，特别是以计算机、电子工业等为代表的高新技术产业成为支撑国民经济高速增长的最重要支柱产业。② 2001 年省经贸委为加速推进结构调整优化，进一步提高工业整体素质和经济增长的质量效益，制定了《广东省工业产业结构调整实施方案》（2001 年版），提出从产品结构、技术结构、组织结构和区域结构四个方面去推进工业产业结构的调整优化，抓好发展高

① 杨碧云、易行建：《广东外贸依存度高低的判断及其趋势预测——基于外贸依存度的国际与国内比较》，《国际经贸探索》2009 年第 25 卷第 1 期。

② 林先扬：《广东先进制造业发展历程、问题与策略探究》，《广东行政学院学报》2011 年第 5 期。

新技术产业、改造传统产业和继续淘汰落后生产能力。2003 年，广东省委、省政府做出开展工业产业竞争力研究的部署，目的是从更高的层次，客观、准确地分析广东省工业九大产业竞争力的情况，分析论证了广东省九大支柱产业在国内所处的发展阶段、地位、优势、劣势和存在问题，从产业发展和宏观经济的角度，对广东省工业产业竞争力进行全面、系统的研究，提出建议和对策。2004 年省经贸委根据调研成果重新修订《广东省工业产业结构调整实施方案》（2004 年版）。对原《方案》的产品结构、技术结构、组织结构和区域结构做了相应的修改。2005 年，省政府发布《关于印发广东省工业九大产业发展规划（2005—2010 年）的通知》，对五年内广东省工业九大产业的重要产业基地和各产业的发展规划做出了指导和部署。经过这一阶段的发展，广东省制造业自主创新能力不断增强，优势产业竞争力逐渐突出，实现了产业结构的调整和产业升级。

在广东省制造业的空间布局方面，20 世纪 90 年代，广东省制造业的分布主要位于珠三角地区，然而随着珠三角经济的发展，土地空间不足、劳动力成本和土地价格不断上升等因素导致的生产成本大幅增加对珠三角制造业的发展带来了巨大的冲击。制造业的空间转移成为珠三角面临的重大问题。① 2004 年，广东省委、省政府首次提出珠江三角洲与山区及东西两翼共建产业转移工业园的设想，逐步拉开了广东省产业转移的序幕。2005 年，省政府出台《关于我省山区及东西两翼与珠江三角洲联手推进产业转移的意见（试行）》，提出以产业转移工业园为平台和载体，推进珠三角产业向东西两翼和粤北山区转移的重大战略。随后，一系列产业转移的相关政策相继出台，产业转移工作，对广东省制造业合理布局起到了极大的推动作用。

在制造业企业结构方面，1997 年，国务院提出国有企业坚决走"鼓励兼并、规范破产、下岗分流、减员增效、实施再就业工程"的

---

① 李燕、贺灿飞：《1998—2009 年珠江三角洲制造业空间转移特征及其机制》，《地理科学进展》2013 年第 32 卷第 5 期。

道路，以解决国有企业经营困难、亏损严重、产能利用率低、财政压力大等问题，并在此后出台各项措施，对国有企业进行现代企业制度和规范治理方面的改革。广东省在国家国有企业改革的背景下，也相继出台各种政策，促进国有企业改革。经过十年改革，至 2007 年，广东省国有企业的数量明显下降，但总体实力和主导作用明显增强。此外，广东省民营经济在这一阶段迅速发展，民营企业数量迅速增加，成为广东省经济的重要构成部分。

## 第二节　制造业产业转移与集群经济

### 一　制造业产业转移进程

广东省的产业转移经过了三个主要过程：承接国际劳动密集型产业转移、承接国际技术密集型产业转移及开拓创新、省内产业转移及布局调整。

20 世纪后半期，伴随着经济全球化的趋势，由于成本、市场、技术等因素的变化，国际产业分工出现了新的格局，发达国家逐渐把大量的劳动密集型产业转移到发展中国家和地区，形成了一轮国际产业转移的趋势。[1] 在这一背景下，广东省依靠土地、劳动力资源优势，积极承接国际上的资本、技术和产业转移，制造业实现了飞速发展，带动了广东经济的腾飞。

发达国家或地区向其他国家或地区进行产业转移的主要方式是国际贸易和直接投资等。20 世纪 90 年代，广东吸收了大量来自香港和台湾的直接投资，香港工业大量北移至珠三角一带，其中，香港电子、制衣、纺织、玩具、钟表、制鞋等制造业部门80% 以上的生产工序和生产线转移到珠江三角洲。[2] 通过转移生产制造和加工贸易企业，促成了香港向服务型经济的成功转型，强化了香港的国际金融、贸易和

---

① 邓利方：《国际产业转移与广东承接对策》，《南方经济》2003 年第 12 期。
② 薛凤旋：《都会经济区：香港与广东共同发展的基础》，《经济地理》2000 年第 20 卷第 1 期。

航运中心地位，提升了产业结构。广东则抓住香港的产业转型机遇，发展成为具有世界影响力的加工制造业基地。同时，台资企业在珠三角设立的工厂成为台湾电子产品生产线的延伸，广东逐渐进入全球商品生产链；随着港资和台资企业向珠三角转移所带来的产业发展和各项制度政策的成熟，其他亚洲国家、欧洲和美国的资本也逐渐向珠三角集中，广东省的外商直接投资额迅速增加。[①] 1998 年广东省实际利用外资金额达 120.20 亿美元，占全国实际利用外资金额的 26.44%，至 2007 年，广东省实际利用外资金额增长至 171.26 亿美元，是 1998 年的 1.42 倍，占全国实际利用外资金额的 22.91%（见表3—10）。

表3—10　　　　1998—2007 年广东省和全国外商直接投资情况　　单位：亿美元

| 年度 | 广东 | | | 全国 | | |
| --- | --- | --- | --- | --- | --- | --- |
| | 项目数 | 合同外资金额 | 实际利用外资金额 | 项目数 | 合同外资金额 | 实际利用外资金额 |
| 1998 | 4349 | 91.62 | 120.20 | 19799 | 521.02 | 454.62 |
| 1999 | 3013 | 61.75 | 122.03 | 16918 | 412.23 | 403.18 |
| 2000 | 4245 | 86.84 | 122.37 | 22347 | 623.8 | 407.15 |
| 2001 | 5317 | 134.35 | 129.72 | 26140 | 691.95 | 468.46 |
| 2002 | 6613 | 161.71 | 131.11 | 34171 | 827.68 | 527.43 |
| 2003 | 7306 | 217.89 | 155.78 | 41081 | 1150.69 | 535.05 |
| 2004 | 8322 | 193.6 | 100.12 | 43664 | 1534.79 | 606.30 |
| 2005 | 8384 | 237.44 | 123.64 | 44001 | 1890.65 | 603.25 |
| 2006 | 8452 | 245.68 | 145.11 | 41473 | 1937.27 | 630.21 |
| 2007 | 9506 | 339.38 | 171.26 | 37871 | — | 747.68 |

资料来源：广东统计年鉴、中国统计年鉴。

外商直接投资（FDI）促进了广东外贸商品结构的改善，并在一定程度上促进了广东外贸企业的更新换代和升级改造；外商独资、中

---

[①]　薛凤旋：《都会经济区：香港与广东共同发展的基础》，《经济地理》2000 年第 20 卷第 1 期。

外合资、合作经营等外商直接投资的发展在广东强大区位优势和浓厚发展底蕴的保护下表现得更加稳健，呈现出了巨大的推动作用；广东外贸产业充分利用FDI外溢的高新技术改造传统产业，提高出口产品的附加值和技术含量，完成外贸产业的更新换代；同时更多地参与国际分工，进行跨国经营，充分利用高新技术、信息化推动工业化，完成对传统产业的升级改造。[①]

承接这一轮的国际产业转移，广东省制造业在以低成本优势承接国际劳动密集型产品产业转移的基础上，也承接了技术密集型产业中劳动密集型环节的产业链条。在传统的加工制造组装环节的基础上，增加了知识技术密集环节的比重，逐渐开始大量承接产业关联度高、产品链条长、带动能力强的产业。从劳动密集型初级加工制造转向资本和技术密集型制造业，通信设备、计算机及其他电子设备、化学原料及化学制品、通用设备制造、专用设备制造、交通运输设备制造、纺织业成为外商投资的主要行业。[②] 为广东省制造业向自主创新、提升技术竞争力转型的长期路径打下了良好的基础。

随着广东制造业的集聚发展，成本要素的增加和资源约束使珠三角地区作为主要集聚地的一些劳动密集型产业逐渐失去比较优势，粗放的经济增长方式逐渐显示出弊端。以土地资源约束为例，2007年，珠三角地区以全省30.45%的土地，聚集了50%的常住人口，创造了79.74%的GDP，单位土地面积所创造GDP是全省平均水平的2.71倍。

与此同时，一大批高新技术企业快速成长，如鸿富锦精密工业（深圳）有限公司、华为技术有限公司和深圳富泰宏精密工业有限公司等高技术含量工业企业的迅速扩大，使珠三角工业产业结构向不断优化的方向转变；一些高端工业产品如广州本田公司的小轿车，华为、中兴公司的通信设备，美的、格力公司的家用电器，广州宝洁公司的

---

① 杨友孝、陈文良：《广东省外贸区域发展差异与外贸转型升级的关系研究》，《国际经贸探索》2014年第30卷第1期。

② 吴汉贤、邝国良：《广东产业转移动因及效应研究》，《科技管理研究》2010年第15期。

日用化工产品等，都在国内外享有盛名。①

面对形势变化，为了给优势产业创造更好的发展机会，为了给弱势产业寻求生存路径，广东省开始寻找发展方向，推进产业转型升级，一方面鼓励适应市场发展趋势的高技术产业、优势产业等加快发展，另一方面将附加值较低、劳动密集型程度较高的产业转移到珠三角以外的地区，带动粤东粤西粤北承接产业转移的地区进行产业层次提升并促进地方经济发展。这一举措，既能够使珠三角地区有空间发展新型和新兴产业，实现产业结构的调整与升级，提升产业附加值，提高产业竞争力，也能够使粤东西北地区发挥人力、土地、资源等优势，开拓更大的发展空间，实现地区经济快速发展。

在这一背景下，2004 年，广东省委、省政府首次提出珠三角与山区及东西两翼共建产业转移工业园的设想。2005 年 3 月 7 日，广东省政府出台《关于我省山区及东西两翼与珠江三角洲联手推进产业转移的意见（试行）》，提出以产业转移工业园为平台和载体，推进珠三角产业向东西两翼和粤北山区转移的重大战略。随后省有关部门相继出台《广东省产业转移工业园认定办法》《关于支持产业转移工业园用地的若干意见（试行）》《广东省产业转移工业园外部基础设施建设省财政补助资金使用管理办法》和《关于加强我省山区及东西两翼与珠江三角洲联手推进产业转移中环境保护工作若干意见（试行）》等文件，不断推动产业转移的相关工作。

与此同时，在广东省产业转移中，转出地和承接地的政府也都制定了相关政策，推进产业转移工作，如河源制定《关于推进产业转移和劳动力转移的实施意见》，东莞市陆续出台《东莞市产业转移规划》《东莞市产业转移实施方案》《关于促进东莞市产业转移工业园建设的实施意见》等文件，促进产业转移工作的推进。梅州市出台《广州（梅州）产业转移工业园吸引外来投资优惠办法》，吸引企业投资。

产业转移工业园建设是广东省制造业转移的空间载体，广东省产

---

① 陈新：《改革开放 30 年广东四大区域经济发展概述》，《广东经济》2008 年第 11 期。

业转移工业园的建设以政府推进为主，除出台以上政策外，还出台了相应的财政政策帮助产业承接地加快基础设施建设。如2005年《广东省产业转移工业园外部基础设施建设省财政补助资金使用管理办法》中，对已建立产业转移工业园的地级市定额补助4000万元，用于经省认定的产业转移工业园外部基础设施建设。2007年起，广东省财政每年安排每个山区及东西两翼地区1亿元专项补助资金，用于基础设施建设，改善投资环境。同时，也为园区企业提供多种优惠和服务，如简化行政审批程序、降低市场准入门槛、加大信贷投放力度、"零收费区"政策等。

## 案例 3—1

# 广东产业转移工业园建设的成效①

广东产业转移工作已经取得一些潜在的成效，呈现出良好的发展态势。主要体现在以下四个方面：

第一，推动珠三角地区产业升级，促进广东地区产业布局的优化。珠三角地区各市，都把推进产业转移作为实现产业结构优化升级、构建现代产业体系、加快工业化进程的重要手段。广州实施了比较有特色的产业转移"三圈"战略：第一圈是市区外围，承接从市区转出的汽车及零配件产业、机电加工业、轻工食品制造业、家电业、纺织业、橡胶业、重型装备制造业、石油化工制造业、医药制造业等产业；第二圈是省内梅州产业转移园，承接机械、电子、食品、纺织、冶金、建材等产业；第三圈是省外的广西、重庆、湖南等地，承接有色金属、化工、造纸、建材、食品加工、矿产、塑料、家具等产业。深圳市2006年以来有超过1000家塑胶、金属类、服装、家具、电子元器件、工艺品、印刷、皮具、化工、玩具等企业迁出。佛山推动90多家陶瓷

---

① 翟宏伟、王文森：《广东产业转移初见成效》，《中国信息报》2009年7月22日。

企业、20 多家铝型材企业、10 多家塑料五金等企业转移到外地。东莞转移到省内地区的企业（项目）累计超过 1000 个，转移劳动力 20 多万人。大朗镇的毛织、厚街镇的家具和制鞋等行业把劳动密集型工序转移到市外，把在东莞的公司变成总部，主要从事价值链高端环节生产。

从皮鞋和陶瓷这两个劳动密集型、附加值相对较低的行业看，广东的产业布局得到优化。从皮鞋行业看，珠三角地区规模以上皮鞋企业的工业产值占全省的比重从 2003 年的 98.2% 下降到 2008 年的 86.2%，下降了 12 个百分点；其中广州下降幅度很大，从 31.5% 下降到 14.4%。而珠三角地区外围的清远皮鞋生产大幅度增加，从 0.9% 上升到 11.7%；梅州、潮州、揭阳则从无到有，三市 2008 年的皮鞋产值比重为 0.7%。从陶瓷行业看，珠三角地区规模以上陶瓷企业的工业产值占全省的比重从 2003 年的 66.4% 下降到 2008 年的 51.4%，下降了 15 个百分点；其中广州陶瓷产值所占比重从 7.2% 下降到 2.3%，佛山从 48.8% 下降到 35.1%，下降 13.7 个百分点，下降幅度最大。而珠三角地区外围的清远陶瓷生产增加较快，比重从 1.1% 上升到 5.7%；潮州从 28.0% 上升到 43.7%，增加幅度最大。

第二，发展和壮大了产业承接地的支柱产业和特色产业，促进了工业化进程。对于相对落后地区，原先的工业基础比较薄弱，产业转移园区的建设对该地区工业乃至整体经济的影响程度比较明显，园区内的产业集聚也就形成了该地区的产业集群，园区内的重点大型企业在一定程度上决定了该地区工业产业结构。在建设转移园区时，各地也比较注重构建产业集群链，发展特色产业。毗邻广州、佛山的清远市，是广东承接产业转移比较早的地区，据粗略统计，近年转移到清远的企业有 600 多家。也正是这种产业转移，才造就了清远近年的飞速发展。2003—2007 年，清远 GDP 年均增长 24.6%，为全省之冠，创造了"清远速度"。2008 年，河源四个省级产业转移工业园区的规模以上工业企业家数、工业总产值和工业增加值分别占全市规模以上工业的 17.0%、19.1% 和 15.9%；2009 年一季度，上述比重进一步提升到 19.3%、25.1% 和 20.0%。这个比例出乎意外的高，可见产业转移园对当地经济发展的重要程度。中山（河源）产业转移园区内的模具和手机生产企业年产值都超过 10 亿元，成为河源的重点大型企业，电子信息和机械制造也成为河源的支柱产业。韶关南雄利用转移园区这个载体，集中打造粤北首个精细化工基地，培养当地的特色和支柱产业。梅州承接广州的汽车零部件项目，打造机电支柱产业。

第三，推动了承接地农村劳动力培训和就业，改善了全省就业结构。在工业化过程中，广东省内东西两翼和山区的劳动力大部分流向珠三角地区，全省就业结构与产业结构一样，存在着一定程度的失衡。通过产业转移，可以在一定程度上缓解这种失衡。产业承接地通过建设工业园区，吸纳当地农村劳动力，既可加快农村劳动力向第二、第三产业转移，也可减轻珠三角地区的就业和管理压力。在安排当地劳动力就业的过程中，通过就业技能培训，还可以提高劳动者的素质。河源四个产业转移园吸纳从业人员 4 万多人，占全市规模以上工业企业从业人员的 33.4%，大大减轻了当地的就业压力。东莞石碣镇一家生产变压器的企业到梅州工业园区投资扩产，吸纳工人 500 多人，其中本地劳动力占九成。据广东省有关部门调查，2008 年，东西北地区农村劳动力城镇就业新增 40.2 万人。

第四，有利于落后地区走集约、环保型的工业化发展道路。在广东改革开放 30 年的发展历程中，珠三角地区工业化道路先走一步，珠三角之外地区近年先后走上工业化道路，这已经是一个实践的过程。用区域发展非均衡理论来解释，便是发展之初的聚集效应和发展到了一定阶段之后的扩散效应。不管如何，相对落后地区发展工业，不仅是落后地区的自觉选择，也是发达地区的需要。因此，落地地区如何走工业化道路，才是需要重点思考的问题。广东落后地区工业园区及产业转移工业园区的建设，是一个比较理想的选择。原因是将工业项目集中在工业园，避免出现"到处点火、处处冒烟"的问题，有几个好处：一是工业发展所需的基础设施建设可以统一考虑，节约开发成本；二是环境污染问题可以统一考虑，污水处理设备可以充分利用，降低整体的环保成本，保护当地环境；三是园区内可以形成产业链、产业集群，产业配套比较好，企业间配套生产的运输成本几乎为零，园区内企业的总成本大大降低；四是园区工业发展到一定程度，必然出现研发中心建设需求、生产性服务业发展需求，有利于产业转型升级。中山（河源）转移产业园区位于河源高新技术开发区内，高新区的发展定位不仅发展工业，还发展第三产业，不仅有生产规划区，还有生活规划区，区内交通方便，已经建立了学校，开发了高档的商品房，初具一个新城区的发展雏形。

至 2008 年 6 月底，广州、深圳、珠海、佛山、东莞、中山 6 个珠江三角洲城市与 14 个山区及东西两翼城市合作建立 28 个产业转移工业园，具体分布如图 3—5 所示：

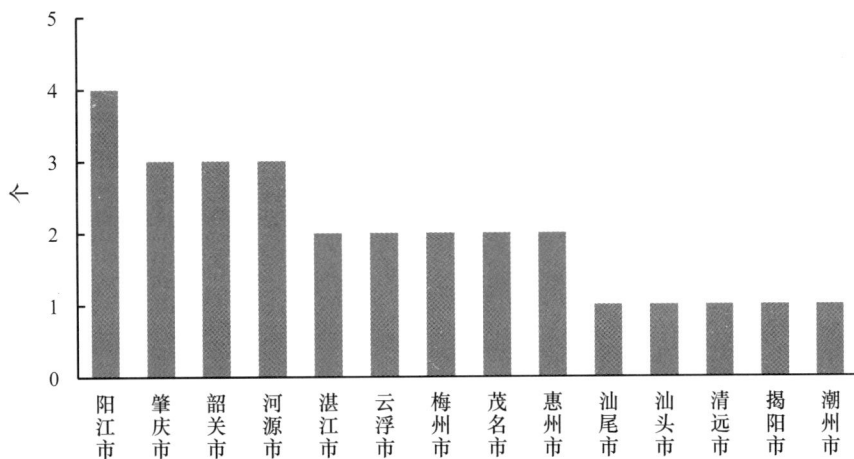

**图3—5　广东省认定的产业转移工业园区域分布图**

已认定的产业转移工业园主要承接纺织服装（含制鞋）、电子通信、玩具、箱包、家电、塑料制品、家具、金属制品、客车、精细化工、建材、钟表业等产业转移项目。2007 年底，广东省产业转移工业园已建成的 132 个项目实现年产值 64.77 亿元，利税 51928.5 万元。

至 2008 年上半年，全省产业转移工业园与客商签订投资意向项目 638 个，投资额 676.6 亿元，其中已入园开工建设项目 386 个，投资额 227.87 亿元，吸纳了 7.8 万个劳动力就业。

广东产业转移并不都是现有产业在空间上的移动，一定程度上也是珠三角潜在的生产需求向外转移，从而构建了新的产业布局。产业转移包含了两方面的含义：一是珠三角地区将现有的相对落后的产业向外转移；二是珠三角地区将有市场需求、准备增资扩产的产业投向珠三角之外。当珠三角的发展迈进工业化中后期之后，劳动力、土地、资源制约逐步显现，企业生产成本上升，生产劳动密集型产品变得没有竞争优势，企业必然向外寻找扩张的机会，比如河源就承接了珠三角的手机扩张性转移，珠三角依然生产手机，但西可、中宝、冠瑞通讯、特灵通等国内外手机生产企业选择落户河源工业园。通过这种转移，广东的部分产业实现了重新布局。[①]

2008 年 5 月 24 日，省委、省政府发布《关于推进产业转移和劳动力转移的决定》和七个配套文件，明确本省产业转移的发展方向和目标，提出具体的扶持政策措施。要求产业转移工业园建设按总体规划确定发展方向，突出主导产业，实行专业化发展；围绕延伸产业链，推动上下游产业配套发展，形成特色鲜明、配套完善的产业集群，促进产业做大做强。

## 二 制造业集聚特征

在产业转移过程中，产业特征的演化主要体现为产业集聚程度的变化。广东省在 20 世纪 90 年代末的经济发展过程中所面临的空间不足、劳动力成本上升、土地价格上涨等问题逐渐突出，对当时以低成本优势为主的传统制造业的发展提出了新的挑战，制造业的空间转移成为一种必然。

在行业集聚方面，广东省集聚程度最高的行业基本是资本或技术

---

① 翟宏伟、王文森：《广东产业转移初见成效》，《中国信息报》2009 年 7 月 22 日。

密集型行业，包括交通运输设备制造业、石油加工及炼焦业、烟草制品业、电子及通信设备制造业、仪器仪表及办公机械，这些行业多数是自然资源依赖度高和技术含量高的行业，集聚程度高的主要原因是自然资源约束和规模经济与范围经济效应；集聚程度最为分散的行业是技术含量低的劳动密集型行业，如皮革、皮毛、羽绒及其制品业，服装及纤维制品制造业，食品加工业，纺织业，木材加工及竹、藤、棕、草制品业，文教体育用品制造业，印刷业和记录媒介的复制，塑料制品业等，这些行业技术含量不高，对生产条件、资金投入无过多要求，以中小企业为主，分布较为广泛。[①]

以珠三角为例，李燕、贺灿飞[②]对1998—2009 年珠三角30 个制造行业集聚水平时间演化趋势的研究发现，珠三角制造业产业集聚水平在2004 年之后逐渐提升，但不同行业的集聚趋势差异显著。

在区域集聚方面，珠三角地区逐步形成了以广州、深圳、东莞、惠州四个城市为主的珠江东岸电子信息产业集群和以佛山、中山为主的珠江西岸家用电器产业群，东西两翼和粤北地区的优势行业是传统加工制造业以及自然资源开采挖掘业，都属于低附加值、技术含量低的劳动密集型行业。[③] 在发展过程中，珠三角制造业集聚的地理分布变化如表3—11 所示。[④]

表3—11　　　　　　　珠三角制造业区域集聚的地理分布变化

| 年份 | 分布情况 |
|---|---|
| 1998 | 广州和深圳构成珠三角制造业双中心。 |

---

① 吴江、曾兰兰：《广东省与江西省制造业集聚发展状况的对比研究》，《暨南学报》（哲学社会科学版）2011 年第33 卷第2 期。

② 李燕、贺灿飞：《1998—2009 年珠江三角洲制造业空间转移特征及其机制》，《地理科学进展》2013 年第5 期。

③ 兰正文、郑少智：《广东省制造业集聚发展状况的实证研究》，《统计与决策》2007 年第11 期。

④ 李燕、贺灿飞：《1998—2009 年珠江三角洲制造业空间转移特征及其机制》，《地理科学进展》2013 年第5 期。

续表

| 年份 | 分布情况 |
|------|---------|
| 1998—2004 | 广州市产业转移和"退二进三"战略大力推进，制造业核心地位逐渐衰弱，深圳、东莞、佛山和中山的制造业集聚水平大幅提升。 |
| 2004—2009 | 珠三角区域一体化和广东省"腾笼换鸟"政策，珠三角制造业集聚和地区专业化水平呈上升趋势。 |
| 2009 | 广州市制造业核心地位严重削弱，东莞市与深圳市共同成为珠三角地区制造业的核心。 |

### 三　集群经济发展

以产业集群和镇域集群为代表的集群经济在这一阶段发展迅速，以产业集群为依托的制造业发展迅速，以专业镇为代表的集群经济特色明显。在产业集群方面，深圳、东莞、惠州、广州为主体的电子信息产业走廊，是全国规模最大的电子信息产业集群区；佛山、中山、江门、珠海等地的电器机械产业集群，在国内外都颇具知名度；广州、惠州、茂名、韶关的重化产业群已经显现；珠三角中的许多市、县、镇成为传统产业（陶瓷、服装、家具等）的集群地；在镇域经济方面，珠三角地区的400多个建制镇中，以产业集群为特征的专业镇占了四分之一。①

毛艳华、李华②指出，根据工业化国家或地区的发展经验，大量制造业产业集群的出现表明广东经济发展已经进入产业集群与产业竞争力密切关联的阶段；广东省电子信息产品制造业集群和化工及机电产品制造业集群具有产业规模大、增长速度快、劳动生产率高和单位能源消耗量低等优点，这些集群的相关产业大多数为信息产业部门；

---

① 邓志阳：《发展以高新科技为导向的外向集群型经济——广东经济发展新模式探讨》，《广东外语外贸大学学报》2005年第4期。

② 毛艳华、李华：《区域制造业集群的结构特征与发展策略——基于广东省投入产出数据的实证分析》，《产业经济评论》2009年第8卷第4期。

钢铁机械制造业集群包括金属冶炼及压延加工业、金属制品业和通用、专用设备制造业等行业属于资本密集型和高加工度行业，也是许多制造业集群的中间投入部门；纺织服装制造业集群、造纸及纸制品产业集群和木材加工及家具制造业集群三个集群的劳动生产率比较低，基本上由低附加值的传统劳动密集型行业构成。

专业镇是广东集群经济的典型代表形式，是主导产业集群和镇域经济相结合的结果。广东专业镇的一镇一品特色明显。当前，专业镇经济已成为广东省的重要经济支柱，并在提高国际竞争力方面起到重要作用。

专业镇内企业较为集中，以中小企业为主。20 世纪 90 年代末，技术创新能力薄弱、产业核心竞争力较低、产品更新换代缓慢等问题的存在，对广东省专业镇经济的发展形成了极大制约。为解决这些问题，促进镇域经济的发展，2000 年 3 月，广东省委、省政府提出"积极开展专业镇技术进步试点工作"，并制定了以技术创新推动专业镇经济进一步发展的政策法规，并在年底批准了第一批试点。2000 年底，广东省科技厅颁发《广东省专业镇技术创新试点实施方案》《广东省专业镇技术创新试点管理方法》等文件，推动区域经济特别是镇级经济的发展和产业结构优化升级，推进县和镇一级的产业技术升级和产品更新换代。[1]

自 2000 年起，政府开始介入专业镇的产业创新活动，引导建立和完善技术创新平台，帮助企业创新，以技术创新推动专业镇经济的进一步发展。此后，专业镇建设不断推进。2004 年，省委、省政府要求"实施专业镇技术创新示范工程，推动专业镇建立工程技术研发中心"；2005 年，省科技厅启动省市联动推进专业镇（区）建设计划；2006 年，省科技厅展开"省创新示范专业镇"建设工作；专业镇建设不断开创新局面，并取得了极大发展，成为广东经济的重要构成部分。[2]

---

① 2018 年 9 月 27 日，http：//www. most. gov. cn/ztzl/kjzg60/dfkj60/gd/fzzcghcx/.

② 欧小兰、小赵：《30 年来"破"与"立"——广东科技立法与创新实践事件回顾》，《广东科技》2012 年第 21 卷第 8 期。

广东省集群经济的发展按起步方式可以分为四种类型：依托资源禀赋型、依托产业转移型、依托政府推动型、依托科技进步型。依托资源禀赋型的代表有潮州的陶瓷、云浮的石材、中山小榄镇的五金、开平水口镇的水暖卫浴、潮州的婚纱晚礼服等；依托产业转移型的代表有东莞的电子信息、中山古镇镇的灯饰、东莞厚街的家具、东莞大朗的毛织、广州新塘的牛仔等；依托政府推动型的代表有中山大涌镇的红木家具、东莞虎门的服装等；依托科技进步型的代表有汕头澄海的玩具、广州天河的高新技术等。

## 案例 3—2

# 中国瓷都——潮州[①]

2004 年 4 月 12 日，中国轻工业联合会、中国陶瓷工业协会授予潮州市"中国瓷都"称号。

潮州陶瓷生产发源于新石器时代，是全国陶瓷文化的发祥地之一。北宋潮州陶瓷产品已大量销往国外。改革开放后，潮州市委、市政府把陶瓷产业作为重要支柱产业，陶瓷产业在继承传统工艺的基础上，不断创新发展，不断向高层次、高档化发展。从普通的陶瓷产品发展到有一定科技含量的骨质瓷、白玉瓷、强化瓷、轻质瓷、色釉瓷、象牙瓷、耐热瓷等，还研制了漆雕贴金特种工艺制品、镶嵌式抗菌陶瓷制品、宫廷陶瓷、纳米陶瓷等产品。

2007 年潮州市卫生洁具年产 3400 多万件（套），占全国总产量的 57% 左右，出口额占全国一半以上，是全国最大的卫生洁具生产基地。2007 年全市电子瓷基体年产量 1200 多亿只，占全国总产量的 70%，占全球总产量的近一半，是全国最大的工业电子瓷基体生产基地。此

---

① 资料来源：《广东改革开放纪事》编纂委员会：《广东改革开放纪事（上）》，南方日报出版社 2008 年版。

外，环保陶瓷、陶器、炻瓷和一批与陶瓷相关的工艺品，如树脂工艺品、蜡制品、玻璃、铁制和木制工艺品等混合构成的产品，随着市场的需求多样化，应运而生。

潮州陶瓷生产企业近万家，企业之间形成了一条完整的产业链条，大多数企业通过农业部全面质量管理达标认证"国际采标认证"，ISO9000、ISO9001、ISO9002 国际质量体系认证，ISO14000 国际环境管理体系认证等。获省部级以上奖项或推广证书等的有 1000 多家。全市陶瓷企业产品获国家级名牌名标 11 项，省级名牌名标 51 项。潮州陶瓷产品共获国家级奖励的有 150 多种，每年创新的品种可达 2.3 万种。2007 年潮州陶瓷销售额 213 亿元，出口额达 6.65 亿美元。陶瓷出口及总产值、销售额均在全国名列前茅。

## 案例 3—3

# 石材基地——云浮[①]

云浮境内石材资源丰富，大理石、花岗岩蕴藏量达 13.8 亿立方米。明代嘉靖年间就有石材加工。1979 年后，云浮石材工业开始快速发展。1984 年云浮县以石料资源作为开发振兴全县经济突破口，掀起了石材产业的第一次创业高潮。1994 年云浮设为地级市。其时，由于受多种因素影响，石材产业陷入困境。云浮市政府通过政策扶持，对行业结构进行调整和技术设备更新，云浮石材再次掀起了发展高潮，成为全国最大的石材加工销售基地。

2004 年 2 月和 4 月，云浮市分别被中国石材工业协会、中国建筑材料流通协会授予"中国石材基地中心""中国石材流通示范基地"称号；2007 年 10 月，又被中国石材工业协会授予"中国人造石之都"称号。

---

① 资料来源：《广东改革开放纪事（上）》。

2007 年云浮有石材企业 3000 多家，年产各类板材 6000 多万平方米。花色品种有 13 大系列 23 大门类 1000 多种；年产石材工艺品 600 多万件（套）；一些企业开发非传统产品，利用石材的边角废料创作石材版画，产品畅销欧美等地。2007 年全市石材行业总产值达 60 亿元。全市直接和间接从事石材生产流通的人员超过 10 万人。石材行业还带动了交通运输、包装、机械制造以及餐饮等行业的发展。全市共有 100 多家石材机械厂、100 多家石材护理企业、50 多家石材运输企业和 20 多家石材包装企业。

## 案例 3—4

# 婚纱礼服——潮州[①]

2004 年 1 月 19 日，潮州市获中国纺织工业协会、中国服装协会授予的"中国婚纱晚礼服名城"称号。2006 年荣获"中国服装跨国采购基地"称号。

潮绣是全国四大名绣之一。改革开放后，心灵手巧的潮州人将潮绣这一历史传统工艺巧妙地融入婚纱晚礼服生产中，以其独特的制作工艺生产出富贵华丽、风靡世界的婚纱、晚礼服。自来料加工、补偿贸易做起，发展为自行设计，推出自有品牌；从手工制作为主，发展到手工制作与现代生产结合；从迎合潮流，发展到引领消费时尚。

2007 年全市以生产婚纱晚礼服为主的服装企业超过 500 家，其中规模以上企业 66 家，占全市规模以上企业总数的 7.5%。年产婚纱晚礼服超 2000 万件（套），年产值 54 亿元，占全市工业总产值的 7%，年工业增加值 7 亿元，占全市工业增加值的 6.5%。在全市七大支柱

---

① 资料来源：《广东改革开放纪事》编纂委员会：《广东改革开放纪事（上）》，南方日报出版社 2008 年版。

产业中排在第 4 位。涌现出名瑞集团、金潮集团、伟标公司、金嘉德公司、宝妮公司、创荣公司、龙宝公司、安琪公司等一批骨干企业。其中，名瑞集团是世界上高级晚装、婚纱及饰品最大生产制造商之一，也是东南亚地区最大的蕾丝生产出口基地。[1] 全市婚纱晚礼服企业共获得名牌名标 12 项。

## 案例 3—5

# 灯饰之都——古镇镇[2]

2002 年，中山古镇镇获"中国灯饰之都"称号，成为世界性的四大灯饰专业市场之一，是内地最大的灯饰专业生产基地和批发市场。

1985 年古镇镇开始自购机械设备生产灯饰与配件。1992 年全镇建成 32 个村级工业区，灯饰业迅速发展。1995 年在古镇沙水公路路段形成"灯饰一条街"。

1998 年，古镇灯饰转型以自主研发为主，成为全省最大的灯具生产基地和集散地，在全国建立了庞大的购销渠道和营销网络，占有国内市场 50% 的份额，形成产供销一条龙的经营格局。1999 年古镇举办第一届中国·古镇国际灯饰博览会。至 2007 年，古镇成功举办 6 届灯博会。

2002 年 9 月 22 日，中国轻工业联合会、中国照明电器协会授予古镇"中国灯饰之都"荣誉称号。2005 年古镇成功通过"中国灯饰之都"3 周年复评验收。2007 年，古镇有登记注册的灯饰厂企 5000 家，从业人员 6 万人，灯饰业总产值近 150 亿元，出口创汇 6.1 亿美元，占全国市场份额的 60% 以上，产品畅销各省和港澳台地区，还出口到东南亚、日

---

① 2018 年 7 月 1 日，中国经济网（http://blog. ce. cn/index. php/uid – 113824 – action – viewspace – itemid – 1182446）。

② 资料来源：《广东改革开放纪事》编纂委员会：《广东改革开放纪事（上）》，南方日报出版社 2008 年版。

本、美国及欧洲等100多个国家和地区。① 全镇有中国驰名商标1件，中国名牌产品2个，国家免检产品7个，省名牌产品4个，省著名商标9件。

## 案例3—6

# 家具基地——东莞厚街

改革开放后，东莞市家具制造产业借助港资、外资企业的带动，形成多个大规模生产基地，成为中国家具制造业中心之一。厚街镇的家具业始于20世纪80年代初，家具生产以家庭为单位，手工作业。80年代末，在港资、台资家具企业的带动下，厚街镇家具产业开始发展。1995年厚街镇开辟长达5千米的"家具大道"，大大小小的家具展示厅近百家，经营面积近50万平方米（含各类展示厅、材料市场等），初具家具产业的集群效应。厚街镇政府通过打造"国际家具营销总部"，对家具展示厅进行统一包装、统一推广，以吸引更多的国际采购商前来厚街。

1998年，在国际名家具（东莞）展览会的带动下，厚街镇出现了一批专门从事出口家具制造的企业。2002年3月，建成的广东现代国际展览中心（GDE），引导名家具展览会的发展扩大。随着家具原材料市场、国际家具城等系列硬件相继建成，2007年国际名家具设计研发院落户厚街。至2007年，厚街镇拥有400多家上规模的家具企业和10个颇具规模的家具专业市场。整个家具产业从原材料采购、机械设备、零配件加工及供应、成品装配到营销、配送、资讯、设计以及会展，实现了专业化。这里成为中国著名的中高档家具生产基地，"东莞厚街制造"成为中高档家具的标志。

---

① 伍励：《基于区域创新网络的传统产业集群升级研究》，硕士学位论文，中南大学，2008年。

案例 3—7

# 毛织集群——大朗镇①

1979 年港资企业以"三来一补"的形式在东莞大朗镇开办第一家毛织企业——大朗毛织一厂。20 世纪 80 年代中期，部分有胆识的大朗农民利用在外资厂打工所学到的生产技术和管理经验，自行组织起来，购买手摇针织机等设备，办起家庭作坊式的毛织厂，为港商提供加工、原料供应和市场销售等配套服务。发展初期，大朗的毛织企业有 100 多家，设备主要以手摇针织机为主。

90 年代中期，一批民营企业在产品开发、技术开发、市场销售等方面逐渐成熟，不仅在海内外建立起颇具规模的生产体系和销售网络，还创立了自己的品牌。2002 年大朗镇被中国纺织工业协会授予"中国羊毛衫名镇"称号。2003 年后，大朗镇推进毛织业从产品经营向品牌经营转变，从生产基地向现代毛织商贸城转变，并通过举办中国（大朗）国际毛织产品交易会和创建"大朗"图形商标品牌等提升大朗毛织业的国内外影响力。

至 2007 年底，广东形成了以大朗为中心、涵盖周边地区的毛织产业集群，有近万家毛织行业企业，仅大朗就有 3000 多家，其中规模以上企业近 200 家，拥有 4000 多台世界最先进的电脑编织机，20 多万台机械织机，形成了研发设计、生产加工、原料辅料、机械设备、检验检测、物流配送、人才培训、科技服务、信息咨询等一条龙产业配套服务；整个产业集群毛衣年销售量超过 12 亿件，在大朗集散的有 8 亿件。大朗毛衣 60% 出口意大利、美国等 80 多个国家和地区；2007 年毛织业总产值人民币 40.7 亿元，占全镇工业总产值的 18.7%；高度集聚的产业集群，使大朗被列为全国首批"产业集群

---

① 资料来源：《广东改革开放纪事》编纂委员会：《广东改革开放纪事（上）》，南方日报出版社 2008 年。

试点单位""中国纺织服装企业社会责任管理集群试点单位",广东省创建区域国际品牌 3 个试点单位之一和首批 15 个产业集群升级示范区之一。[1]

## 案例 3—8

# 红木家具——大涌镇[2]

中山大涌镇有"中国红木雕刻艺术之乡""中国红木家具生产专业镇"等称号,是全国著名的红木家具生产专业镇。

1983 年,大涌镇全镇只有红木家具店 3 家,年产家具 800 件,产值不足 1 万元。1992 年全镇红木家具企业 91 家,家具年产量 14.67 万件,产值 7693.3 万元,占全镇工业产值的 37%。在这几年间,大涌镇红木家具产业迅速崛起。

1992 年起,镇政府对红木家具业实施一系列的扶持措施,先后成立商会、行业协会、民营办公室、质监办公室等机构,协调关系,促进良性竞争,给红木家具业创造商机。2000 年,大涌镇全镇已有红木家具企业 236 家,从业人员 1 万人,产值 5.59 亿元,占全镇工业产值的 27.69%。

2000 年 12 月,大涌镇被省科技厅列为省技术创新试点镇。2001 年成立红木家具工程技术研究开发中心,聘请国内外林业、美术、家居设计的专家为中心顾问,与有关院校、研究所、协会共同研究红木家具的烘干、油漆、设计技术,家具产品种类拓展至酒店餐具、办公设备、饰品等几百个品种,使大涌红木家具演变成为大涌家具艺术品。

---

① 谢立仁:《大朗 织出来的彩色生活 中国羊毛衫名镇实至名归》,《纺织服装周刊》2008 年第 39 期。
② 资料来源:《广东改革开放纪事》编纂委员会:《广东改革开放纪事(上)》,南方日报出版社 2008 年版。

2003 年 2 月，大涌镇被国家文化部命名为"中国红木雕刻艺术之乡"。同年 4 月，中国轻工业联合会和中国家具协会授予大涌镇"中国红木家具生产专业镇"称号。2008 年 3 月，国家发展和改革委员会正式批准大涌红木家具工程技术研究开发中心起草的《深色名贵硬木家具》标准。该标准是中山市第一个由镇区制定的国家行业产品标准。2007 年，大涌镇全镇共有红木家具企业 192 家，产量 224 万件，销售总额 13.3 亿元。

## 案例 3—9

# 服装基地——虎门镇①

东莞市虎门镇是全国著名的服装生产、销售基地，闻名中外的时装名城。

20 世纪 80 年代初，利用毗邻香港的地缘优势，虎门镇开始发展服装业。1996 年虎门镇政府确立"服装兴镇"的战略，制定虎门服装业"十个一"工程：开辟一个千亩服装工业园，继续建好一批服装市场，办好一间服装专业学校——威远职业中学，出版一本服装刊物《南派服装》，组建一支时装队伍、办好一个服装国际互联网站，打造一批知名品牌，壮大一个服装协会，办好每年一届国际服装交易会，办好一个电视栏目——《南派时尚》。

经过 20 多年的建设，虎门镇形成了九个方面的服装产业集群：②企业集群（上规模的制衣厂 1000 多家）；市场集群（市场总面积 30 万平方米）；店铺集群（专营服装的店铺已超过 8000 间）；业者集群（70 多万人中服装从业人员达 20 多万人）；客户集群（每

---

① 资料来源：《广东改革开放纪事》编纂委员会：《广东改革开放纪事（上）》，南方日报出版社 2008 年版。

② 白亮：《我国 FDI 与产业集聚》，《山东纺织经济》2003 年第 5 期。

天 8 万—10 万客商形成了巨大的人流）；运输集群（有配套完善的托运公司 30 多家，随时为南来北往的客商把货从海、陆、空发运到全国及转运到世界各地）；配套集群（以服装生产为核心，全镇已形成织布、定型、拉链、漂染、刺绣等配套工厂近百家）；产品集群（以生产女装为主、男装为辅；休闲装为主、正装为辅；老少皆宜、时尚潮流）；劳务集群（有虎门劳务大市场等十几家劳动服务机构）。

## 案例 3—10

# 智能玩具——汕头澄海[①]

澄海是广东省玩具生产企业最为集中、科技创新能力和产品科技含量最高的地区之一。从产业发展的初期开始，澄海的玩具产业就非常注重品牌开发以及创新投入，成为唯一的"中国玩具礼品城"、全省首批产业集群升级示范区和创建区域国际品牌试点单位。

智能玩具依靠科技创新促进了产品的升级换代，集竞技性、趣味性、益智性、教育性和"声、光、电"于一体；玩具汽车、玩具飞机、圣诞工艺品等较为新颖的智能玩具产品达 2 万多种，具有声、光、数码控制功能的中高档产品占四成以上。[②] 涌现"奥迪双钻""骅威"两件中国驰名商标，"奥迪双钻""骅威"电动玩具被评为"中国名牌产品"，同时还拥有一批专利产品和广东省著名商标、名牌产品。

2005 年澄海被省科技厅批准建立广东省火炬计划澄海玩具设计与制造特色产业基地，并于 2006 年 11 月获国家科技部批准，成为

---

① 资料来源：《广东改革开放纪事》编纂委员会：《广东改革开放纪事（上）》，南方日报出版社 2008 年版。

② 汕日：《国家火炬计划看中澄海成为国内唯一的智能玩具创意设计与制造产业基地》，《中外玩具制造》2007 年第 1 期。

国家火炬计划中唯一被认定的玩具产业基地。至2007年，全区玩具生产和配套加工企业近3000家，从业人员超过10万人，全区玩具行业实现产值145亿元，占全区工业总产值的35.45%，产品70%以上出口。

## 案例3—11

# 高新技术——广州天河[①]

1988年，广州市天河区高新技术产业开发区开始筹建，拉开了广州市高新技术产业发展的序幕。20世纪90年代末，广州经济建设进入产业结构调整和优化升级的关键时期，广州市政府陆续进行了一系列重大决策，包括以发展高新技术产业和运用高新技术改造传统产业为重点，采取集群发展，扶优扶强的策略。在这一背景下，广州市高新技术产业集群以政府引导和市场引导相结合的方式迅速发展，政府在战略性规划、政策、硬件环境方面进行支持，企业在主导产品选择和技术创新方面以市场需求为导向。

广州高新技术产业集群以民营中小科技企业为主要依托，有别于深圳高新技术产业以大型企业和上海高新技术产业以国有大中型企业及跨国公司为依托的模式。集群中高新技术产业与传统产业协同发展，既有高、精、尖的电子信息、生物医药和新材料产业，又有基于对传统产业技术改造与升级的中药现代化、光机电一体化以及农业现代化产业。在创新上既注重自主创新，也注重引进技术的二次创新与应用。

天河区是高科技企业密集区，区域中集中了高等院校22所，国家及省市科研机构44个，国家重点实验室3个，各类专业技术人员近3

---

① 邝国良、曾铁城：《广州高新技术产业集群的特点、技术扩散与政策选择》，《科技管理研究》2008年第6期。

万人，在校大专以上学生近 8 万人，在高新技术的发展方面具有良好的人力资源优势。

截至 2008 年，广东共批准认定了 277 个省级专业镇，基本覆盖了全省各类特色产业，GDP 总额达 10526.10 亿元，占全省 GDP 比重为24.49%，特色产业产值达 9777.68 亿元。广东省的专业镇建设以技术创新为重点，推动了优势产业的聚集和壮大，专业镇已成为广东省区域创新体系的重要支柱和特色形式。

广东省的集群经济已逐渐形成产业优势。《2008 年广东省政府工作报告》明确指出：培育产业集群和大企业集团，编制实施产业集群发展规划，抓好产业公共服务平台和支撑体系、区域品牌、产业园区等建设，高标准建设产业集群升级示范区。加快中小企业与汽车、石化、钢铁等重大产业项目对接，培育重化产业集群。依托珠三角和东西两翼特色产业基地，构建沿海技术密集型产业带。鼓励有条件的企业通过兼并、收购、联合等方式做大做强，发展一批具有较强国际竞争力的大企业集团。

## 第三节　制造业支柱产业培育及布局

### 一　制造业支柱产业培育与发展

按照国家统计局投入产出方案中的部门分类标准和《中共广东省委、广东省人民政府关于依靠科技进步推动产业结构优化升级的决定》的要求，可以将广东省支柱产业划分为八大支柱产业部门，1997年底，八大支柱产业部门的总产出和增加值占全省工业的比重分别为69.43% 和 62.90%，在广东省经济发展中起到了举足轻重的作用。1997 年广东省制造业八大支柱产业部门产出结构如表 3—12 所示。①

---

① 任晓阳、林洪：《广东省支柱产业投入产出的统计分析》，《广东商学院学报》2000 年第2 期。

表 3—12　　　　　1997 年广东省制造业八大支柱产业部门产出结构表

单位：亿元、%

| 支柱产业部门 | 总产出 | 占全部工业比重 | 增加值 | 占全部工业比重 |
|---|---|---|---|---|
| 缝纫及皮革制品业 | 1604.37 | 11.84 | 369.38 | 11.54 |
| 化学工业 | 1548.43 | 11.43 | 384.24 | 12.00 |
| 电子及通信设备制造业 | 1483.29 | 10.95 | 166.36 | 5.20 |
| 电气机械及器材制造业 | 1356.60 | 10.01 | 290.99 | 9.09 |
| 食品制造业 | 1006.38 | 7.43 | 208.20 | 6.50 |
| 造纸及文教用品制造业 | 932.48 | 6.88 | 202.05 | 6.31 |
| 纺织业 | 793.43 | 5.86 | 216.67 | 6.77 |
| 建材及其他非金属矿物制造业 | 681.41 | 5.03 | 175.86 | 5.49 |

　　1998 年，《中共广东省委、广东省人民政府关于依靠科技进步推动产业结构优化升级的决定》中明确指出：要通过技术创新、技术改造发展壮大支柱产业。加快建设和重点发展电子信息、电气机械、石油及化学三大支柱产业。应用高新技术改造提升纺织服装、食品饮料和建筑材料三大传统支柱产业。扶持汽车、医药和森工造纸等一批有发展潜力的产业。在微电子、生物技术、新材料、海洋技术、新能源及环保等领域，培育与形成一批高新技术企业和产品，促进支柱产业不断优化升级。2005 年广东省政府发布的《关于印发广东省工业九大产业发展规划（2005—2010 年）的通知》（粤府〔2005〕15 号）中，对九大产业规划重要产业基地布局和每个产业的具体发展规划给出了明确指导和要求。

　　经过十年的发展，至 2007 年，广东省支柱产业结构发生了巨大变化，九大支柱产业发展迅速，实现了制造业的快速发展。其中，电子信息、电器机械及专用设备、石油化工三大新兴支柱产业保持强劲发展态势，纺织服装、食品饮料、建筑材料三大传统支柱产业稳步发展，造纸、医药、汽车三大潜力产业发展迅猛，制造业结构渐趋于优化。

上述九大支柱产业对全省工业增长的主导作用不断增强，2007
年，九大产业完成工业总产值 38879.03 亿元，比 2006 年增长了
19.9%，占广东省工业总产值的比重为 61.95%（见表 3—13）。

表 3—13　　　　2007 年广东省制造业九大支柱产业部门产出结构表

单位：亿元、%

| 支柱产业部门 | 总产值 | 占全部工业比重 |
|---|---|---|
| 三大新兴产业 | 26929.3 | 42.91 |
| 电子信息业 | 13377.33 | 21.32 |
| 电气机械及专用设备 | 8502.29 | 13.55 |
| 石油及化学 | 5049.69 | 8.05 |
| 三大传统产业 | 7632.54 | 12.16 |
| 纺织服装 | 3043.89 | 4.85 |
| 食品饮料 | 2375.02 | 3.78 |
| 建筑材料 | 2213.64 | 3.53 |
| 三大潜力产业 | 4317.19 | 6.88 |
| 森工造纸 | 1310.59 | 2.09 |
| 医药 | 432.12 | 0.69 |
| 汽车及摩托车 | 2574.48 | 4.10 |

资料来源：广东统计年鉴2008。

在支柱产业内部，按总产出比重大小排序，1997 年居广东省制
造业前三位的产业分别是：缝纫及皮革制品业、化学工业和电子及
通信设备制造业。在 2007 年，三大新兴支柱产业的总产出完全取代
了 1997 年支柱产业在广东省制造业中的地位，电子信息业、电气机
械及专用设备、石油及化学产业成为广东制造业产值中比重最高的
三个产业。1997 年和 2007 年广东省制造业支柱产业及其内部构成分
别如图 3—6、图 3—7 所示：

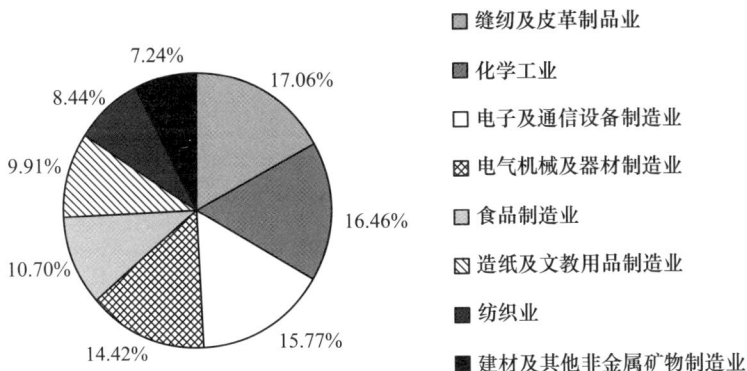

图例：
- 缝纫及皮革制品业
- 化学工业
- 电子及通信设备制造业
- 电气机械及器材制造业
- 食品制造业
- 造纸及文教用品制造业
- 纺织业
- 建材及其他非金属矿物制造业

7.24% 17.06% 8.44% 16.46% 9.91% 10.70% 14.42% 15.77%

图 3—6 1997 年广东省制造业支柱产业及其内部构成

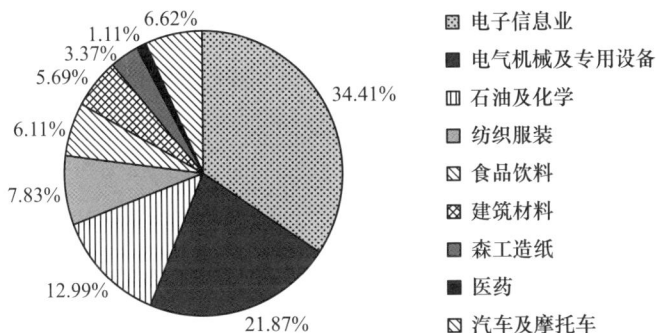

图例：
- 电子信息业
- 电气机械及专用设备
- 石油及化学
- 纺织服装
- 食品饮料
- 建筑材料
- 森工造纸
- 医药
- 汽车及摩托车

6.62% 1.11% 3.37% 5.69% 6.11% 7.83% 12.99% 21.87% 34.41%

图 3—7 2007 年广东省制造业支柱产业及其内部构成

## 二 制造业支柱产业布局及代表企业

### （一）电子信息产业

20 世纪 90 年代中期以后，世界产业转移和电子信息产业的迅速崛起共同推动了广东省电子信息产业的发展，政府出台了打造珠三角"信息产业走廊"的政策，IT 企业迅速在珠三角地区集聚，深圳、东莞、广州、惠州和佛山等地先后启动信息产业转型战略。1997 年后，深圳率先成为国内以通信设备和计算机为主体的高科技产业主导型城市，东莞和惠州逐渐发展成为我国最大的计算机元器件、部件的生产基地之一，广州和佛山也先后确立以信息产业为先导产业或支柱产业的发展战略。① 珠三角地区逐渐形成相对完整的产业链，一些重要的电子信息产品及配件，如电脑、硬盘、手机等，在国内和国际市场上都具有一定的影响力，构成了著名的电子信息产业走廊。

2007 年广东省电子信息产业继续保持第一大支柱产业地位，电子信息业产值占全省工业总产值的 21.32%，全省已有 20 多家企业进入全国电子百强企业行列，是拉动全省经济增长的重要力量。广东省电子信息产业的主要优势领域在通信设备、计算机、视听产品和基础元器件方面。2007 年广东省移动通信手持机产量 10686 万台，居全国第二位，占全国总产量的 19.48%；集成电路产量 86.43 亿块，居全国第三位，占全国总产量的 21.00%；微型电子计算机产量 1157.28 万台，居全国第三位，占全国总产量的 9.59%。②

在发展过程中，电子信息业培养了一批具有技术竞争力的企业，如通信设备制造企业华为、中兴等。重点行业形成了一批拳头产品：在通信设备制造行业方面，程控交换机、光通信产品具有较高的性价比优势；在电子器件制造行业方面，彩管、分立器件等产品竞争力领先全国；在电子元件制造行业方面，PCB、SMT 等产品在全国具有重要地位；在软件行业方面，嵌入式软件在中国内地占一半以上比重。随着消费市场的变化，电子产品的消费结构逐渐转向新型、高档次的产品。促进了消费结构的升级，带动了产业发展，以计算机和通信为代表的出口导向型信息技术产品逐渐成为带动电子信息产业快速发展的主力。

产业布局：主要集中于珠三角地区，以深圳、广州、东莞、惠州和佛山为主体，形成了信息技术及制造业和信息服务业的集聚效应和整合配套效应。

典型企业：华为技术有限公司、中兴通讯股份有限公司、中国长城计算机深圳股份有限公司、伟创力电子设备（深圳）有限公司等。

---

① 李红艳、徐明：《江苏、广东区域经济发展对比研究与江苏发展的战略选择》，《浙江工商职业技术学院学报》2004 年第 3 卷第 4 期。

② 资料来源：《中国统计年鉴 2008》，中国统计出版社 2009 年版。

案例 3—12

# 华为技术有限公司

华为技术有限公司 1987 年创立于深圳，主要业务是代理中资控股的香港康力投资有限公司的交换机。1989 年华为开始自主开发交换机技术并将其商业化，并在随后不断进行科技创新，1994 年推出 C&C08 数字程控交换机之后，在国内通信设备市场的份额逐渐增加。1998 年华为的数字微蜂窝服务器控制交换机产品获得专利，并在这一年开始进军欧美市场，并逐渐走向国际。2003 年开始对企业数据网络解决方案进行研究，且通过了 DNV 的 ISO14001 认证。2004 年，华为开发的 TD - SCDMA 移动通信技术成为行业中的重大突破。2006 年华为移动软交换用户突破一亿，成为全球移动软交换市场领导者，出货量居全球第一。

华为从代理公司起家，发展成为一家以生产销售通信设备为主的民营通信科技公司，为全球多个国家提供产品、解决方案和服务，业务范围涉及通信网络中的交换网络、传输网络、无线及有线固定接入网络和数据通信网络、无线终端产品和企业运营中的解决方案。针对企业用户，华为的产品主要涉及交换机、路由器、WLAN、服务器等；解决方案主要涉及云数据中心、企业网络、企业无线和各个行业解决方案等；服务主要涉及全生命周期服务、探索技术服务和行业服务解决方案。针对运营商用户，华为的产品主要涉及无线网络、固定网络、电信软件等；解决方案主要涉及业务云化、运营云化和最大化网络价值；服务主要涉及咨询服务、系统集成服务、管理服务、培训服务等。① 华为正在为世界各地通信运营商及专业网络拥有者提供硬件设备、软件、服务和解决方案，且在全球设立了多个研发中心，不断进行产品研发和方案设计，为全球多个国家提供产品和服务。据世界知

---

① 2018 年 9 月 27 日，摘自华为官网。

识产权组织统计，华为公司在 2008 年专利申请公司（人）排名榜上居第一位，LTE 专利数占全球 10% 以上。2008 年被商业周刊评为全球十大最有影响力的公司。根据 Informa 的咨询报告，华为在移动设备市场领域排名全球第三。①

### （二）电气机械及专用设备制造业

广东电气机械及专用设备行业的工业总量一直居国内前列，产品出口居国内首位，拥有一批经济效益好、发展潜力大的重点企业，是广东省工业的重要构成部分。2007 年广东省电气机械及专用设备行业产值占广东省工业总产值的比重达 13.55%。电气机械及专用设备行业的基础性强，关联度高，带动性大，对提高整个制造业的水平起着决定性作用。在发展过程中，电气机械及专用设备制造业的产业集聚特征明显，集群效应所形成的带动作用为推动行业发展产生了重要影响。

以家电业为例，广东省家电业在全国占有举足轻重的地位，拥有一批在国内占有较大市场份额的优势品牌和产品，是中国和全球市场重要的家电基地。2007 年广东省房间空气调节器产量 4220.60 万台，居全国第一位，占全国总产量的 52.66%；彩色电视机产量 3622.25 万台，居全国第一位，占全国总产量的 42.73%；家用电冰箱产量 804.16 万台，居全国第二位，占全国总产量的 18.29%；家用洗衣机产量 246.05 万台，居全国第六位，占全国总产量的 6.14%。广东的家电产品门类品种齐全，生产配套发达，产品质量优异，新产品开发活跃，生产、出口、竞争力等都在国内占据领先地位。广东省家电业产业集群成熟，培育出了一批核心企业和享有盛誉的著名品牌。

产业布局：形成以广州、深圳、东莞、中山和佛山等装备制造业基础较好的城市为中心，辐射珠江三角洲，带动东西两翼共同发展的电气机械及专用设备的产业集群。

---

① 来源：2018 年 9 月 27 日，360 百科（https://baike.so.com/doc/3755114 - 3944874.html）。

典型企业：电气机械行业的白云电气集团有限公司、新亚光电缆实业有限公司、深圳市凯中精密技术股份有限公司等；空调业的格力、美的、志高；冰箱业的容声、万宝；微波炉业的格兰仕；彩电业的TCL、康佳、创维等。

**案例3—13**

# 珠海格力电器股份有限公司

珠海格力电器股份有限公司成立于1991年，是目前全球最大的集研发、生产、销售和服务于一体的专业化空调企业。格力电器旗下的"格力"品牌空调，2006年被国家质检总局和中国名牌战略推进委员会共同授予"中国世界名牌产品"称号，是中国空调业唯一的"世界名牌产品"。

1991—1993年，新成立的格力电器从一条简陋的生产线起步，通过开发一系列适销对路的产品，抢占市场先机，初步树立了品牌形象，为公司后续发展打下了良好的基础。1994—1996年，以抓质量为中心的发展路径使格力产品在质量上实现了质的飞跃，奠定了格力产品在质量上的竞争优势，在消费者中树立了良好的口碑。1995年，凭借不断创新的营销模式，产销量一举跃居全国同行业第一。1997—2001年，营销模式的创新成为公司在市场中发展的重要支柱。2001年之后，格力不断引入新的管理模式，加大拓展国际市场的力度。

格力空调的业务遍及全球100多个国家和地区。1995年至2007年，格力空调连续13年产销量、市场占有率位居中国空调行业第一；2005年至2007年，家用空调产销量连续3年位居世界第一。在发展过程中，格力的自主创新能力不断提升，开发了一系列的核心产品，如GMatrik直流变频技术入选2008—2009年国家火炬计划，在舒适和节能方面创造了技术标杆；新型高效离心机填补了国际制冷行业空白，入选国家科技部"十一五"科技支撑计划重大项目；多联中央空调被鉴定为"国际领先产品"；智能化霜技术解决了众多世界级难题，是行业内唯一获得中国专利奖优秀奖的技术。①

## 案例3—14

# 海信容声冰箱有限公司

容声冰箱是海信科龙旗下最大的冰箱品牌。1983年，容声冰箱创业者手工敲打出了中国第一台双门双温电冰箱。随后正式建立广东省顺德珠江冰箱厂，1991年，容声冰箱产销量跃居全国第一，在此后连续9年销量位居全国第一。1992年完成股份制改造并更名为广东科龙电器股份有限公司。1993年生产出中国第一台全无氟环保节能冰箱。1999年，"容声"成为"中国驰名商标"。2000年容声异丁烷无霜电冰箱被列入国家级重点火炬计划。2003年，容声BCD－209S冰箱超越欧洲能效A＋＋级最高标准，荣获联合国GEF节能冰箱唯一金奖。此后，当选2005年度消费者最信赖"十大质量品牌"及"中国质量500强"，并被国家商务部授予"最具市场竞争力"品牌。②

在发展过程中，容声冰箱不断改进质量，刷新自己创造的节能纪录，引领中国冰箱行业在环保节能方面不断实现新的突破。如1996年研发的"无氟节能冰箱技术"和2001年研发的"碳氢物质替代CFCs制造系统"，均获"国家科技进步二等奖"。随着科研成果的不断创新，容声冰箱在技术上时刻与世界主流保持同步，在国际国内市场上都具有良好声誉。

### （三）石油及化学产业

石化工业是国民经济的基础产业和支柱产业，2007年广东省石油及化学产业总产值占全省工业总产值的比重为8.05%。广东的石油化工总

---

① 2018年9月27日，https：//baike.so.com/doc/3694108－3882198.html.

② 2018年9月27日，http：//www.ronshen.com.cn/aboutRonshen/introduction/.

量规模排在中国内地前列，2007 年广东省石油及化学产业的主要产品如乙烯产量 200.40 万吨，居全国第一位，占全国总产量的 19.50%；天然气产量 52.48 亿立方米，居全国第四位，占全国总产量的 7.58%；原油产量 1261.13 万吨，居全国第六位，占全国总产量的 6.77%。[①]

在企业构成方面，2007 年广东省规模以上石油化工企业总数 4161 个，其中石油及天然气开采企业 9 家，化学纤维制造企业 96 家，石油加工、炼焦及核燃料加工企业 95 家，化学原料及化学制品企业 2119 家，橡胶制品企业 469 家。[②]

产业布局：主要集中在广州、茂名、惠州和湛江等地区。

典型企业：广州石化、茂名石化、中海壳牌石化、湛江东兴炼油厂、广东化建集团、广东大鹏液化天然气有限公司等。

**案例 3—15**

# 中海壳牌石油化工有限公司[③]

中海壳牌石油化工有限公司（中海壳牌）成立于 2000 年，为国内投资额最大的中外合资石化企业之一，投资者为壳牌南海私有有限公司、中国海洋石油集团有限公司和广东广业投资集团有限公司，中外方股份各占 50%。

中海壳牌是落户于广东省惠州市大亚湾石化园区的第一家大型企业，生产乙烯和丙烯的衍生产品作为基础化工原料供应中国国内市场，产品广泛应用于日用、家电、工业、汽车、医药、农业等领域。

中海壳牌石化联合工厂的南海石化项目于 2006 年初投产，主要设施包括 11 套生产装置和与之配套的公用工程、码头、储运以及环保设

---

① 资料来源：《中国统计年鉴 2008》，中国统计出版社 2009 年版。

② 同上。

③ 2018 年 9 月 27 日，http：//cnoocshell.com/CN/about.aspx？MenuID=01030101.

施。项目引进了包括壳牌专有技术在内的 13 项世界先进的专利技术，并采用与国际接轨的管理模式进行设计、施工和运营。

## 案例 3—16

# 广东大鹏液化天然气有限公司[①]

广东大鹏液化天然气有限公司成立于 2004 年，是广东液化天然气接收站和输气干线项目的建设和经营实体，也是我国内地首个引进 LNG 试点工程总体项目的最核心环节——广东 LNG 站线项目的运营实体。公司业务主要包括：LNG 的购买（进口），运输，储存及再气化；向珠江三角洲地区以及其他地区销售（输送）天然气及其副产品；建设经营 LNG 接收站和输气管线以及其他附加扩建设施；LNG 运输船的包租，租赁和营运；中国境内外的 LNG 购售业务及相关业务。

广东大鹏公司的主要经营方式为：从境外进口 LNG，经储存、再气化及加压后，通过长输管道分销给专门的用户。此外，还通过槽车灌装台设施销售液化天然气。从最初的"广东 LNG 站线项目联合执行办"到合资公司的成立和运营，公司不但成功完成了前期各项商务合同的谈判签署和工程项目建设，而且通过项目推动实现了包括"国船国造、国货国运"在内的一系列国家战略，开创了享誉业界的"广东 LNG 模式"。

（四）纺织服装业

广东是全国纺织品生产和出口大省，也是全球第三大服装出口基地。广东省纺织工业各大类产品、品种、质量、品牌和工业总产值、销售额等指标均领先全国。2007 年广东省布产量为 44.87 亿米，居全国第四位，占全国总产量的 6.64%。

---

① 2018 年 9 月 27 日，http：//www.gdlng.com/static/close - us - index.html.

纺织产业集群化的发展，成为广东纺织工业发展的一大特色和产业竞争力的重要源泉。广东的纺织服装集群化发展优势主要表现在专业化生产已形成"块状"产业，专业化生产小而精，小而专，相互配套协调，如东莞虎门和深圳的女装，东莞大朗的毛织产业，佛山的童装，揭阳（普宁）的衬衣，大涌、均安和新塘的牛仔产业，惠州园洲镇和中山沙溪的休闲服装产业，潮州的晚礼服等，这些产业集群所生产的产品都在国内外享有盛誉。①

产业布局：重点集群区主要集中在广州、深圳、佛山、中山、东莞、江门、惠州、揭阳等市所属的 40 多个镇（区）。

## 案例 3—17

# 中山沙溪——中国休闲服装名镇

中山市沙溪镇是著名的侨乡，改革开放之初，陆续有华侨、港澳同胞回乡兴办制衣厂。全镇第一家来料加工工厂——申明亭制衣厂，建成时只有 60 台机车，以来料加工为主，1979 年产值只有 18 万元。至 2000 年，发展到拥有 200 台机车，产值 320 万元。在申明亭制衣厂的带动下，镇内的制衣厂迅速发展。20 世纪 80 年代初先后开办福顺、大宝、永隆等制衣厂，生产规模得到扩大，生产方式由原来的"三来一补"转向多元化拓展。1984—1988 年，建成隆都制衣厂大楼等一批标准化厂房。1988 年底，全镇有外向型企业 103 家，其中制衣业占 86 家，拥有"适马""雅路吥"等主要品牌，"鳄鱼恤""剑龙""适马""圣玛田""雅路吥"等品牌占据全国十大休闲服饰品牌的 8 个席位。

2002 年，中国纺织工业协会、中国服装协会授予沙溪镇"中国休闲服装名镇"称号。以休闲服装为特色的沙溪纺织服装业在发展过程中不断地面临着压力甚至危机，但却并未因此而没落，反而在发展过

---

① 纪春明：《广东省制造业转型升级研究》，硕士学位论文，广西师范大学，2013 年。

程中通过科技进步、品牌创新、企业整合、市场培育、观念转变等不断推动整个产业的升级。自 2000 年起，沙溪开始创办休闲服装博览会，被评为中国服装界最有影响的十大服装博览会之一。

沙溪服装行业的发展所面临的环境与中国服装业非常一致，2000—2006 年，沙溪服装与中国经济一起，经历了产量快速增长的阶段。自 2007 年起，由于面临的市场环境变化巨大，沙溪服装业进入产业转型升级的新阶段，为未来发展寻求新的路径。

制衣业蓬勃发展，促使与之相关和配套的行业迅速兴起，其中有织造整染、印花厂 18 家，毛织厂 5 家，电脑绣花厂 22 家；布行街有260 家商铺经营布业，年成交额达 2 亿元。国际著名的 LEE、CK 等190 家外资企业在沙溪生产。沙溪镇成为国内颇具影响的纺织服装生产和加工出口基地。

## 案例 3—18

# 东莞虎门——中国服装产业示范集群

虎门服装行业经过"无牌—贴牌—创牌—名牌"的发展过程。1978 年，太平手袋厂拉开东莞改革开放的序幕，以虎门服装产业为代表的传统产业专业镇迅速崛起。20 世纪 90 年代初期，珠三角面临着产业结构升级调整，虎门以承接东南亚劳动密集型服装加工企业转移的基础，选择了周边大城市忽略的服装产业作为支柱产业。1995 年，镇委、镇政府明确提出"服装兴镇"的发展方针。2000 年左右，虎门的一批企业通过打造品牌、加强设计研发，前瞻性地完成企业转型升级之路，促进了虎门服装业的转型升级。虎门的服装服饰产业已基本形成全国最大的服装产业集群，具有配套完善的产业链条、成熟发达的市场体系、强镇富民的龙头产业和特色显著的区域经济。

至 2006 年底，虎门镇工商注册服装加工企业 2000 多家。全镇服装生产量达到 2.5 亿件（套），销售额 135 亿元，不完全统计出口额为

4 亿美元。现有大型专业服装批发商场 22 个，商铺 10000 多家，从产品结构上看，主要是时尚女装和休闲服装。全镇服装企业 60% 生产休闲服，女装占虎门服装市场的 60%。产品主要是时尚女装、T 恤、线衫、外套。①

（五）食品饮料业

广东是中国食品饮料工业的生产大省和出口大省，形成了一大批行业名牌产品。广东省食品饮料业经过整合、调整，在软饮料、啤酒、果汁、调味品、冷冻食品、腊味制品、水产加工、食品添加剂等方面形成了规模生产，已成为广东省名副其实的支柱产业之一。2007 年广东省对规模以上工业产品产量的统计显示，全年罐头生产量达 20.06 万吨，饮料酒（混合量）达 301.17 万千升，乳制品达 36.42 万吨。②广东省食品饮料业在全国也具有一定地位，如 2007 年广东省成品糖产量 137.72 万吨，居全国第三位，占全国总产量的 10.83%；啤酒产量 290.80 万千升，居全国第四位，占全国总产量的 7.35%。③

广东省在食品饮料业的发展过程中，注重技术装备水平的提高和品牌战略的实施，产品质量水平稳步提升，并不断创新发展模式，促进食品产业集聚，注重发挥行业和地方资源优势，产品附加值不断提高，逐渐形成全产业链发展的运作模式。以技术装备为例，电子计算机被广泛用于生产控制和在线监测，真空干燥、冷冻干燥技术，高温瞬时杀菌技术，高真空技术，深度冷加工技术，生物工程、基因工程等技术已在行业中得到广泛应用，推动了产品的更新换代，也为产品在全国、全球范围内的销售提供了技术保障。

产业布局：主要集中在广州、东莞、佛山、中山等地。

代表企业：啤酒行业的珠江啤酒、金威啤酒等；饮料行业的乐百氏、健力宝、王老吉、天地壹号、燕塘等；调味品行业的致美斋、海

---

① 佚名：《虎门服装成功"秘笈"》，《纺织服装周刊》2007 年第 42 期。
② 资料来源：《广东统计年鉴 2008》，中国统计出版社 2009 年版。
③ 同上。

天等；糖果行业的嘉士利、徐福记等；腊味制品行业的皇上皇、金煌等。

## 案例3—19

# 东莞——休闲食品产区

东莞是国内休闲食品主要产区之一，汇聚的厂商（品牌）包括徐福记、锦泰（思朗）、嘉顿、雀巢（美极）、圣心、华美等。

道滘和茶山是东莞食品企业最集中的两个镇，作为"中国食品名镇"，茶山共有食品企业数百家，产业规模巨大。另一食品行业重镇道滘立足传统美食优势，确立了打造食品名镇的发展目标，通过加强对食品产业的统筹规划，逐步形成了传统美食与新兴食品联动发展的新型食品产业发展模式。

## 案例3—20

# 广州皇上皇集团股份有限公司①

广州皇上皇集团股份有限公司是由广州岭南国际企业集团有限公司和广州岭南置业有限公司共同出资组建的全资国有企业，是以中华老字号"皇上皇"为核心品牌，集合岭南集团属下关联优质企业和资源，业务涉及屠宰加工、食品加工、冷藏储备、终端销售，已形成"生猪采购→屠宰加工→预冷分割加工→冷冻储备→肉制品深加工→终端销售配送"紧密型一体化的肉类产业链，旗下拥有家喻户晓的中华老字号皇上皇以及众信、孔旺记、香肠先生等知名品牌，以腊制品

---

① 2018年9月27日，http://www.gzhsh.com/about/index_13.aspx.

生产为龙头，同时加工销售西式熟肉制品、休闲食品、鲜肉冻肉等系列产品。

在技术装备方面，并不固守古老的加工方式，而是不断运用新技术提升生产能力。公司拥有自主研发节能技术领先的腊制品热泵干燥焙房、德国真空自动扭节灌肠机及腊肠自动悬挂系统等一系列行业领先的食品加工设备，在全国行业范围内率先通过了ISO9001质量管理体系认证、HACCP食品安全管理体系认证，为产品质量的持久稳定提供了有效的技术、体系保障。

在市场布局方面，公司以"跨区域、跨季节"的"双跨"战略为指引，在开展产业全国布局的同时，不断夯实产业链，做优生产链，提升价值链。现已形成肉类加工中心＋大区域市场的规模发展模式，在强化以广州永和生产基地为中心的华南市场的基础上，稳固以山东皇上皇生产基地为中心的华东市场，深耕华北市场，拓展华中市场；开发西北市场的有序推进，实现皇上皇的突破发展。

广州皇上皇集团股份有限公司先后获得"中华老字号""广州老字号""广州十大手信""广东省科学技术奖""广州非物质文化遗产"等百余项殊荣。皇上皇品牌腊制品产销量居广州地区首位，在省内同行业中名列前茅。

在未来发展中，专注"众信""皇上皇""香肠先生""孔旺记"等优质品牌食品的加工生产，全力打造一体化肉类全产业链。全面打通供应链、生产链、价值链，深化肉类产业链转型升级的创新发展需要，将皇上皇集团打造成为生产技术领先、研发创新超前、华南地区现代化程度最高、规模最大的食品集团。

（六）建筑材料业

广东是中国的建材生产大省，建材工业已发展成为门类比较齐全、产品配套能力较强并有相当规模和水平的重要产业。在生产方面，广东建材的品质丰富，新产品开发速度快，具有较高的产业竞争力；在经营方面，广东建材企业的民营化、市场化程度较高，出口贸易活跃。2007

年广东平板玻璃产量6123.03万重量箱，居全国第三位，占全国总产量的11.36%；水泥产量9799.57万吨，居全国第四位，占全国总产量的7.20%。① 形成了一批具有知名度的建材产品集聚区和建材品牌企业。

产业布局：广东建材形成了一批各具特色、有一定影响的产品聚集区，如佛山陶瓷、建筑涂料和铝型材、潮州卫生洁具、云浮石材、江门水暖卫浴等。

代表企业：中国南玻集团股份有限公司、广东塔牌集团股份有限公司、广东唯美陶瓷有限公司、新明珠陶瓷集团有限公司、蒙娜丽莎新型材料集团有限公司、佛山圣凡尔赛陶瓷有限公司、新中源陶瓷有限公司、东鹏控股股份有限公司、兴辉陶瓷集团有限公司、石湾鹰牌陶瓷有限公司、百利丰建材有限公司等。

**案例 3—21**

# 中国南玻集团股份有限公司

中国南玻集团股份有限公司成立于1984年，总部设在深圳蛇口，是中国最早生产高端节能玻璃的企业，也是中国最早的上市公司之一。南玻集团所持有的"南玻"和"SG"商标均获得"中国驰名商标"的称号，成为中国玻璃行业唯一持有两件驰名商标的企业。

经过多年发展，南玻集团拥有三条完整的产业链：节能玻璃、太阳能和显示器件。其中，南玻是国内节能玻璃第一品牌和太阳能光伏产品及显示器件著名品牌。南玻的主营业务包括研发、生产制造和销售优质浮法玻璃和工程玻璃，太阳能玻璃和硅材料、光伏组件等可再生能源产品，超薄电子玻璃和显示器件等新材料和信息显示产品，同时，南玻也是工业特殊用途玻璃、文化艺术玻璃解决方案的实力提供商。

南玻集团拥有全国性和国际化的运营网络，客户服务及销售网络

---

① 资料来源：《中国统计年鉴2008》，中国统计出版社2009年版。

贯通全国大中小城市和地区，并在中国香港、中东、澳洲、欧洲等地设有销售子公司，五大生产基地遍布国内经济最活跃的东部长三角、南部珠三角、西部成渝地区、北部京津地区以及中部的湖北地区。①

## 案例3—22

# 马可波罗瓷砖

马可波罗瓷砖是广东唯美陶瓷有限公司的主打产品，总部位于东莞市。品牌诞生于1996年，是国内建陶行业最早品牌化的企业之一，现已申报专利800多项。产品涵盖亚光砖、抛光砖、抛釉砖、内墙瓷片、微晶石、手工雕刻砖等所有品类。马可波罗先后在国内外建有4000多家专卖店，同时拥有工装、家装、超市和电子商务等立体营销网络，是多家设计院战略合作品牌，奥运会、世博会主要建材供应品牌。马可波罗也是国内最早走品牌化路线的建筑陶瓷品牌，产品远销东南亚、欧美等国家和地区，以个性、品位、文化气息浓郁的产品占领市场，在业界享有"仿古砖至尊"的美誉。

企业全面通过国家3C体系认证，欧盟Intertek CE认证，英国BSI公司ISO9001：2000国际质量管理体系认证，ISO14001环境管理体系认证和OHSAS18001职业安全管理体系认证，为广东省高新技术企业和省民营科技企业。马可波罗先后荣获"广东省名牌产品""中国建筑陶瓷知名品牌""世界市场中国（陶瓷）十大年度品牌""中国名牌""中国驰名商标"等称号。2007年，中国建筑陶瓷博物馆正式落户于马可波罗瓷砖企业总部。习近平、张德江、胡春华等领导先后考察企业总部，对马可波罗瓷砖的技术创新和文化创新给予了高度评价。②

---

① 2018年9月27日，https：//www.csgholding.com/Csg/overview.html.

② 2018年9月27日，http：//www.marcopolo.com.cn/about－us/.

案例 3—23

# 佛山陶瓷产业集群

佛山陶瓷石湾镇制陶业距今已有 5000 多年,在中国历史上是岭南重要的陶器生产基地之一,有"石湾瓦,甲天下"之美誉。

1978 年后,佛山陶瓷工业先后从意大利、日本等国引进陶瓷生产线和机械设备,并通过对引进设备技术的消化吸收,改造了传统生产工艺、生产设备、生产线,开发出新产品,使佛山陶瓷产品从日用陶瓷、园林陶瓷、美术陶瓷等传统产品向建筑卫生陶瓷等新产品转型。

1979 年石湾化工陶瓷厂、佛山石湾建筑陶瓷厂,集中全行业的主要技术力量与资金,研制和生产出印花、拼花、仿大理石纹等各种彩釉砖、墙地砖、装饰砖等新产品,填补了国内彩釉砖的空白。20 世纪 90 年代,国有企业开始转制,大量的乡镇企业和民营企业兴起,佛山陶瓷生产基地由石湾扩散到南海、高明、顺德、三水等地,覆盖全佛山,并涌现出了众多优秀的民营品牌企业。

2001 年前后,出于商业因素,佛山陶瓷出现了第一批向外扩张(转移)的企业,在具有天然气优势的四川夹江及周边地区投资建厂。2003 年,佛山陶瓷企业也开始在周边地区寻找新的生存环境,出现了第二轮的产业转移,到了 2005 年后,开始在清远、河源、恩平、肇庆等地投资建厂。

至 2002 年,佛山已名列全国八大陶瓷产区之首,成为生产经营建筑陶瓷、卫生陶瓷、日用陶瓷、美术陶瓷、园林琉璃陶瓷、化工工业陶瓷和特种陶瓷等种类的中国南方最大陶瓷工业基地,产品销往全国各地及大量出口。佛山市被中国建筑卫生陶瓷协会、中国建筑材料工业协会授予"中国陶瓷名都"称号。南庄镇被中国建筑卫生陶瓷协会、中国建筑材料工业协会授予"中国建陶第一镇"。

2006 年以后，佛山（本土）的建筑陶瓷生产规模达到了顶峰，有陶瓷企业 500 多家，生产线 1200 多条，产能近 15 亿平方米/年，占当年全国产量的近半壁江山。在品牌建设方面，有蒙娜丽莎、东鹏、鹰牌、新明珠、新润成、顺成、宏宇、博德、简一、欧神诺、欧文莱等大批知名品牌。随着佛山商业中心地位的提升，政府提出产业整治，考虑到环保和成本压力，佛山陶瓷开始了第三轮产业转移，毗邻广东的江西成为承接佛山陶瓷的热点地区，形成了今天我国建筑卫生陶瓷产业新格局。

（七）森工造纸业

广东省是全国造纸及纸制品生产举足轻重的大省，主要产品有纸浆、新闻纸、包装纸板、文化用纸、生活用纸等。目前全国造纸行业唯一的制浆造纸工程国家重点实验室和集产、学、研、科、工、贸于一体的国家研究中心设在广东。2007 年广东省机制纸及纸板产量 930.23 万吨，居全国第五位，占全国总产量的 11.94%，比 1997 年增加了 3.73 倍。[①]

广东造纸业的区位优势非常明显，由于大部分地区属于亚热带暖湿季风气候，雨量充沛，非常适宜营造人工速生丰产林，为发展造纸工业提供了丰富的纤维原料资源和水资源保证，资源优势明显。

广东造纸业在这一时期步入了规模化发展的轨道，拥有一批全国著名的造纸企业。广东造纸业从国内外引进了大量的先进技术和设备，但对技术设备的研发能力较弱，创新研发能力仍需加强。

产业布局：以珠江三角洲为核心形成造纸产业集聚带，产业集群主要分布在广州、东莞、江门、中山、珠海、湛江和肇庆等地区。

代表企业：玖龙纸业、中顺洁柔、维达、宝丽、贝柔等。

---

①  资料来源：《中国统计年鉴 2008》，中国统计出版社 2009 年版。

案例 3—24

# 玖龙纸业（控股）有限公司

1998 年 7 月，玖龙纸业有限公司位于东莞生产基地的首台造纸机试车成功，标志着玖龙纸业正式进入中国包装纸板生产行业。此后，玖龙纸业不断发展，2005 年已在珠江三角洲和长江三角洲形成两大包装纸板生产基地。①

2003 年至 2006 年，玖龙纸业相继顺利通过了 ISO 品质、环境和 OHSAS 职业健康安全管理体系的认证，公司逐渐走上国际标准化管理进程，并逐渐发展成为集林业、木浆生产、造纸于一体的现代化企业。2005 年玖龙纸业年产量居全国第一、亚洲第二、世界第八。

当前，玖龙纸业是中国最大的箱板原纸产品生产商，也是全球以产能计最大的废纸环保造纸的现代化包装纸集团之一。玖龙纸业及其附属公司主要生产一系列优质的包装用纸产品，包括卡纸、高强瓦楞芯纸以及涂布灰底白板纸。利用不同大小、阔度、功能及数量的造纸机，提供全面的产品组合。造纸机从欧洲、北美和日本进口，技术先进，拥有多条生产线，能更有效地生产多元化的产品组合。除了造纸机外，集团还营运各种配套设施，为本集团提供电力、蒸气、污水处理及优质的物流支援。

案例 3—25

# 中顺洁柔纸业股份有限公司

中顺洁柔成立于 1989 年，主营业务是研究、开发、生产、销售中高档生活用纸产品，是国内最大的专业生产生活用纸系列产品的企业

---

① 2018 年 9 月 27 日，http://www.ndpaper.com/gb/aboutnd/profile.htm.

之一，也是国内首家 A 股上市的生活用纸企业，是中国生活用纸行业三个中国名牌产品之一。

公司分别在广东中山、江门、云浮，四川成都，浙江嘉兴，湖北孝感，河北唐山建有七大生产基地，先后引进日本、韩国、意大利、中国台湾等国家和地区的先进造纸设备以及产品配套设备用于生产。销售网络辐射华东、华南、华西、华北、华中和港澳六大区域，串联散布全国的多家商贸公司、1200 多个经销商的营销网络，构筑了一个点线面结合、覆盖全国的全方位生产销售网络。产品远销东南亚、中东、澳洲、非洲等海外市场。①

（八）医药业

广东是医药大省，整体实力位居全国前列；中药、化学药物制剂、生物制药产品领域在全国处于领先地位；医疗器械在一些技术含量较高的产品领域已形成一定优势；广东省医药产业的集中度高于全国平均水平，具有市场规模优势，产业内部集中度不断提高，产业结构处于优化过程；已初步形成化学制药、中药、生物制药、医疗器械、医药商业等比较完整的医药产业体系；拥有一批综合性大型医药企业，它们在我国的医药经济中发挥着举足轻重的作用；广东省在化学药物制剂领域也取得了巨大发展；在新型化学药物制剂开发和市场营销方面，已经具有较强竞争力，整体实力处于全国领先水平。②

产业布局：主要集中在广州、深圳、揭阳等地。

代表企业：生物制药方面的深圳科兴、康泰、天普生化、翰宇药业等；医疗器械方面的迈瑞医疗、广州安科等；综合性医药方面的康美药业、国药集团一致药业、广州医药集团有限公司等。

---

① 2018 年 9 月 27 日，http：//www.zhongshungroup.com/allsocial.aspx#zlbj.
② 纪春明：《广东省制造业转型升级研究》，硕士学位论文，广西师范大学，2013 年。

案例 3——26

# 迈瑞医疗

迈瑞创始于 1991 年，是全球领先的医疗设备与解决方案供应商。迈瑞总部设在中国深圳，在北美、欧洲、亚洲、非洲、拉美等地区的 32 个国家拥有子公司，在中国 31 个省市自治区均设有分公司，全球雇员近 7300 名，形成了庞大的全球研发、营销和服务网络。迈瑞融合创新，紧贴临床需求，帮助世界各地人们改善医疗条件、降低医疗成本。目前，迈瑞的产品与解决方案已应用于全球 190 多个国家及地区，中国近 11 万家医疗机构和 99% 以上的三甲医院。[①]

迈瑞的业务范围包括为临床领域提供整体解决方案，其中包括急救、围术期和危重解决方案；体外诊断业务领域涵盖血液、生化、免疫分析系统；医学影像领域致力于全球推广超声技术应用，将超声拓展到麻醉科、急诊科和运动场所。

迈瑞 1996 年进入影像领域，2006 年推出中国第一台拥有完全自主知识产权的全数字黑白超、台式彩超和便携式彩超。2007 年推出数字 X 线摄影系统，此后在医学影像领域不断创新，通过提高图像质量、优化工作流和改善患者体验，为临床诊断提供性能更优良的诊断系统。自主研发的集细节增强、组织均衡和动态降噪功能于一体的图像处理算法，获得国家专利认证。[②]

---

① 陈宇：《L 公司医用泵品牌定位研究》，硕士学位论文，华东理工大学，2017 年。
② 2018 年 9 月 27 日，http://www.mindray.com/cn/about.html。

案例 3—27

# 广州医药集团有限公司[①]

广州医药集团有限公司是广州市政府授权经营管理国有资产的国有独资公司，主要从事中成药及植物药、化学原料药及制剂、生物药、大健康产品等的研发及制造、商贸物流配送以及医疗健康服务等业务。广州医药集团有限公司拥有"广州白云山医药集团股份有限公司"（香港 H 股、上海 A 股上市）1 家上市公司及成员企业近 30 家，经过多年的精心打造和加速发展，逐步形成了"大南药"、"大健康"、"大商业"、"大医疗"四大独具广药特色的业务板块，以及"电子商务"、"资本财务"、"医疗器械"三大新业态。广州医药集团有限公司源自公元 1600 年创办的陈李济，至今已有 400 多年历史，旗下超过百年历史的企业 10 家，除了"陈李济"外，还包括"中一"、"敬修堂"、"采芝林"、"王老吉"、"星群"、"奇星"、"潘高寿"、"明兴"、"光华"；获得中华老字号认证的企业 12 家，除上述 10 家百年企业外，还有"何济公"、和"健民连锁"；拥有国家级非物质文化遗产 6 件，分别为星群夏桑菊、白云山大神口炎清、王老吉凉茶、陈李济传统中药文化、潘高寿传统中药文化、中一"保滋堂保婴丹制作技艺"；拥有中国驰名商标 10 件，分别是"广药集团"、"白云山"、"王老吉"、"陈李济"、"中一"、"抗之霸"、"潘高寿"、"天心"、"何济公"、"奇星"。其中，"王老吉"品牌价值高达 1080 亿元；"白云山"品牌价值评估为 280 亿元，位居全国药品品牌前列；拥有 400 多年历史的陈李济获吉尼斯世界纪录认证。

## （九）汽车及摩托车业

广东汽车整车的工业增加值、工业利润、销售收入等有关汽车工

---

[①] 2018 年 9 月 27 日，http：//www.gpc.com.cn/aboutUs.html。

业综合经济指标排在全国汽车行业前列，十年间，广东省汽车产量占全国汽车总产量的比重从0.63%提升至8.87%，汽车产量提高了4.45倍（见表3—14）。由于广东省致力于创造良好的投资环境，扩大吸引外资调整汽车产业结构，汽车生产规模不断扩大，生产能力得到了有效提升。本田、五十铃、日产、丰田等国外著名汽车厂商相继落户广东，广东已成为华南地区最大的汽车生产基地，已形成以广州为制造中心，轿车为重点，零部件为基础，客车及改装专用车为辅助的汽车工业生产格局，以及具有较强产品开发能力和出口竞争力的摩托车产业群。[①] 2007年，广东汽车制造业增加值增长33.0%，在九大产业中增速最高。2007年广东汽车产量78.81万辆，居全国第三位，占全国汽车总产量的8.87%。[②] 随着汽车业的发展，一大批零部件配套供应商随之聚集广东。

表3—14　　　　1998—2007年广东省汽车产量与全国比较表　单位：万辆、%

| 年度 | 全国 | 广东省 | 广东占全国比重 |
|------|------|--------|----------------|
| 1998 | 163.00 | 1.03 | 0.63 |
| 1999 | 183.20 | 1.96 | 1.07 |
| 2000 | 207.00 | 3.94 | 1.90 |
| 2001 | 234.17 | 5.67 | 2.42 |
| 2002 | 325.10 | 6.52 | 2.01 |
| 2003 | 444.39 | 18.89 | 4.25 |
| 2004 | 509.11 | 27.63 | 5.43 |
| 2005 | 570.49 | 41.35 | 7.25 |
| 2006 | 727.89 | 55.54 | 7.63 |
| 2007 | 888.89 | 78.81 | 8.87 |

资料来源：中国统计年鉴。

---

① 纪春明：《广东省制造业转型升级研究》，硕士学位论文，广西师范大学，2013年。

② 资料来源：《中国统计年鉴2008》，中国统计出版社2009年版。

相对于发达国家而言，中国汽车制造业起步较晚。但广东省进入21 世纪之后，汽车制造业逐渐起步并快速发展，在世界汽车产业中异军突起，并成为广东制造业的支柱产业之一。[①]

产业布局：珠三角地区是广东汽车及摩托车工业产业的集聚地，已形成多个大型汽车及零部件配套基地。如广州花都、南沙、增城和番禺，深圳坪山，惠州大亚湾，佛山狮山，肇庆高要、江门等，都是闻名的汽车及摩托车产业集聚地。

代表企业：广汽集团、一汽大众、东风日产、比亚迪、奔马实业、五羊摩托等。

## 案例 3—28

# 广州汽车工业集团

20 世纪 90 年代末，广州市政府把汽车业定位为支柱产业，发展思路是整车制造业与汽车零部件产业并举。广州汽车集团股份有限公司（以下简称广汽集团）成立于 2005 年 6 月 28 日，前身为成立于 1997年 6 月的广州汽车集团有限公司。总部位于广州市天河区珠江新城，是国内首家实现 A + H 股整体上市的大型国有控股股份制汽车集团。

广州汽车工业集团有限公司是广州汽车工业发展的推动力。2006年其下属企业 110 户，产销汽车超过 35 万辆（其中出口轿车约 2.5 万辆）、摩托车超过 70 万辆，实现销售收入近 730 亿元，同比增长54%。在 2007 中国企业 500 强中排名第 45 位。属下广州本田、广州丰田的发展，成为广州汽车工业高速发展的缩影。广汽集团在发展上注重合资合作与自主创新相结合，业务涵盖整车（汽车、摩托车）及零部件研发、制造、汽车商贸服务、汽车金融等，是国内产业链最为

---

① 《广东汽车制造业发展渐入佳境》2018 年 9 月 27 日，http：//www.gdstats.gov.cn/tjzl/tjfx/201010/t20101021_81717.html。

完整的汽车集团之一，也是国内汽车行业首家拥有保险、保险经纪、汽车金融、资本、财务、融资租赁等多块非银行业金融牌照的企业集团。广汽集团旗下共有广汽乘用车、广汽本田、广汽丰田、广汽三菱、广汽菲亚特克莱斯勒、广汽研究院等数十家知名企业与研发机构。①

　　1998 年 7 月 1 日，广州本田汽车有限公司（以下简称广州本田）成立，由广州汽车集团公司与日本本田技研工业株式会社共同出资组建，双方各占 50% 股份，合作年限为 30 年。至 2006 年，广州本田资产总额约为 185 亿元人民币，占地面积（黄埔工厂和增城工厂，下同）约为 160 万平方米，建筑面积约为 92 万平方米，职工人数为 5695 人。

　　广州本田走"少投入、快产出、滚动发展"的道路，仅用 9 个月，于 1999 年 3 月 26 日，即实现第一辆国产雅阁轿车的下线面市。在国内汽车业界首创"四位一体"的特约销售服务店模式，即整车销售、售后服务、零配件供应、信息反馈功能的广州本田汽车特约销售服务店。同年 11 月，广州轿车项目通过 40% 国产化率的鉴定，并保持一贯的高质量，获得本田海外工厂质量评比第一名。2000 年 2 月，广州轿车项目顺利通过年产 3 万辆生产规模的竣工验收。2004 年初，建立 24 万辆的生产体制，并实现日产 1000 台的目标。同年 11 月，广州本田开始建设增城工厂，生活污水及工业废水实施 100% 回收重新利用，实现废水"零排放"。2006 年 9 月，增城工厂正式投产，首期生产规模为年产 12 万辆。至此，广州本田的年生产能力达到 36 万辆。同年 6 月 28 日，广州本田第 50 万辆雅阁轿车下线，成为中国汽车行业累计销量达到 50 万辆的第一个中高档轿车品牌。2007 年 2 月 10 日，广州本田第 100 万辆轿车下线，主要产品有雅阁系列轿车、奥德赛多功能系列轿车、飞度系列轿车和思迪系列轿车共四大系列 18 种车型。同年 7 月 19 日，广州本田汽车研究开发有限公司成立，这是国内第一个由合资企业独立投资、以独立法人模式运作的汽车研发机构，拥有

---

① 2018 年 9 月 27 日，http://www.gagc.com.cn/about_us/company_profile_jsp_catid_396_401_405.html.

包括概念设计、造型设计、整车试作、实车测试、零部件开发等在内的整车独立开发能力。

## 案例 3—29

# 五羊摩托①

　　1959 年，广州自行车厂成立，在 1970 年，年产量已达 30 万辆。1987 年，第一辆五羊摩托车试制成功，后经过多年锤炼，成长为家喻户晓和消费者信赖的民族品牌。1998 年，在广州摩托车公司基础上组建广州摩托集团公司五羊摩托车分公司，并于 2004 年 8 月转制为广州五羊摩托有限公司，是广州汽车工业集团有限公司的下属摩托车生产企业，也是我国摩托车行业的骨干生产企业。2008 年 12 月，在保留国有股份的基础上引入民营资本成功实现改制，成为一家充满生机和活力的现代化企业。

　　五羊摩托的各类专业技术人员占员工总数的 30% 以上，公司具有先进的开发和设计能力，先后设计开发了多个具有自主知识产权的新系列车型，拥有多条进口精密加工中心组成的发动机缸头、壳体生产线、发动机装配线和整车装配生产线，并配置了全套先进的检测设备。

　　摩托车产品覆盖了 50 毫升至 250 毫升排量的 18 个系列共 50 个品种。企业已形成年产 50 万台发动机和 50 万辆整车的综合生产能力，所有车型均通过了国家环境保护部的环保公告，是我国最早通过国Ⅲ排放标准考核的摩托车生产企业之一。以 WY125 – 7、WY150 – 5C 为代表的"五羊款"两轮摩托车，被全国大多数厂家竞相模仿，成为全国消费数量中单一品种规模最大的款式，"五羊款"也因此成为中国摩托车发展历史中的绝对经典车型。"五羊"牌系列产品销售区域遍及广东、四川、安徽、重庆、福建、广西、河南、湖南、湖北、江苏、

---

　　① 2018 年 9 月 27 日，http://www.wuyangmotor.com/about/i = 2&comContentId = 2.html.

山西、陕西、云南等 29 个省市自治区，产品远销欧洲、东南亚、南美、非洲等多个国家和地区。

案例 3—30

# 江门：中国摩托车及其零配件生产基地

江门是全国著名的侨乡。改革开放初期，国家政策允许海外侨胞可以带一定数量的免税商品回国，一些经营公司开始从事进口摩托车贸易。在市场需求的推动下，江门逐渐发展成为进口摩托车贸易市场，当时国内进口摩托车约有 50% 从江门中转。随后，一些完成了前期资本积累的经营公司开始从事进口摩托车散件组装整车供应，或投资摩托车零配件生产。

为扶持摩托车工业发展，江门市政府制定各种优惠政策，并着力抓好摩托车经营市场的建设。1992 年 7 月，建成双龙摩托车市场，占地面积 8300 平方米，经销各地品牌摩托车 30 多种，年销售额达 9 亿元。同年 12 月，大长江摩托车实业总公司第一期工程竣工，翌年具备了年产 5 万辆整车的生产能力。1993 年 6 月，大长江公司与日本铃木公司进行技术合作，引进生产 GN125 车型技术，产品质量达到铃木标准。同时，江门中裕摩托集团公司、江门联和发动机有限公司、顺达摩托车有限公司、华日集团有限公司等企业也先后建成投产。1994 年"豪爵牌"摩托车获国家质量技术监督局颁发的采用国际标准产品标志证书。1997 年 6 月，"豪爵牌"摩托车获广东省质量体系认证中心和德国莱茵技术监督服务有限公司（TV）ISO9001 国内外双认证。20 世纪 90 年代中期始，各生产企业注重开发有自主知识产权的产品。1996 年大长江公司成功开发生产"钻豹"型摩托车，随后相继开发生产了 16 大系列 147 个品种。

2000 年，江门市举办首次摩托车工业博览会。外地摩托车及配件生产企业纷纷落户江门，形成摩托车产业集群。2003 年江门被中国汽车工业协会授予全国首个"中国摩托车示范基地"称号。至 2007 年，全市列入国家发展改革委公布的摩托车整车生产企业 16 家，摩托车零部件生产企业 300 多家，形成以摩托车为龙头、零部件生产配套发展的摩托车生产制造基地。2007 年全市摩托车产量达 412.50 万辆，占全省产量的 48%，占全国产量的 10.73%；摩托车出口 117.7 万辆，居全省首位。全市全年摩托车工业产值为 188.42 亿元，出口创汇 5.22 亿元。

广东省制造业九大支柱产业在发展中取得了良好的成绩，在未来发展方面，主要侧重发展高新技术产业和先进制造业。《2008 年广东省政府工作报告》明确指出：（1）积极发展高新技术产业。加快电子信息、生物医药、新材料、节能环保、光机电一体化等重点产业建设。继续推进集成电路设计与制造、数字音视频编解码技术、数字家庭等产业发展，培育液晶平板显示、电动汽车、海洋资源开发等新兴高新技术产业。推进高新技术产业从加工组装向自主研发制造延伸，提高附加值和核心竞争力。壮大中医药产业，发展创意产业。（2）加快发展先进制造业。继续实施大项目带动，完善制造业布局和产业链条。积极推进汽车自主品牌发展，大力发展汽车零部件制造业。发展能源设备等重大技术装备、电子元器件生产设备等高新技术装备及数控系统等基础装备，提高系统集成能力。推进支柱产业、特色产业及重大工业项目等的先进制造业基地建设。

# 第四节　国有企业改革与民营经济发展

## 一　广东国有企业改革的国内背景

1992 年邓小平同志发表南方谈话以后，全国掀起了一轮加速投资热潮，在 1992—1996 年间逐渐积累了大量低效产能，而体制障碍使去产能和去杠杆缓慢，资源错配严重，信用资源持续流向国有亏损部门。1997 年金融危机对我国出口造成了极大的影响，进一步暴露了我国企业在过度扩张中产生的一系列问题。国有企业改革和发展中面临着许多问题和矛盾，突出表现为部分国有企业经营困难、亏损严重、下岗职工增多、产能利用率低、财政压力大等。

这些问题的出现原因是复杂的，从宏观角度看，投资政策的周期性、产业结构的老化、体制改革的滞后对国有企业的经济效益下降有很大影响；从微观角度看，国有企业经营管理水平的落后及社会负担过重也是很重要的原因。为解决这些问题，1997年，国务院提出坚决走"鼓励兼并、规范破产、下岗分流、减员增效、实施再就业工程"的道路。根据国务院统一部署，围绕从整体上搞好国有经济的目标，采用"抓大放小"战略，设立现代企业制度试点、优化资本结构城市试点，推进国有企业领导班子建设和社会保障制度建设，为国企平稳改革提供了战略指导和发展保障。根据八届人大五次会议通过的《政府工作报告》的部署，1997—1998年，国有企业改革将着眼于搞好整个国有经济，把改革、改组、改造和加强管理紧密结合，抓好大的，放活小的，有针对性地采取措施。[1] 1997年下半年，政府提出国企三年脱困目标，用3年左右的时间，通过改革、改组、改造和加强管理，使大多数国有大中型骨干企业初步建立起现代企业制度。在中央提出三年脱困目标时，中国的国有及国有控股工业企业利润为806.5亿元，大中型亏损企业6599户，12个省（自治区、直辖市）整体亏损。

1998—2002年的国企改革，以建立现代企业制度为主要目标。由于此前长期激进的控制权改革，各种问题逐渐出现，如职工和管理层对企业进行变相私有化，在出售国企热潮中，出现假买真送、半卖半送、权钱交易等现象。为解决这些问题，国家国有资产管理局1998年1月发布《关于国有资产流失查处工作若干问题》的通知，国家经贸委1998年5月发布《关于印发〈关于1998年国有企业改革和发展工作的意见〉的通知》，国家经贸委1998年7月紧急下发《关于制止出

---

① 朱雍：《1997—1998年：中国国有企业改革的状况和前景》，载汝信《1998年：中国社会形势分析与预测》，社会科学文献出版社1998年版，第23—42页。

售国有小企业成风有关问题的通知》，对国企改革和出售的相关问题进行规范。1998 年，按照国务院统一部署，围绕从整体上搞好国有经济的既定目标，国有企业改革的重点，一是把纺织行业作为实现国有企业改革与解困目标的突破口；二是围绕国有大中型亏损企业 3 年解困目标抓好扭亏增盈企业，确保当年国有企业实现利润不低于 451 亿元；三是用好 400 亿元银行呆坏账准备金；四是抓好大中型企业，积极稳妥地开放搞活小企业；五是加强国有企业领导班子建设；六是做好国有企业下岗职工基本生活保障和再就业工作。[1] 1999 年，根据国务院要求，工作重点放在两个方面，一是按照市场需求控制纺织、煤炭、建材、石化、电力、冶金、烟草等行业的生产总量，从根本上解决生产过剩问题。二是根据国家经贸委颁布的《工商投资领域禁止重复建设目录》和《淘汰落后生产力、工艺和产品目录》，以煤炭、炼油、冶金、水泥、玻璃、制糖为重点，整顿关闭一批浪费资源、技术落后、质量低劣、污染严重，不符合基本安全生产条件的小厂、小矿。[2]

在极为困难的情况下，通过剥离不良贷款、抓大放小、战略性改组和上市融资等手段，1999 年国有及国有控股工业逐渐实现了利润提升。业绩改善的代价之一是职工下岗和企业关闭破产。陈清泰在《国企改革：过关》一书中提到，三年脱困时期，全国下岗分流的职工共有 2100 万，1997 年底 6599 户亏损的国有大中型企业中，通过兼并联合和破产注销等方式退出市场的约 2000 户。[3]

2000 年，国务院确定的经济工作重点是：通过继续实施积极的财政政策，增加投资，扩大内需，努力实现国内生产保持较高的增长水平。其中，工业的发展目标是：一是全国工业增加值要保持 10% 左右的发展速度；二是大多数国有大中型企业要彻底摆脱亏损局面。在重

---

① 朱雍：《1998—1999：中国国有企业改革的现状与前景》，《学习与实践》1999 年第 1 期。

② 朱雍：《1999—2000：中国国有企业改革的现状与前景》，《探索》2000 年第 1 期。

③ 陈清泰：《国企改革：过关》，中国经济出版社 2003 年版。

点行业方面，对重点行业实施结构调整，实施总量控制。2000 年，限产压库、兼并破产和关闭工作的重点是调整纺织、钢铁、煤炭、制糖、有色、军工六大产业。在现代企业制度建设方面，一是规范化的公司制改造；二是企业分离办社会职能；三是国企内部改革，包括企业内部工资制度，推行企业工资决定机制、开展工资指导线和劳动力市场工资指导价位试点，逐步完成企业根据社会平均工资和本企业经济效益自主决定工资水平的新机制。在政企分开方面，军队武警部队政法机关不再经商办企业，中央党政机关与所办经济实体和所管理的直属企业脱钩，探索建立国有资产管理有效形式，加强对国有企业的监管。在国有企业战略性改组方面，坚持抓大放小，一批具有战略意义的大企业、大集团被组建起来，同时，各地根据不同情况，采取改组、联合、兼并、租赁、承包经营和股份合作制、出售等多种形式放开放活，使一大批国有小企业寻找到适合自身发展的具体形式，促进了经营机制的转换。2000 年 7 月，国家经贸委发布《关于鼓励和促进中小企业发展的若干政策意见》，提出要加大对中小企业特别是高新技术类中小企业的扶持力度，把"放小"与"扶小"结合起来，鼓励和促进中小企业健康发展。在国有企业资产负债结构方面，一是兼并破产的政策支持比例加大，1999 年分三批安排了 435 个大中型兼并破产项目；二是处理不良贷款，实施债转股；三是增加技改贷款贴息。在社会保障制度建设方面，全国社会保障基金建立，养老保险制度实施了改革，对国企脱困及社会安定发挥了不可低估的作用。[①]

1997 年中共中央、国务院提出国有企业三年脱困的目标：除煤炭、军工等少数行业继续努力减亏外，机械、冶金、石油和化工、轻工、纺织、建材、烟草、有色冶金、电力、电子、黄金、医药等大多数行业整体扭亏为盈，或继续增加盈利；大多数省、自治区、直辖市国有及国有控股工业整体扭亏为盈或增加盈利；大多数国有及国有控

---

① 朱雍：《2000—2001 年：中国国有企业改革的现状与前景》，《广西经济管理干部学院学报》2001 年第 2 期。

股大中型亏损企业扭亏为盈和消除亏损，重点企业和老工业基地经济效益进一步提高。2000 年是国企三年脱困目标的最后一年，为努力实现三年脱困目标，国家经贸委提出《2000 年国有大中型亏损企业脱困工作指导意见》，要求围绕脱困目标，做好规划，落实责任。以结构调整为中心，综合运用好各种脱困手段。促进脱困企业转变经营机制，加快建立现代企业制度。引导企业加强内功，切实加强管理。加强脱困企业的领导班子建设。总结交流经验，大胆探索国有企业脱困的多种途径。继续做好企业脱困的追踪监测工作，及时准确掌握企业脱困的进展情况。至 2000 年底，国企三年脱困目标如期实现。

2002 年，国有企业改革的重点是：一是发展一批具有国际竞争力的大公司和企业集团。二是规范股份制改革，进一步推进现代企业制度建设。抓好三个环节：规范企业重组和改制；建立规范的公司法人治理结构；加快存续企业改革和改组的步伐。三是继续推进企业关闭破产工作，同时确保社会的稳定。四是继续深化企业内部改革，大力推进企业管理信息化。[1] 1998—2002 年改革期间，随着很多企业的破产和兼并，工业企业的数量增长放缓，国有企业的数目及总占比则出现了快速回落。[2] 这一阶段的改革进一步激发了国有企业的活力，取得了重大进展。

2003 年之后，国企改革进入规范治理阶段。针对长期制约国有企业改革发展的体制性矛盾和问题，2002 年底，党的十六大提出深化国有资产管理体制改革的重大任务，提出要建立健全现代企业制度，增强企业经济活力，同时提出要深化改革国有资产管理体制。随着十六大精神的贯彻落实，中央、省、市（地）三级国有资产监管机构相继组建，《企业国有资产监督管理暂行条例》《企业国有产权转让管理暂行办法》等法规规章相继出台，在国有企业逐步实施了企业负责人经营业绩考核，国有资产保值增值责任层层落实，国有资产监管进一步

---

① 国家经贸委企业改革司：《2002 年国有企业改革的重点》，《财务与会计》2002 年第 4 期。

② 2018 年 9 月 27 日，http://money. 163. com/15/1130/19/B9MLTQCB00253B0H. html

加强。2003 年，国务院办公厅转发《国务院国有资产监督管理委员会关于规范国有企业改制工作意见的通知》，对国有企业改制工作中的制度、运作、监督机制、组织领导机制进行了规范。2003 年党的十六届三中全会《关于完善社会主义市场经济体制若干问题决定》中提出建立归属清晰、权责明确、保护严格、流转顺畅的现代产权制度是构建现代企业制度的重要基础。十六届三中全会把垄断行业改革提到重要位置，要求加快推进和完善垄断行业改革。[1]

针对实际工作中存在的改制方案不完善、审批不严格，清产核资、财务审计、资产评估和产权转让不规范，对维护职工合法权益重视不够等问题，2005 年，国务院办公厅转发了国资委《关于进一步规范国有企业改制工作的实施意见》，提出要严格制定和审批企业改制方案，认真做好清产核资工作，加强对改制企业的财务审计和资产评估，切实维护职工的合法权益，严格控制企业管理层通过增资扩股持股，加强对改制工作的领导和管理。2005 年，《关于印发〈企业国有产权向管理层转让暂行规定〉的通知》发布，对企业国有产权向管理层转让的相关要求进行了规范。2006 年，国资委发布《关于企业国有产权转让有关事项的通知》，进一步明确了企业国有产权转让在具体实施工作中的一些事项。

在国企改革过程中，为推进国有资本调整和国有企业重组，进一步提高国有企业的活力，2006 年，国务院办公厅转发了国资委《关于推进国有资本调整和国有企业重组的指导意见》，提出国有资本调整和国有企业重组的主要目标是：进一步推进国有资本向关系国家安全和国民经济命脉的重要行业和关键领域集中，加快形成一批拥有自主知识产权和知名品牌、国际竞争力较强的优势企业；加快国有大型企业股份制改革，完善公司法人治理结构，大力发展国有资本、集体资本和非公有资本等参股的混合所有制经济，实现投资主体多元化，使

---

[1] 国家发展改革委体管所课题组、张林山：《国企改革历程回顾与当前改革重点》，《中国经贸导刊》2015 年第 7 期。

股份制成为公有制的主要实现形式；大多数国有中小企业放开搞活；对长期积累的一批资不抵债、扭亏无望的国有企业实施政策性关闭破产；对国资委履行出资人职责的企业进行调整和重组。2007 年，党的十七大明确提出，深化国有企业公司制股份制改革，健全现代企业制度，优化国有经济布局和结构，增强国有经济活力、控制力、影响力仍然是国有企业改革的重要任务。

经过近十年的发展，国有企业经营状况全面好转，经济效益和发展规模大幅度提高，具体表现在：赢利能力大大提高，亏损企业生产经营状况好转，国有大中型企业扭亏脱困取得初步成效，主要行业经济效益好转，流动资金开始盘活，资产总量进一步壮大。①

## 二　广东省国企改革和国有资产管理体制改革

广东省国有企业改革在中国国有企业改革的背景下进行，经过十年改革，广东省国有企业改革和国有资产管理体制改革成效显著，产权制度改革也取得了一定突破。广东省国有企业活力和国有经济的控制力、带动力和影响力明显增强，为经济社会发展做出了重要贡献。在这一阶段，广东省的企业结构也发生了巨大变化，国有企业深化改革不断推进，民营经济规模不断壮大，外向型企业发展迅速。产权结构的变动使广东制造业的发展更具活力，创新能力不断提升，对广东经济发展起到了重要的促进作用。

改革开放前，广东省公有制经济占绝对统治地位。1978 年，广东省公有制经济占生产总值的 98.7%，其中国有经济和集体经济分别为 51.1% 和 47.5%。改革开放之后，在现代企业制度建设的浪潮中，广东逐步进行以现代企业制度为主线的改革，所有制结构经历了从公有制一元结构向多元结构的演变。广东改革成功实现了计划经济体制向社会主义市场经济体制的转变，与社会主义市场经济相适应的行政管

---

① 朱雍：《2000—2001 年：中国国有企业改革的现状与前景》，《广西经济管理干部学院学报》2001 年第 2 期。

理体制初步形成。市场体系逐步形成，各类商品的价格基本上由市场决定，市场机制在配置资源中的基础性作用日益增强，市场化程度日益提升。以公有制为主体，多种所有制经济共同发展的基本经济制度得到确立。国有经济的结构和布局趋向合理，国有经济保持主导地位，整体实力和控制力明显增强。

（一）1998—2002 年：建立现代企业制度

1. 现代企业制度试点

在现代企业制度试点工作方面，1993 年中共十四届三中全会提出建立"产权清晰、权责明确、政企分开、管理科学"的现代企业制度，国有企业改革从放权让利转为制度创新。1994 年广东在总结百户综合改革试点经验的基础上，参照中央抓百户现代企业制度试点的做法，选择 250 户企业（1996 年调整为 187 户）开展建立现代企业制度试点工作。同年，省政府召开了现代企业制度试点工作协调会议，制定《广东省现代企业制度试点工作方案》，1995 年又下发《关于现代企业制度试点企业国有资产产权界定与管理的意见》《关于现代企业制度试点中国有企业历史债务的处理意见》《关于现代企业制度试点企业实施社会保险的意见》《关于公司董事会、监事会成员和经理的管理意见》四个配套文件。1994—1998 年，试点企业围绕转换经营机制大胆探索、寻求突破，取得一定成效：一是按照要求完成了清产核资、产权界定、资产评估、债权清理等工作；二是采取多种形式对试点企业进行了改制；三是确定了一批国有资产运营机构；四是推进技术进步和加强内部管理，在深化内部三项制度改革、强化激励与约束机制等方面进行了有益的探索；五是在增资减债、调整企业负债结构方面有新突破。这批试点企业是广东省建立现代企业制度的先行者，对于解决国企改革的重点难点问题起到了积极的推动作用。[①]

---

① 《广东改革开放纪事》编纂委员会编：《广东改革开放纪事（1978—2008）》上，南京日报出版社 2008 年版。

2. 国有企业三年脱困

在国有企业三年脱困工作方面，1997 年中共中央、国务院提出国有企业三年脱困的目标，通过改革、改组、改造和加强管理，使大多数国有大中型亏损企业摆脱困境，力争到 20 世纪 90 年代末大多数国有大中型骨干企业初步建立现代企业制度。1997 年底至 2000 年底，广东陆续组织实施国有企业的脱困攻坚战：一是成立由主管工交的副省长任组长的广东省国有大中型工业企业三年改革与脱困工作领导小组，并设立煤炭、纺织和制糖三个脱困工作小组。各市均成立了相应的工作机构。二是制定脱困实施办法。省政府 1998 年下发《关于全省国有大中型工业企业三年改革与脱困的实施意见》，1999 年又先后制定了煤炭、纺织、制糖三个特困行业的脱困实施办法。三是把脱困任务按照条块结合的原则分解到各地区和有关部门，并且定期进行考核通报。四是政策扶持。省、市、县三级政府均在事权范围内制定支持国企脱困的具体政策措施，在安置职工方面给予资金上的扶持。省财政 1999 年安排 7.91 亿元用于安置下岗职工和保障职工基本生活。五是对亏损企业领导成员进行定向培训。组织 60 户重点脱困企业的负责人参加国家经贸委举办的管理培训班，举办了三期共 423 户的亏损企业经营者培训班，全面培训省国有大中型亏损企业的主要负责人。

至 2000 年底，国有大中型企业脱困工作取得实质性进展，煤炭、制糖、纺织三大特困行业的脱困攻坚战取得阶段性胜利，国有工业企业脱困任务基本完成。全省列入国家考核范围的 490 户国有大中型亏损企业有 355 户摆脱困境，脱困率为 72.4%。①优势企业的现代企业制度建设取得极大进展，全省多数国有大中型企业完善了"三会四权"的法人治理结构，建立了以产权为纽带、集权与分权相结合的母子公司体制，有 200 多户进行了规范的公司制改革，初步建立起产权明晰、权责明确、政企分开、管理科学的现代企业制度。抓大放小工

---

① 《广东改革开放纪事》编纂委员会编：《广东改革开放纪事（1978—2008）》上，南京日报出版社 2008 年版。

作稳步推进，大集团的着力点放在完善法人治理结构和提高综合竞争能力上，而对中小企业则着重"转"和"帮"。国有资产管理体制改革取得进展，以省属企业国有资产重组为突破口，省属企业组建为 20 家授权经营大企业集团和 3 家资产经营公司，为资本运营、债转股以及体制改革创造了更好的条件。国有企业经济布局实现了战略性调整，建立起了亏损企业的退出通道，包括劣势企业退出通道、过剩生产能力退出通道、多余劳动力退出通道和企业呆坏账通道。增强企业技术创新能力成为巩固改革成果、加快国企发展的一项关键性措施。

## 案例 3—31

# 粤海重组①

粤海企业（集团）有限公司是广东省政府 1980 年在香港设立的"窗口"公司，主要任务是面向国际，当好广东各经济机构在香港的总代理。粤海公司业务 1981 年从贸易代理起步。80 年代初，粤海业务以代理与自营结合为主，初具多元化经营雏形。80 年代中后期，以贸易为主导，业务扩展到旅游、工程承包、劳务合作与实业投资等领域。至 1998 年重组前夕，公司账面资产 357 亿港元、净资产 75 亿港元，步入香港五大中资综合性企业集团行列。公司作为广东在香港市场的总代理，在协助省政府对港市场、驻港企业管理，协助引进资金、技术、设备、管理和人才，开创中资企业在港资产经营先例等方面发挥了作用。

1998 年在亚洲金融风暴的冲击下，粤海经营管理中积累的管理问题全面暴露。上半年债务支付发生严重困难，陷入濒临清盘倒闭的债务危机。同时，省政府设在澳门的另一窗口公司南粤集团也出现严重的支付问题。省政府考虑对粤海、南粤进行全面重组。粤海重组规模

---

① 《广东改革开放纪事》编纂委员会编：《广东改革开放纪事（1978—2008）》上，南京日报出版社 2008 年版。

庞大、内容复杂，涉及在粤港澳、内地各省，美、加、法、德、澳等10 多个国家和地区的 572 家正在营运或持有资产企业及公司属下企业近 60 亿美元债务，约 200 家银行，300 多债券持有者，1000 多家贸易债权人，包含 5 家在香港上市的企业；业务涵盖金融、贸易、地产、零售、旅游、酒店、制造业、基建、运输等 10 多个领域。重组过程中聘请 30 多家世界著名的中介机构，所涉企业均须办理资产、股权转移的法律手续。

1998 年 12 月，省政府宣布聘请高盛（亚洲）有限公司、毕马威等 5 家公司组团为顾问，对粤海和南粤进行重组。随后与债权人展开艰苦谈判，在共同负担经济损失与分享重组成果的大原则上与债权人达成共识。12 月 16 日，与债权方就粤海集团及粤海投资重组签署框架协议（"12·16" 协定）。2000 年 1 月，省委决定撤销省政府驻港办事处。1 月 28 日，省政府批准在原粤海、南粤公司和省东深供水局基础上成立粤港控股公司，实行国有资产授权经营，粤海集团资产管理与架构重组全面展开。8 月，原粤海、南粤集团保留牌子，属下资产转给由省政府为重组粤海、南粤新成立的广东控股有限公司持有，新粤海集团有限公司成为新组建的粤港控股有限公司属下一级公司。2000 年 12 月 22 日，历时两年的粤海、南粤债务重组协议在香港正式签署。粤海债务重组交易成功结案。

为重组粤海、南粤，省政府与债权人都付出了代价，也取得了成效。省政府共付出 30.2 亿美元，净出资 20.1 亿美元，重组债权共53.06 亿美元；放弃 3.6 亿美元债权，债权人债权面值 49.46 亿美元，削债 21.16 亿美元，削债率为 42.78%，债权回收率达 57.22%。重组后的新粤海总资产大约为 483 亿港元，总负债为 339 亿港元，资产负债率为 67%，与重组前相比有明显改善。

总结粤海重组经验教训有六个方面：必须打破大锅饭，建立与市场竞争机制相适应的管理机制；建立一套行之有效的内部监督、制约体系；树立业绩至上的企业文化；扭转经营战线过长局面，逐步向专业化公司过渡；依法经营；清除上下各自为政障碍，照章办事。

粤海重组被《国际金融法律评估》杂志和"亚洲法律及制度"组织评选为"2000年亚洲最佳重组交易",被广泛誉为市场对中国各省、市政府所属公司重拾信心的标志。

## 案例3—32

# TCL 改制①

TCL集团的发展是中国中小国企混合所有制改革的一个缩影。从一家地方国有小企业成长为一个全球化大型家电集团,体制改革是TCL成长的关键因素之一。

1996年,在地方政府的支持下,TCL进行体制改革,从一个地方国有小企业改造成一家股份制公司。这次改制过程中,TCL一方面进行管理层增资持股,通过超额利润政府奖励,认购公司股份;另一方面引入海外大投资者,飞利浦、东芝和日本住友商社都曾从政府处购买TCL的股份,使TCL集团成为一个多元股权结构的股份制公司。改制后的五年,企业的销售收入增长5倍。

在混合所有制改革过程中,政府通过股权出让获得相应的股权收益,同时政府通过投资公司依然持有TCL集团股份有限公司的少数股权。与此同时,TCL也获得了大量社会资本的投入(约占企业股权的80%),企业管理团队同样获得了相应股权。

1996年TCL改制方案中的员工持股计划是TCL体制改革的重要组成部分,员工持股计划使公司整个管理团队和员工有1000多人持有公司的股份。企业上市后,TCL还进行了几次有管理团队参与的股权定向增发。员工持股计划给公司注入了巨大活力。这些改革的实现,源于中国大力推进国有企业的混合所有制改革,政策环境更为宽松,在国有资产保值增值的前提下,政策允许国有企业进行多种形式的产权

---

① 2018年9月27日,http://www.myzaker.com/article/5a6fd4371bc8e0a266000012/

改革。

　　TCL 集团的体制改革建立了一个现代企业制度，股权多元化的结构也规范了管理层的行为，管理层在得到充分激励授权的基础上，被合理地监督和约束。这种股权结构的安排，使公司管理层必须从公司长远发展来考虑企业的经营战略，避免了一些企业短期经营行为、短期逐利行为。现代企业制度的建立，也使得企业能够更加地适应全球化的竞争，使企业能更加顺利地从一个中国企业发展为一个全球化企业。2004 年 TCL 集团实现整体上市。

　　在这一阶段，广东省通过推进国有企业管理体制改革、授权经营、资产重组、建立现代企业制度、做强做大龙头企业等，从整体上搞活国有企业。2002 年国有及国有控股工业增加值完成 1166.8 亿元，比上年增长 14.7%；产品销售收入 4099 亿元，增长 11%；利润总额 250.5 亿元，增长 19.1%；税金总额 288.2 亿元，增长 22.8%。亏损企业亏损额为 44 亿元，下降 29.5%。全省国有及国有控股工业企业户数从 1997 年的 6203 户减至 2592 户，资产总额只占全省工业企业的 38.9%，但税金总额占 49.9%。[①]

　　广东省属国有企业通过授权经营、资产重组，活力不断增强。22 个省属授权经营资产经营公司和大企业集团（不含广东粤港投资控股有限公司和广东粤财投资控股有限公司），2002 年实现销售（营业）收入 1856.35 亿元，比授权经营前的 1999 年（下同）增长 73.52%，年均递增 20.17%；利润总额 181.3 亿元，增长 113.47%，年均递增 28.76%；税金总额 144.92 亿元，增长 80.09%，年均递增 21.66%；资产总额 3536.54 亿元，增长 36.82%，年均递增 11.01%。劣势企业退出取得进展。到 2002 年 12 月，列入退出计划的 921 户省属企业中，已有 739 户退出经营，完成计划的 80.2%。省财政 2001—2002 两年在财政预算中安排 6.2 亿元对关闭、破产企业的职工安置进行补贴，加

---

　　① 《广东年鉴（2003）》综述部分，广东年鉴社 2004 年版。

上企业资产变现和自筹资金 7 亿多元，合计 13 亿元，安置职工 3.89万人。①

（二）2003—2007 年：国有企业规范治理阶段

2003 年，按照中央有关国有资产管理体制的精神，广东省开始了新一轮的国有资产管理体制改革。在发展方向上，2005 年，《广东省"十一五"国有企业改革规划》发布，提出了"十一五"时期国有企业改革的主要任务和改革重点是完善国有资产管理体系，推动国有经济布局和结构的战略性调整，推进产权制度改革，完善公司法人治理结构。2006 年，《广东省国资委关于加快省属企业改革发展的意见》提出，未来五年的发展目标是：完成新一轮省属国有经济布局和结构调整，实现企业产权多元化，建立现代企业制度；完善企业创新体系，提高企业自主创新能力；形成 1—2 家省属国企"航母"，以及一批具有核心竞争力的企业群体和发展前景好、影响力大的行业排头兵；力争实现省属企业销售收入、利润总额翻一番，省属国有资产规模持续增长和经济效益显著提高，推动省属企业跃上一个新的发展台阶。

1. 产权交易市场建设

在国有企业产权交易方面，为进一步规范企业国有产权市场，优化资源配置，防止国有、集体资产流失，2003 年，广东省政府颁发《关于国有集体资产进入产权交易市场规范交易行为的通知》（粤府〔2003〕75 号），提出进一步加快产权交易市场建设，规范国有、集体产权交易行为。2004 年，《广东省企业国有集体产权交易暂行规则》（粤国资产权〔2004〕99 号）和《广东省企业国有产权转让管理实施意见》（粤国资产权〔2004〕110 号）颁布。

在产权交易市场建设方面，20 世纪 90 年代是广东产权交易市场建设的起步阶段。随着国有企业改革的逐步深入，广州、深圳、珠海等市先后成立了以服务企业国有产权转让为主的产权交易机构。广东企业国有产权主要通过广州、深圳、珠海三个产权交易机构进行。

---

① 《广东年鉴（2003）》综述部分，广东年鉴社 2004 年版。

2005 年省政府办公厅发布《转发省国资委关于加快我省产权市场建设意见的通知》，确定组建南方联合产权交易中心，建立监管机构、信息披露、交易规则、审核鉴证和收费标准全省统一的产权交易平台。2006 年 10 月 16 日，南方联合产权交易中心正式成立。2007 年 6 月，南方产权中心代表广东省与四川、云南、贵州、广西、湖南、江西、福建、海南等泛珠江三角洲省区产权交易机构共同签署《泛珠三角区域产权交易机构合作框架协议》，泛珠三角区域产权交易市场逐步形成。①

2. 产权结构多元化

2005 年，《中共广东省委、省政府关于深化国有企业改革的决定》在国有经济结构调整、产权制度改革、完善公司治理结构、加强财务管理、建立长效激励机制五个方面对国有企业改革做出了全面规划。提出国有资本将向基础产业和优势领域集中，国有企业产权改革将实施分类产权多元化改革，把全省国企分为 5 类，分别实行不同的改制思路：对少数国企，需要国有全资或绝对控股。对主业突出、优势明显的大型国企，将采用引入战略投资者和重组上市的方式改制。对资产分散、缺乏竞争优势的大型国企，将鼓励引入非国有投资主体实行改制。对中小型国企，将原则上实行整体改制，并鼓励企业员工、经营者参股控股。对科技型国企，将实行科技人员技术入股和管理层持股。

这一时期，国有资本逐步向基础产业和优势领域集中，汽车、钢铁、能源、医药等支柱产业、重点行业或重点领域的现代化水平和产业竞争力快速提升，对于加快国有经济布局和结构调整起到了重要作用。

产权结构的多元化是建立现代企业制度，形成新的体制和机制的关键。广东省企业制度创新活跃，各地积极探索国有企业产权制度改革的有效途径。省属企业方面，深圳华强集团和现代农业集团进行整体改制试点。各地市企业方面，深圳市推出深能源、深电力、深食品、深水务、深燃气 5 家大型市属企业作为产权多元化试点，探索通过国

---

① 《广东改革开放纪事》编纂委员会编：《广东改革开放纪事（1978—2008）》上，南京日报出版社 2008 年版。

有股权面向国际招标，实现国有企业产权多元化。部分国有企业开始推行资产经营责任制度、外派监事会和财务总监制度，改革人事制度和分配制度，实行劳动合同制管理，并在经营管理层试行招聘制。分配政策有所突破，在坚持报酬与责任相统一、与经营业绩挂钩的基础上实行了薪酬制度改革。①

在国企改制方面，很多企业采用不同改制思路对国企改革进行了有益的探索。有代表性的集中方式如下：（1）引进战略投资者。广重集团引进德国海瑞克公司合作生产地铁盾构机，并与东方电气合作开发核电站核岛主设备、加氢反应器和大型发电机组等，使企业的核心技术和经营水平大幅度提升；医药集团引进战略投资者对王老吉和潘高寿两个企业进行股份制改造，获得了资金支持、先进管理经验和境外市场网络；广州发展集团，通过高起点引进 BP 公司等战略投资者，大规模推进结构调整，实现了公司快速发展和竞争力迅速提升。（2）股权分置改革。根据国家股权分置改革有关文件精神，广州控股参与全国第二批上市公司股权分置改革试点，率先完成股改工作。此后，浪奇、友谊、东方宾馆、穗恒运等陆续完成股改。（3）开展战略合作。珠江啤酒集团抓住国内啤酒行业重新整合的机遇，与世界第二啤酒巨头比利时英博（Inbev）集团开展战略合作，加快集团产权多元化和股份制改造步伐，成为全国三大啤酒品牌之一。（4）兼并与重组。在企业优势发挥方面，对产权关系、债权债务关系、行政管理关系较为复杂的企业，实行优势企业对劣势企业"先托管后兼并""先托管后重组"等做法，促进了整个国有经济的发展。如广州医药集团对白云山企业集团实施了"先托管后重组"，使广州医药集团成为拥有广州药业和白云山两个上市公司的大型企业集团，形成了广州"大医药"的发展格局；在资产重组方面，工贸一体化实现强强联合推动了产业链的发展。按照工贸一体化思路，广州纺织工业集团公司与广州纺织品进出口集团公司重组，组建了广州纺织工贸集团，开创了全国外贸系统国

---

① 《广东省"十一五"国有企业改革规划》，2006 年。

有企业改革的先河。① （5）持股与控股。惠州 TCL 集团在引进多家世界知名企业战略投资者的同时，实行"授权经营，增量奖股"，使企业经营者通过努力，在企业高速发展、快速增值的同时拥有企业的部分股权，激发了经营者的创业热情。（6）关闭破产。国务院国资委于2005 年 6 月 23 日下发了《关于抓紧做好 2005 年企业关闭破产新增建议项目有关工作的通知》（国资改组〔2003〕617 号），确定广东省横石木材厂等 29 家企业为 2005 年关闭破产新增建议项目。

**案例 3—33**

# 丝绸纺织集团改革②

2007 年初，广东省丝绸集团公司与中海油、中粮集团、东方电气等一起被选为 2007 年全国国有企业十大典型。

广东省丝绸集团公司是以生产、经营茧丝绸和纺织服装为主业，以贸易为龙头，集贸工农科于一体的省属国有企业。公司运用"公司 + 基地 + 农户"的生产经营模式，形成了一条完整的产业链，在推进农业产业化、发展县域经济、改变农村经济社会发展滞后的局面等方面发挥了国有企业的骨干作用。

从 2000 年下半年起，广东省丝绸集团公司认真贯彻中央和省委、省政府关于改革改制的精神，摸索通过主体重组、整体改制、抵押经营、整合重组、破产重组、建新租旧、关闭破产等方式，积极稳妥推进属下企业资产重组和产权改革。公司二级公司改制面达 94%，改制后的子公司国有持股比例一般为 35% 至 67%，经营班子、骨干和员工各占有一定股份，形成了较好的法人治理结构。改革实施 7 年后，广

---

① 2018 年 9 月 27 日，http：//zwgk. gd. gov. cn/758336165/201307/t20130730_391840. html? keywords = .

② 2018 年 9 月 27 日，http：//info. textile. hc360. com/2007/06/25084555858. shtml。

东丝绸发生了巨大变化：从 1999 年亏损 1789 万元，到 2006 年企业净资产达 4.65 亿元；利润总额从 −1732 万元增加到 1.2 亿元；自主品牌出口从 2000 万美元增长到 2 亿多美元，出口国家从 108 个增加到 159 个。[①] 连续多年在省国资委年度考核中获得"优秀"。

2007 年，省国资委宣布省政府决定，以省丝绸集团为基础，整合广新外贸集团旗下轻纺控股公司，合并重组后更名为广东省丝绸纺织集团有限公司，这是广东省属国资启动的首例板块重组。

**案例 3—34**

# 深圳水务集团[②]

深圳市水务（集团）公司是深圳市国资委控股经营的大型综合水务服务商。主要从事自来水生产及运输、污水处理及排放、水务投资、水务设计、水务工程等相关业务，其供水质量、管理能力、技术和服务水平居于全国同行业前列。

2000 年底，深圳市政府推动新一轮国企改革。鉴于深圳市污水处理业务单纯依靠政府投资，财政负担沉重、事业化运营效率偏低的难题，深圳市水务集团提出组建供排一体化经营管理的水务集团的改革设想。2001 年底，经各方共同努力，供排水一体化经营的深圳水务集团正式挂牌成立，标志着深圳市在全国大中城市率先实现了自来水与排水业务的一体化经营。供排水一体化改革开创了水务投融资体制改革和水务产业战略重组的新模式，深圳市的污水处理率也从 56% 提高到了 85%。

2002 年，深圳市政府将基础设施领域确定为做大做强的关键领域，决定进行国际招标、招募改革试点，进行产权主体多元化改革。

---

① 谢思佳：《广东丝绸 7 年销售总额增 4 倍》，《南方日报》2007 年 6 月 25 日。
② 于剑、蔡颖：《推动企业改革　提高运营绩效　努力探索国有水务企业发展新模式》，《开放导报》2007 年第 5 期。

深水集团被确定为全市五家试点企业之一，这次改革打造了国有水务企业产权主体多元化改革的新模式。

深圳水务集团产权多元化改革避免了过分强调招商项目融资功能、片面追求资产转让价款越高越好的误区，把眼前利益与长远利益相结合，高度重视战略投资者的实力、信誉和专业管理经验，最终找到了有利于企业可持续发展的一流国际战略投资者。在对外引资方式上，2003年底，深圳水务集团成功引入战略投资者，从国有独资企业转变为全国水务行业最大的中外合资企业，形成国有控股55%，法国威立雅水务和北京首创股份合资成立的通用首创投资有限公司持股40%，法国威立雅水务持股5%的股权结构，这是2003年国内最大的外资并购案，也是迄今为止国内水务行业最大的产权交易。

2003年，产权多元化改革完成后，集团稳健地加大从地方性水务服务商向全国性水务服务商发展的步伐。2005年，与天健集团合资成立深圳水务投资公司，搭建起专门从事水务投资业务的平台。在本地资源整合方面，深圳市经济特区由水务集团供水，特区外宝安、龙岗两区是以村镇区划为单位的管理模式，在市委、市政府的领导下，深圳水务集团对宝安、龙岗两区水务市场的整合工作取得突破，深圳市政府确定由深圳水务集团分别持有宝安区水务公司和龙岗区水务集团51%的股权，实现控股经营，这次改革成为水务产业城乡统筹、水务资产城乡重组、水务资源优化整合的有益实践。

2006年，深圳水务集团在深圳市国资委统一部署下，推进三项制度改革，先后完成了员工身份置换、组织机构调整、中层管理人员竞争上岗工作。经过改革，集团机关部室由24个调整为12个，精简幅度达50%，基层单位由18个调整为16个；通过竞争上岗，集团中层管理人员由98名减为81名。此后，深圳水务集团开始推行"因需设岗、以岗定薪、人岗匹配"的薪酬制度改革，在定岗定编的基础上，实行基于岗位价值和贡献的报酬体系，建立起公平、有效的激励机制。

3. 国有资产监管体制

在国有资产监管体制方面，2004 年 6 月，广东省人民政府国有资产监督管理委员会正式挂牌运作。至 2005 年 5 月，全省 21 个地级以上的市中，有 11 个市单独设立了国资监管机构，没有单独设立的也明确了国有资产保值增值的责任主体。至此，与社会主义市场经济相适应，管资产、管人、管事相结合的新型国有资产监督管理体制初步形成。2006 年，《广东省省属企业重大事项审核备案暂行办法》和《广东省省属企业违规决策造成资产损失领导责任追究暂行办法》陆续出台。通过体制改革，形成的有代表性的国资监管模式包括：①

一是珠海模式，成立市国有资产经营管理局，设立市委企业工作委员会、市企业董事管理局，实行"三块牌子，一套班子"运作。

二是深圳模式，按政府、资产经营公司、企业三个层次，设立市国有资产管理办公室和三家资产经营公司。

三是广州模式，成立市国资委作为议事机构，由市财政局负责国有资产管理的基础工作，将各行业主管部门改组为资产经营公司，同时对具备条件的大型企业集团实行国有资产授权经营，政府各经济管理部门分别负责各系统国有资产运营的监管。

四是中山模式，成立市公有资产管理局，负责市属公有资产的管理，以各个委办（战线）为基础组建资产经营公司，对所管战线内的企业行使出资者的职能。

五是原省属监管模式，省委、省政府将分散在政府多个部门管理的，以及军队、武警、政法机关移交企业，重组为 3 家资产经营公司和 21 家授权经营企业集团公司，对其子公司实施产权、人事、决策、投资收益和财务五大管理，明确 24 家企业集团由省委组织部、省经贸委、省财政厅、省纪委、省审计厅五部门按职能分工监管。

这些改革模式，在实现政企分开、政资分离上迈出了关键性的一步。

---

① 《广东省"十一五"国有企业改革规划》，2006 年。

（三）国企改革和国有资产管理体制改革成果

至2007年底，广东省国有大中型企业多数进行了规范化公司改造，以公有制为主体，多种所有制经济共同发展的基本经济制度逐步完善。2007年广东省国有资产总量达1974.89亿元，居全国第一位。在这一阶段，随着国企改革的不断推进，国有及国有控股工业企业数量明显减少，但总体实力和主导作用明显增强。

2007年，广东省工业企业中国有及国有控股企业1361个，仅为1998年数量的30.83%，占广东省工业企业总数的3.22%。但工业国有及国有控股企业实现工业总产值为8603.94亿元，是1998年的3.27倍，占广东省工业总产值的15.57%（见表3—15）。

表3—15　　　　广东省工业企业单位数（个）及工业总产值　　　　单位：亿元

| 年份 | 工业国有及国有控股企业数 | 广东省工业企业单位数 | 工业国有及国有控股企业总产值 | 广东省工业企业总产值 |
|------|------|------|------|------|
| 1998 | 4415 | 17980 | 2631.19 | 9063.72 |
| 1999 | 4337 | 18879 | 2857.66 | 10376.36 |
| 2000 | 3320 | 19695 | 3126.12 | 12480.93 |
| 2001 | 2793 | 20721 | 3156.34 | 14566.00 |
| 2002 | 2533 | 22619 | 3257.11 | 17531.00 |
| 2003 | 2103 | 24494 | 3849.43 | 23379.18 |
| 2004 | 2090 | 34584 | 6039.24 | 29554.92 |
| 2005 | 1806 | 35157 | 6375.54 | 35942.74 |
| 2006 | 1564 | 37523 | 7253.17 | 44674.75 |
| 2007 | 1361 | 42289 | 8603.94 | 55252.86 |

资料来源：1998年数据出自中国统计年鉴，其他数据出自广东省统计年鉴。

与此同时，广东省工业国有及国有控股企业的从业人员数量大幅下降，2007年，广东省工业国有及国有控股企业从业人员数量仅为1998年的59.28%。但广东省工业国有及国有控股企业的全员劳动生产率却大幅提升，利税总额大幅提升，2007年广东省工业国有及国有企业劳动生产率是 1998 年的 9.88 倍，利税总额是 1998 年的 9.83 倍（见表 3—16）。

表 3—16　　广东省工业国有及国有控股企业从业人员及劳动生产率

| 年份 | 全部从业人员平均人数（万人） | 全员劳动生产率（元/人） | 利税总额（亿元） |
|---|---|---|---|
| 1998 | 102.67 | 47019 | 163.1 |
| 1999 | 128.16 | 72606 | 376.11 |
| 2000 | 104.39 | 91413 | 433.35 |
| 2001 | 91.77 | 112515 | 486.46 |
| 2002 | 83.25 | 132894 | 483.25 |
| 2003 | 75.2 | 191590 | 623.49 |
| 2004 | 72.53 | 213941 | 779.41 |
| 2005 | 69.42 | 243447 | 800.26 |
| 2006 | 60.8 | 391250 | 1213.73 |
| 2007 | 1361 | 464548 | 1603.72 |

资料来源：1998 年数据出自中国统计年鉴，其他数据出自广东省统计年鉴。

国有企业的发展也为制造业技术进步起到了推动作用。高山[1]对广东省制造业 29 个行业 2000—2007 年的数据分析发现，技术进步的差异决定了广东省制造业中不同类型企业全要素增长率的变化，其中，国有企业的技术进步提高较为明显，而外商投资、私营企业、"三资"企业的全要素生产率较低，不同所有制企业在利用现有技术和资源方面差距不大，影响因素主要在技术进步方面，国有企业在这一时期的技术进步方面起到了重要作用。

## 三　广东民营经济发展情况

### （一）广东省民营经济发展

随着市场经济的不断发展和完善，广东省的民营经济规模迅速壮

---

[1]　高山：《广东省制造业的全要素生产率——基于 2000—2007 年面板数据的实证研究》，《中国城市经济》2011 年第 15 期。

大，成为国民经济的重要推动力量。广东民营经济的发展过程主要经历了以下三个阶段：①

（1）集体经济阶段：这一时期从改革开放至 20 世纪 80 年代末，是以发展农业经济、小型工业和餐饮业、运输业等一些传统服务业为主要特征。

（2）个体、私营经济：这一时期从 20 世纪 80 年代末至 90 年代后期，个体、私营经济从事范围逐步扩大到国民经济的大部分行业，包括大多数非物质生产部门。

（3）个体、私营经济和股份制企业：20 世纪末至今，随着市场准入门槛放宽，民营经济基本渗透到国民经济各个领域。

至 2007 年末，广东省民营经济单位数量达 347.49 万户，同比增长 13.64%。民营经济单位实现地区生产总值 13124.05 亿元，占广东省生产总值的 42.22%。私营经济和外资经济长足发展，发展速度明显高于国有经济，在国民经济中所占比例不断提高。民营经济的发展为广东省创造了大量的就业机会，成为增加就业的重要渠道，2007 年广东省民营经济从业人数达 1964.71 万人，占全省就业人数的 36.37%。民营经济单位数量、民营经济单位增加值、成长型中小企业户数、民营经济上缴税金、民营经济进出口总额等多项总量指标在全国都处于首位（见表 3—17）。

表 3—17　　　　　　　　广东省民营经济主要指标

| 指标 | 单位 | 2007 年 |
| --- | --- | --- |
| 民营经济单位数量 | 万户 | 347.49 |
| 民营经济从业人数 | 万人 | 1964.7 |
| 民营经济单位增加值 | 亿元 | 13124.05 |
| 固定资产投资额 | 亿元 | 3545.51 |

① 2018 年 9 月 27 日，广州统计信息网（http://www.gdstats.gov.cn/tjzl/tjfx/200805/t20080506_59198.html）。

续表

| 指标 | 单位 | 2007 年 |
|------|------|---------|
| 税金 | 亿元 | 1775.70 |
| 进出口 | 亿美元 | 991.96 |

资料来源：《广东统计年鉴2008》，中国统计出版社2009年版。

随着一系列扶持民营经济发展的文件和配套措施的落实，民营投资环境得到了进一步优化，民间投资迅速增加。2007年，广东省民营经济的固定资产投资额为3545.51亿元，占全省社会固定资产投资完成额的36.94%；广东省民营经济的税金额度在广东税收收入中占据重要地位，2007年广东省民营经济税收总额为1775.70亿元，占全省税收收入比重为63.74%；民营经济的进出口比重也显著提高，2007年广东省民营经济进出口总额为991.96亿美元，占全省进出口总额的15.65%，其中出口总额667.12亿美元，占全省出口总额的18.07%。从民营经济出口的商品结构看，机电产品和高科技产品是主要出口商品。①

在民营经济的地区分布方面，珠三角地区民营经济起步早，发展快，总量大，资本聚集度也较高，2007年，广州、佛山、深圳和东莞四市民营经济总量为7388.81亿元，占全省民营经济总量的比重为56.30%；在行业方面，广东省民营经济主要集中在制造业以及传统的第三产业，根据2007年工商登记资料，制造业、交通运输业、批发零售贸易业、住宿餐饮业、居民服务业和其他服务业集中了96.8%的个体工商户；制造业、批发零售贸易业、租赁和商务服务业则集中了76.4%的私营企业；在基础性行业和垄断性行业方面，民营经济所占比重较小，如在金融保险业中，民营经济所占的比重仅为6%。②

---

① 2018年9月27日，广州统计信息网（http://www.gdstats.gov.cn/tjzl/tjfx/201006/t20100611_80054.html）。

② 宋子鹏、杨少浪：《广东民营经济发展现状与对策分析》，《珠江经济》2008年第8期。

（二）外贸型民营企业发展状况

20 世纪 90 年代以前，广东进出口主体主要为国有外贸企业和外商投资企业，由于当时民营企业规模较小，且国家对进出口经营资格有严格限制，民营企业出口数量极小，1995 年全省民营企业进出口额仅为 1000 万美元。1999 年和 2001 年，国家先后两次放宽对非公有制经济外贸经营权的限制。2004 年 7 月，新《中华人民共和国对外贸易法》正式实施，对外贸企业经营资格的要求进一步降低。外贸经营权的放开，使一大批民营企业开始进入对外贸易领域，走向国际市场，参与国际竞争，成为广东省对外贸易的强劲增长点。2007 年广东省进出口总额达 6340.35 亿美元，居全国第一位，占全国的比重达 28.18%，累计利用外资 196.18 亿美元，占全国比重达 25.04%。

在发展方式方面，外贸型民营企业"走出去"的方式较为多元化，投资经营规模不断扩大，从早期较单一的出口贸易、劳务输出、对外承包工程，扩大到投资办实业、建立营销网络、生产制造、研发设计、资源开发等综合性投资经营；从远洋捕捞、渔业加工、农牧养殖业发展到以"项目换石油""项目换资源"等参与境外资源开发；从通过香港及海外资本市场融资求发展，到以参股、并购、股权置换、兼并收购等方式开展合作投资。经过多年发展，一些民营企业境外投资和合作经营初具规模，国际化经营水平也不断提高。①

在对外投资方面，外贸型民营企业的投资区域从以港澳为主逐步向其他国家及地区拓展。全省民营企业除了在港澳投资设厂外，还进一步开拓欧洲、非洲、东南亚、北美、中东、南美等新兴市场，投资遍及全球 80 多个国家和地区。其中，北美地区投资占比 35%，是继港澳之外的第二大投资区域。

为加强鼓励和扶持全省外向型民营企业发展，扩大外贸出口，2003 年国家将进出口经营资格核准登记权限下放到地方，广东外经贸

---

① 艾华：《广东对外开放新阶段：粤企"走出去"战略渐入佳境》，《广东审计》2007 年第 4 期。

部门积极贯彻落实，扩大外经贸经营主体。各项政策的实施和广东省活跃的经营环境，促使外向型企业在广东发展迅速，并成为广东省经济的重要组成部分，为广东制造走向世界起到了重要作用。

十年间，广东省外向型民营企业数量增加显著，1999 年全省有459 家民营进出口企业，实际开展进出口业务的企业仅 235 家。至2007 年底，全省获得进出口经营权的私营企业有 6.67 万家。民营企业正在成为广东省"走出去"的重要新兴力量。

## 第五节　高新技术产业与自主创新

为加快高新技术产业的发展，推动产业结构化升级，广东省颁布了一系列政策用以提升创新活力、提高创新能力，为提升广东省高新技术产业竞争力起到了重要的推动作用。

### 一　自主创新战略推动

为确保高新技术产业的战略地位，广东省大力推出自主创新战略，鼓励并支持高新技术产业的发展。

为推动自主创新战略的实施，广东省先后颁布了《关于依靠科技进步推动经济发展的决定》《关于加快建设科技强省的决定》等综合性政策，其中 1991 年颁发的《关于依靠科技进步推动经济发展的决定》，明确指出要切实把发展科学技术放在经济和社会发展的首要位置。2004 年颁发的《关于加快建设科技强省的决定》，明确指出要促进科学技术对各领域、各行业的渗透，为经济社会全面、协调、可持续发展提供强有力的技术支撑。

为激发科技人才和科研机构创新活力，广东省在 1998 年之前制定并通过了《广东省促进科技进步条例》《广东省民营科技企业管理条例》等科技法规以及《关于加强广东省科技队伍建设步伐的决定》《广东省科研机构综合改革试点方案》① 等文件，在 1998 年之后又陆续出台《广东省技术市场条例》《广东省深化科技体制改革实施方案》等一系列文件，鼓励科技创新活动的开展。此外，广东省与教育部签署《关于提高自主创新能力加快广东经济社会发展合作协议》，得到了科技部的大力支持，"两部一省"联合推动产学研合作，对促进广东省自主创新起到了极大的作用。2006 年 8 月，广东省人民政府、教育部联合印发《关于加强产学研合作提高广东自主创新能力的意见》，广东省设立了省部产学研专项资金，探索产学研合作与发展的新路子。2007 年 10 月，《广东省教育部科技部产学研结合发展规划（2007—2011 年)》正式印发，进一步推动了产学研活动的开展。

为提升自主创新能力，2005 年，广东省提出要坚定不移地走自主创新之路，自主创新成为"科教兴粤"战略在新时期的主旋律，并颁布实施了《关于提高自主创新能力提升产业竞争力的决定》，提出科技竞争的核心是自主创新能力的竞争，并把构建"创新型广东"，实现从制造大省向创新大省的转变作为未来科技发展的基本战略取向，奠定了新时期科技体制改革的基调。② 2006 年省政府发布了《广东省促进自主创新若干政策》的通知，制定出了促进自主创新的若干可操作的政策性条款。2005 年广东省科技厅发布《广东省中长期科学和技术发展规划纲要（2006—2020 年)》、2007 年省政府办公厅发布《广东省科学和技术发展"十一五"规划》和《广东省产业技术自主创新"十一五"专项规划》，都将自主创新作为广东省发展规划的重要组成部分。

广东省出台的一系列科技进步和自主创新政策法规，为科学技术稳定持续发展奠定了制度基础，促进一个结构合理、机制灵活、具有持续创新能力的创新体系逐步形成，促进全省的科技综合实力和自主

---

① 科学技术部办公厅：《广东科技创新之光闪耀南粤》2009 年 10 月 15 日。

② 2018 年 9 月 27 日，广东省科技厅网站（http://www.most.gov.cn/ztzl/kjzg60/dfkj60/gd/fzzcghcx/)。

创新能力不断增强。①

## 二 高新技术产业支持

### (一) 政府支持方式多元化

在高新技术发展方面，政府通过出台相关政策、税收优惠、资金支持、运作支持等多种方式，鼓励和支持高新技术产业发展，为高新技术产业发展提供保障。

在政策方面，2000 年，国务院发布《关于印发鼓励软件产业和集成电路产业发展若干政策的通知》（国发〔2000〕18 号），对相关行业制定了投融资、税收、产业技术、出口、收入分配、人才吸引与培养等 11 个方面的政策支持。2001 年，海关总署、对外贸易经济合作部出台《关于支持高新技术产业发展若干问题的通知》（署厅发〔2001〕279 号），对大型高新技术生产企业的有关审批和海关监管采取进一步的简便措施。2002 年，国家经贸委、财政部、科技部、国税局总局共同发布了《国家产业技术政策》（国经贸技术〔2002〕444 号），对国内产业技术的发展提供了重要的政策支持，尤其侧重高新技术产业的发展。2002 年，广东省委组织部、省委政策研究室、省人事厅印发《关于加强专业技术人才队伍建设的决定》的通知（粤人发〔2002〕252 号），指出要培养和用好相关人才，且政府资助有创意和发展前景的高新技术项目启动经费。2004 年，广东省政府公布了《关于推动我省高新技术产业持续快速健康发展的意见》（粤府〔2004〕125 号），为广东省高新技术产业竞争力的提高和持续快速健康发展提出了指导性意见。2006 年，广东省发改委发布《广东省高技术产业发展"十一五"规划》，为高技术产业的发展目标和发展重点给出了方向性指导。

在税收优惠方面，1997 年，根据财政部、国家税务总局《关于促进企业技术进步有关财务税收问题的通知》（财工字〔1996〕41 号）、

---

① 欧小兰、小赵：《30 年来"破"与"立"——广东科技立法与创新实践事件回顾》，《广东科技》2012 年第 21 卷第 8 期。

国家税务总局《关于促进企业技术进步有关税收问题的补充通知》（国税发〔1996〕152 号）和省委、省政府《关于进一步扶持高新技术产业发展的若干规定》（粤发〔1997〕4 号），广东省地方税务局印发了《广东省新产品研究开发费抵扣应纳税所得额操作办法》（粤科成字〔1997〕71 号），通过税收优惠的方式，鼓励企业技术开发费用的投入，促进企业技术进步。1999 年，国家税务局发布《财政部 国家税务总局关于促进科技成果转化有关税收政策的通知》（财税字〔1999〕45 号），对符合通知中科技成果转化有关规定的机构和个人给予税收暂免的优惠。2004 年，《国家税务总局关于做好已取消和下放管理的企业所得税审批项目后续管理工作的通知》（国税发〔2004〕82 号）和《国家税务总局关于已取消和下放的企业所得税审批事项衔接问题的通知》（国税函〔2004〕963 号）发布，对企业所得税部分审批项目进行了调整。2006 年，财政部和国家税务总局发布《关于企业技术创新有关企业所得税优惠政策的通知》（财税〔2006〕88 号），明确了企业技术创新有关的企业所得税政策。一些地市也颁布税收支持措施支持高新技术产业发展，如深圳市颁布执行《关于进一步扶持高新技术产业发展的若干规定》（深府〔1999〕171 号），在中央和省规定的财税优惠政策的基础上，给予进一步的优惠财税政策。

在资金支持方面，1999 年，广东省政府印发《广东省择优扶持 50 家工业大企业、企业集团办好工程技术研究开发中心实施方案的通知》（粤府〔1999〕44 号），省财政投入近 1 亿元的资金，带动相关企业增加研究开发方面的投入，造就和集聚一支高素质研究开发团队，为产业发展不断提供高水平的技术资源。广东省政府发布《印发关于鼓励出国留学高级人才来粤创业若干规定的通知》（粤府办〔1999〕35 号），出国留学高级人才来粤申办高新技术企业，给予奖励和支持，并可向相关高新技术风险投资机构申请风险投资资金的支持。2000 年和 2004 年，广东省政府分别发布《广东省科学技术奖励办法》（粤府令第 61 号）和《广东省科学技术奖励办法实施细则》（粤科成字〔2004〕80 号），对优秀的研究成果进行奖励。

在运作支持方面，政府通过搭建平台的方式，为高新技术产业的发展提供帮助。如开展高新技术产业开发区建设，为高新技术集聚发展提供平台支持；在促进交流平台建设方面，自1999年起，国务院批准的中国国际高新技术成果交易会每年在深圳举行，已成为中国高新技术领域规模最大、最富实效、最具影响力的品牌展会，为促进高新技术产业的国际交流和技术成果转化提供了一个卓有成效的平台，为实现产业化推广起到了极大作用。

2007年，广东省共拥有国家级工程研究中心15家，省级工程中心291家；国家重点实验室8家，省级重点实验室101个；国家级企业（集团）技术中心26家，省级企业技术中心183家；高技术产业化示范工程项目17项，重大技术装备研制项目58项，项目投资总额8.53亿元，补助总额5930万元；认定技术创新专业镇229个，建立专业镇技术创新平台130个。① 2007年广东省获国家级科技奖励成果29项，其中国家科技进步奖24项；获省级重大科技成果480项，其中基础理论成果33项，应用技术成果442项，软科学成果5项；获省级科技奖励成果289项，其中工业方面149项，医药卫生方面62项。②

（二）高新技术开发区建设

1985年深圳市与中国科学院共同建立了中国第一个高科技产业集中的工业园区——深圳科技工业园。1990年3月，经国务院批准，国家科委与中山市共建火炬高技术产业开发区——中山火炬高技术产业开发区。1991年3月6日，国务院批准深圳科技工业园（也称深圳高新技术产业开发区）、中山火炬高技术产业开发区和广州天河高新技术产业开发区（也称广州高新技术产业开发区）为第一批国家高新技术产业开发区。1993年国务院批准设立惠州仲恺高新技术产业开发区、佛山国家级高新技术产业开发区、珠海高新技术产业开

---

① 资料来源：《2007年广东国民经济和社会发展统计公报》2008年2月29日。
② 资料来源：《广东统计年鉴2008》，中国统计出版社2009年版。

发区 3 个国家级高新技术产业开发区。之后，省政府分别批准设立
汕头高新技术产业开发区、东莞松山湖科技产业园区、江门高新技
术产业开发区、肇庆高新技术产业开发区 4 个省级高新技术产业开
发区。2002 年前后，又增加佛山省级高新技术产业开发区、阳江高
新技术产业开发区、河源高新技术产业开发区、梅州高新技术产业
开发区、清远高新技术产业开发区、揭阳高新技术产业开发区 6 个
省级高新技术产业开发区。

在高新技术产业开发区建设方面，政府相继出台了一系列政策推
动高新技术产业开发区的建设。1999 年 8 月，广东省人民政府颁发
《广东省加快高新技术产业开发区及珠江三角洲高新技术产业带建设
方案的通知》，明确了高新技术产业发展的重点，提升了高新技术产
业的战略地位；2002 年 6 月，《广东省高新技术产业开发区管理办法》
颁发，为加快高新技术产业开发区的建设，促进高新技术产业持续稳
步发展提供指导。[①] 2003 年 4 月，广东省第十届人民代表大会常务委
员会第二次会议批准《广州市人民代表大会常务委员会关于修改〈广
州经济技术开发区条例〉的决定》，是对广州市经济技术开发区的管
理及制度进行的第二次修正。2004 年 12 月，广东省人民政府颁布
《关于推动我省高新技术产业持续快速健康发展的意见》，提出要充分
发挥广州、深圳两个中心城市的龙头带动作用，重点建设好一批国家
级和省级软件产业化基地；加快珠江三角洲高新技术产业带建设，加
强技术创新与技术集成，使之成为我国重要的高新技术和产业化基地
等重要内容。[②] 2005 年，科技部发布《国家高新技术产业开发区技术
创新纲要》，要求高度重视高新区技术创新工作，推进体制和管理创
新，完善规划布局和体系平台建设。

随着一系列政策的实施，至 2007 年，全省有国家级高新区 6 个
（占全国国家级高新区的 1/9），省级高新区 10 个，成为全国高新区最

---

① 欧小兰、小赵：《30 年来"破"与"立"——广东科技立法与创新实践事件回顾》，
《广东科技》2012 年第 21 卷第 8 期。

② 同上。

多的省份。形成了以广州和深圳为龙头，珠江三角洲高新技术产业带为核心，高新技术产业开发区为重点，带动东西两翼和山区发展的高新技术产业发展格局。《中国区域创新能力报告》显示，2008 年度广东区域创新能力综合指标居全国第二，科技进步对经济增长贡献超过 50%。

广东高新区工业总产值的年平均增速达到 30%，其他各项经济指标亦持续保持快速增长。2007 年广东省高新区各项主要经济指标保持较快的增长速度，工业总产值 7500 亿元，比 2006 年增长 19.6%；工业增加值 1600 亿元，比 2006 年增长 37%；具有自主知识产权的高新技术产品产值已占高新区工业总产量的 50%。

## 三 高新技术产业竞争力

### （一）高新技术产业发展

十年中，自主创新带动广东省高新技术产品竞争力迅速提升，高新技术企业个数迅速增长，高新技术产品出口额居全国首位，逐步拓展了国际市场（见表 3—18）。2007 年，广东省高新技术企业数量达 5119 家，是 2000 年的 5.50 倍；高新技术产品产值达 19058.54 亿元，是 2000 年的 6.69 倍；出口额达 1283.47 亿美元，是 2000 年的 7.54 倍。名牌带动战略成果丰硕，中国名牌产品、国家免检产品、中国驰名商标分别增加到 299 个、665 个、108 件，获中国世界名牌产品 4 个，均居全国前列；技术标准战略成效明显，参与制定修订国际标准 107 项、国家标准和行业标准 2295 项。[1] 电子信息和家电产业升级加快，成为广东经济的新增长点。以广州汽车为龙头的珠三角汽车产业集群基本形成，轿车、炼油和乙烯生产能力居全国前列，船舶、能源设备、数控机床等关键装备制造取得新突破。电子信息、通信设备等产业形成了一定的国际竞争力。

---

① 黄华华：《持续发展的广东》，《年鉴信息与研究》2009 年第 2 期。

表3—18　　　　广东省高新技术企业数量、产品产值及出口情况

| 年份 | 企业数量（个） | 产值（亿元） | 出口额（亿美元） |
|---|---|---|---|
| 1998 | — | — | — |
| 1999 | — | — | — |
| 2000 | 931 | 2846.81 | 170.20 |
| 2001 | 1072 | 3542.09 | 222.87 |
| 2002 | 1442 | 4699.74 | 309.62 |
| 2003 | 1854 | 6441.09 | 480.85 |
| 2004 | 2525 | 8548.16 | 664.80 |
| 2005 | 3157 | 11959.71 | 835.70 |
| 2006 | 3877 | 15595.76 | 1044.12 |
| 2007 | 5119 | 19058.54 | 1283.47 |

资料来源：《广东统计年鉴2008》，《广东统计年鉴2005》，《广东统计年鉴2003》，中国统计出版社。

2018 年 9 月 27 日，广东科技统计网（http：//www.sts.gd.cn/show.asp？ArticleID=1066）。

　　广东省规模以上高新技术制造业不断发展，在企业数量和利润方面都实现了极大提升。2007 年，广东省规模以上高新技术制造业共有企业 4473 个，是 2000 年的 2.57 倍；实现利润总额 578.59 亿元，是 2000 年的 4.01 倍（见表 3—19）。

　　广东省规模以上高新技术制造业主要集中在电子及通信设备制造业和电子计算机及办公设备制造业。这两个行业利润总额较高，2007 年，电子及通信设备制造业实现利润总额 332.47 亿元，是 2000 年的 3.05 倍，占规模以上高新技术制造业利润总额的 57.46%；电子计算机及办公设备制造业实现利润总额 166.6 亿元，是 2000 年的 8.87 倍，占规模以上高新技术制造业利润总额的 28.79%。两个行业共有企业 3720 个，是 2000 年的 2.79 倍，占广东省规模以上高新技术制造业企业总数的 83.17%。

表3—19　　　　　　　　广东省规模以上高新技术制造业情况

| 行业 | 企业数（个） | | 利润总额（亿元） | |
|---|---|---|---|---|
| | 2000 年 | 2007 年 | 2000 年 | 2007 年 |
| 行业合计 | 1738 | 4473 | 144.19 | 578.59 |
| 信息化学制造业 | 45 | 49 | 0.39 | 7.19 |
| 医药制造业 | 255 | 334 | 13.72 | 37.79 |
| 航空航天器制造业 | 1 | 4 | 0.86 | 3.01 |
| 电子及通信设备制造业 | 1145 | 3097 | 109.08 | 332.47 |
| 电子计算机及办公设备制造业 | 187 | 623 | 18.79 | 166.6 |
| 医疗设备及仪器仪表制造业 | 105 | 366 | 1.36 | 31.52 |

资料来源：《广东统计年鉴2008》，中国统计出版社2009年版。

虽然电子及通信设备制造业和电子计算机及办公设备制造业的利润总额较高，但这两个行业的利润率相对较低。2007年，电子及通信设备制造业和电子计算机及办公设备制造业的利润率分别为4.02%和3.08%，相比之下，医药制造业利润率为9.87%，医疗设备及仪器仪表制造业利润率为6.56%。究其原因，医药制造业和医疗设备及仪器仪表制造业正处于高速发展阶段，快速发展的行业往往具有较高的利润率和更大的发展潜力，而电子及通信设备制造业和电子计算机及办公设备制造业则逐渐处于稳步发展阶段，利润率相对偏低。

（二）高新技术产业创新能力

科技进步与创新，已成为世界竞争发展的焦点。广东省的科技产出在十年中一直保持高水平增长，自主创新能力不断提升。至2007年，广东省专利申请量和授权量连续13年居全国第一位。1997—2007年的十年间，广东省专利申请量和授权量占全国的比重分别从11.26%和14.06%提升到14.76%和16.05%（见表3—20）。

表3—20　　　　　　广东省和全国的专利申请量与授权量　　　　　　单位：件

| 年份 | 广东专利申请 | 广东专利授权 | 全国专利申请 | 全国专利授权 |
|---|---|---|---|---|
| 1997 | 12858 | 7172 | 114208 | 50992 |

续表

| 年份 | 广东专利申请 | 广东专利授权 | 全国专利申请 | 全国专利授权 |
|------|------------|------------|------------|------------|
| 1998 | 13473 | 10707 | 121989 | 67889 |
| 1999 | 16802 | 14328 | 134239 | 100156 |
| 2000 | 21123 | 15799 | 170682 | 105345 |
| 2001 | 17596 | 18259 | 203573 | 114251 |
| 2002 | 34339 | 22760 | 252631 | 132399 |
| 2003 | 43186 | 29235 | 308487 | 182226 |
| 2004 | 52201 | 31446 | 353807 | 190238 |
| 2005 | 72220 | 36894 | 476264 | 214003 |
| 2006 | 90886 | 43516 | 573178 | 268002 |
| 2007 | 102449 | 56451 | 693917 | 351782 |

资料来源：广东省统计年鉴、中国统计年鉴。

广东省在高新技术产业方面的部分核心技术也取得了很多重要突破，提升了高新技术产业的国际竞争力。如华为公司的 GT800 数字集群系统成为国际标准，朗科公司的闪存盘技术成为全球基础发明专利，容声冰箱的节能冰箱夺联合国 GEF 节能明星大奖等。

## 案例 3—35

# 华为 GT800 数字集群系统

在高新技术行业，核心技术是品牌生存的保障。华为在发展过程中，从最初的代工企业逐步发展成为全球高科技产品领域的著名企业，技术创新为华为在发展过程中的竞争力构建起到了重要作用。

2005 年，在爱尔兰首都召开的 3GPP GERAN 技术规范组第 24 次会议上，全票通过了关于 GT800 的四项提案，这是国际标准组织认定的第一个中国数字集群规范。

华为公司开发的 GT800 是一种基于 GSM 的专业集群技术，是我国拥有自主知识产权，基于时分多址的专业数字集群新技术，将 TDMA 和 TD－SCDMA 进行了融合和创新，技术创新集中体现在集群特性的实现与增强方面，已形成数十项集群技术核心专利。GT800 拥有多项领先业界的关键指标，作为国际标准，在应用部署中可得到全球 GSM 产业链的支持。[①]

在国内信息产业部科技司组织主办的 GT800 数字集群通信系统技术鉴定会上，鉴定委员对 GT800 数字集群给予了很高的评价，鉴定结论为："该系统满足集群用户业务和性能要求，设备成熟、运行稳定，满足了共网集群的需要，同时兼顾了专网集群的需要，已具备规模商用能力。综上所述，华为公司拥有 GT800 数字集群技术核心知识产权，符合我国开放的集群通信标准，该技术是全球首创，在集群领域，填补了基于 GSM 技术的数字集群产品空白，并达到了国际领先水平。鉴定委员会一致同意通过技术鉴定。"[②]

华为的 GT800 数字集群技术能够满足城市应急联动的各项需求，符合未来应急通信技术发展方向，是我国应急联动应用理想的应急通信解决方案，并逐渐在国际应急通信市场上发挥重要作用。

1998 年，华为成立后，代理香港一家企业的模拟交换机，当时中国电信设备市场基本被跨国公司占据。华为在当时没有自己的产品、技术、品牌。但华为将代理所获的微薄利润全部用于小型交换机自主研发，逐渐取得了技术领先，继而带来利润，再次将利润持续不断地投入升级换代和其他通信技术研发，为华为向技术创新型企业转型，转变发展路径，成长为自主创新品牌起到了重要作用。

为提升技术创新能力，华为技术有限公司在印度、美国、瑞典、俄罗斯及中国的北京、上海和南京等地设立了多个研究所，83000 多名员工中 43% 从事研发工作。截至 2008 年底，华为累计申请专利超过 28617 件，连续数年成为中国申请专利最多的单位。2008 年，华为

---

① 《华为 GT800 数字集群实现六项创新》，《通信世界》2004 年第 4 期。

② 2018 年 9 月 27 日，http://tech.sina.com.cn/t/2005－06－24/1829645554.shtml。

提交了 1737 件国际申请，成为世界专利申请数量年度最多的公司，结束了飞利浦垄断长达十年之久的"霸主"地位，而日本松下公司年度专利申请数量则居第二位。当前，华为公司已成为国际和国内重要的技术创新型企业，研发工作已成为华为的重要组成部分和竞争力来源。

## 案例 3—36

# 朗科公司闪存盘技术

深圳市朗科科技有限公司创立于 1999 年，致力于移动存储及无线数据解决方案产品的开发、生产和销售，主营业务是优盘等业务。

2004 年 12 月，朗科公司"用于数据处理系统的快闪电子式外存储方法及其装置"的闪存盘基础发明专利获得美国授权（美国专利号为：US6829672），权利范围覆盖闪存盘及闪存式 MP3 等领域。这一专利的授权，是美国国家专利局对全球 19 项相关技术专利文件对比后的结果。由于发明专利具有唯一性，这意味着朗科专利已经成为全球闪存盘领域最为基础的发明专利。[①] 此后，2006 年 11 月，朗科在韩国正式获得闪存盘基础性发明专利授权；2007 年 6 月，利用半导体存储装置实现自动执行的方法获得新加坡发明专利；2007 年 8 月，利用移动存储装置的数据管理方法获得新加坡发明专利。

在专利权方面，中国高科技厂商在美国乃至更广泛的发达国家一直处于弱势地位，朗科专利的获取，对于提升中国高科技厂商在全球的地位具有重要意义。此外，朗科公司在国内的专利授权量也非常高，截至 2009 年 9 月 30 日，朗科已获授权专利共计 116 项，其中发明专利 79 项，另有 220 项尚在申请过程中。当前，专利收入已成为朗科公司的一个重要组成部分。

---

① 2018 年 9 月 27 日，http：//tech. 163. com/05/0302/22/1DSGHE9H000915BD. html.

# 第六节　宏观环境与重大政策

1998 年，由于受到亚洲金融危机的影响，我国国内出现了有效需求不足和通货紧缩趋势明显的问题，经济增长乏力。在这种情况下，为应对亚洲金融危机，我国政府果断决定实施积极的财政政策，不仅有效抵御了亚洲金融危机的冲击，而且推动了经济结构调整和持续快速增长。[①]

1998 年，中央提出，计划用三年时间完成国企改革攻坚战，以实现使大多数国有大中型亏损企业脱困的目标；到 2000 年末，国有大中型企业三年脱困目标基本实现，并初步建立起现代企业制度。[②]

1998 年 1 月 8 日，省政府发布《印发广东省"九五"产业投资政策要点的通知》，确定广东产业投资的重点和方向。

1998 年 1 月 12 日，国家国有资产管理局发布《关于国有资产流失查处工作若干问题》的通知，对国有资产管理中的问题进行规范。

1998 年 5 月 16 日，国家经贸委发布《关于印发〈关于 1998 年国有企业改革和发展工作的意见〉的通知》，明确了国有企业改革和发展的工作目标和工作重点。

1998 年 6 月 9 日，省政府颁布《关于鼓励扩大外贸出口和利用外资的通知》。

1998 年 7 月 10 日，国家经贸委发出《关于禁止出售国有小企业成风有关问题的通知》，要求各地全面准确地理解和贯彻落实党的十五大精神，采取多种形式进行国有小企业改制，绝不能把出售作为国有小企业改制的唯一形式。

1998 年 9 月 23 日，省委、省政府颁布《关于依靠科技进步推动产业结构优化升级的决定》（以下简称 16 号文）及一系列配套实施政

---

① 俞晓东：《当前我国宏观经济政策之浅见》，《经济研究导刊》2009 年第 17 期。

② 石建国：《改革开放后党对经济体制改革的理论探索与国企改革的路径选择》，《党的文献》2013 年第 4 期。

策。作为一个纲领性的文件，16 号文延续了依靠科技进步推动经济发展这一战略方向，又往前迈进了一大步，找到了推动科技与经济结合的最佳着力点——推动产业结构优化升级，从而较好地解决了科技与经济"两张皮"的难题，对全省科技进步产生了重大影响。

1998 年 12 月 4 日，省政府印发《关于全省国有大中型工业企业 3 年改革与脱困实施意见的通知》（粤府〔1998〕83 号），提出了广东省国有大中型工业企业 3 年改革与脱困问题的基本目标和主要措施。

1998 年 3 月，经中央批准，粤港两地建立了粤港合作联席会议机制，这是内地省级政府与香港特别行政区政府之间建立的第一个高层次、经常性的协调组织机构。2003 年，粤港合作联席会议升格为由广东省省长与香港特区行政长官共同主持。与粤港合作联席会议同时"升格"的，是推进粤港合作强有力的体制机制保障。

1999 年 2 月 11 日，省委、省政府印发《关于进一步扩大开放的若干意见》。

1999 年 3 月 5—15 日，九届全国人大二次会议在北京举行。会议通过了中华人民共和国宪法修正案，明确非公有制经济是我国社会主义市场经济的重要组成部分，大大促进了社会生产力的发展。

1999 年 3 月 7 日，时任中共中央总书记、国家主席江泽民出席九届全国人大二次会议广东团全体会议并发表讲话，要求广东率先基本实现现代化。10 日，时任国务院总理朱镕基在全国代表团会议上强调，要依法整顿和规范经济秩序，严厉打击经济犯罪活动，以推进改革开放和现代化建设。

1999 年 3 月 26 日，广州本田汽车有限公司开出第一辆下线车。

1999 年 5 月 14 日，广东省政府发布《印发关于鼓励出国留学高级人才来粤创业若干规定的通知》（粤府办〔1999〕35 号），对出国留学高级人才来粤申办高新技术企业的，给予奖励和支持，并可向相关高新技术风险投资机构申请风险投资资金的支持。

1999 年 5 月 27 日，国家税务局发布《财政部　国家税务总局关于促进科技成果转化有关税收政策的通知》（财税字〔1999〕45 号），对符合通知中科技成果转化有关规定的机构和个人给予税收暂免的优惠。

1999年6月1日，广东省政府印发《广东省择优扶持50家工业大企业、企业集团办好工程技术研究开发中心实施方案的通知》（粤府〔1999〕44号），省财政投入近1亿元的资金，带动相关企业增加研究开发方面的投入，造就和集聚一支高素质研究开发团队，为产业发展不断提供高水平的技术资源。

1999年6月14日，省政府批转省专利管理局《关于加强专利工作的意见》。

1999年6月18日，省政府印发《广东省深化科技体制改革实施方案的通知》，提出走科技与经济紧密结合的新路子，建立技术开发体系、社会化服务体系、科学研究体系和科技管理体系，增强科技创新能力，培养和造就一支高技术研究开发和经营管理人才队伍，加速科技成果转化和高新技术产业发展。

1999年7月1日，《广东省实施〈中华人民共和国价格法〉办法》开始实施。

1999年8月4日，广东省人民政府颁发《广东省加快高新技术产业开发区及珠江三角洲高新技术产业带建设方案的通知》，明确了高新技术产业发展的重点，提升了高新技术产业的战略地位。[1]

1999年8月18日，省委、省政府发布《关于大力发展个体私营经济的决定》。

1999年8月26日，国家重点项目——广州珠江钢铁有限公司投产，结束了华南地区薄钢板生产空白的历史。

1999年8月26—28日，省委、省政府在深圳召开全国经济特区和珠江三角洲改革开放工作座谈会。

1999年9月24日，深圳市颁布执行《关于进一步扶持高新技术

---

① 欧小兰、小赵：《30年来"破"与"立"——广东科技立法与创新实践事件回顾》，《广东科技》2012年第21卷第8期。

产业发展的若干规定》（深府〔1999〕171 号），在中央和省规定的财税优惠政策的基础上，给予高新技术产业进一步的优惠财税政策。

1999 年 9 月 26—29 日，省委八届四次会议审议通过《关于贯彻〈中共中央关于国有企业改革和发展若干重大问题的决定〉的意见》。

1999 年 10 月 3—7 日，国务院总理朱镕基到深圳视察。

1999 年 10 月 5—10 日，首届中国国际高新技术成果交易会在深圳成功举办，成为继中国出口商品交易会（广州）、中国投资贸易洽谈会（厦门）之后的又一个国家级交易盛会，时任中共中央政治局常委、国务院总理朱镕基出席了交易会。此后，高交会每年举行一次，为中国高新技术成果实现产业化提供了一个卓有成效的转化平台，至今已成为中国科技第一展。

1999 年 10 月 15 日，省委、省政府印发《关于加快建立社会主义市场经济体制增创体制创新优势的若干意见》。

1999 年 12 月 13 日，省委办公厅、省政府办公厅转发省计委《关于广东省经济特区和珠江三角洲率先基本实现现代化的意见》。

1999 年，国家工商局认定一批国家驰名商标，广东有：999（药品）、丽珠（药品）、TCL（电话机、电视机）、虎头（电池）、容声（电冰箱）、格力（空调）、美的（电扇、空调）、乐百氏（饮料）。加上 1997 年国家认定的康佳（电视机）和健力宝（饮料），广东省已有 10 个驰名商标。

2000 年 1 月 12 日，省政府印发《关于加快我省工业龙头企业发展意见的通知》。

2000 年 2 月 19—25 日，时任中共中央总书记、国家主席、中央军委主席江泽民出席高州市领导干部"三讲"教育会议并做动员讲话。随后到深圳、顺德、广州市视察和调查研究。2 月 25 日，提出"三个代表"重要思想。推动广东率先基本实现社会主义现代化。

2000 年 5 月，国家经贸委提出《2000 年国有大中型亏损企业脱困工作指导意见》（国经贸企改〔2000〕250 号），对 2000 年国有大中型企业脱困的重点问题、总体目标和工作重点给出了指导意见。

2000 年 5 月 11 日，省委办公厅、省政府办公厅印发《广东省省属国有企业资产重组总体方案》。

2000 年 5 月 22—26 日，省九届人大常委会第 18 次会议表决批准《广州市促进科技成果转化条例》。

2000 年 5 月 26 日，省九届人民代表大会常务委员会第十八次会议通过《广东省技术市场条例》。

2000 年 6 月 24 日，国务院发布《关于印发鼓励软件产业和集成电路产业发展若干政策的通知》（国发〔2000〕18 号），对相关行业制定了投融资、税收、产业技术、出口、收入分配、人才吸引与培养等 11 个方面的政策支持。

2000 年 7 月 6 日，国家经贸委发布《关于鼓励和促进中小企业发展的若干政策意见》，提出要加大对中小企业特别是高新技术类中小企业的扶持力度，鼓励和促进中小企业健康发展。

2000 年 8 月 29 日，省政府办公厅发出《关于进一步发展私营外经贸企业的通知》。

2000 年 9 月 21 日，省政府颁布《广东省科学技术奖励办法》，自 10 月 1 日起施行。

2000 年 11 月 14 日，时任中共中央总书记、国家主席、中央军委主席江泽民出席深圳经济特区建立 20 周年庆祝大会并发表讲话。

2001 年 4 月 21 日，科技部批准的国家火炬计划软件产业基地之一——广东软件科学园奠基。

2001 年 7 月 12 日，海关总署、对外贸易经济合作部出台《关于支持高新技术产业发展若干问题的通知》（署厅发〔2001〕279 号），对大型高新技术生产企业的有关审批和海关监管采取进一步的简便措施。

2001 年 8 月 31 日，广东省人民政府办公厅发布《关于印发广东省工业产业结构调整实施方案的通知》（粤府办〔2001〕74 号）。

2001 年 9 月 18—19 日，省政协八届十六次常委会议举行，会议形成《关于珠江三角洲经济结构调整的若干问题的建议》。

2001 年 11 月 10 日，在卡塔尔多哈举行的世界贸易组织（WTO）第四届部长级会议通过了中国加入世贸组织法律文件，它标志着经过 15 年的艰苦努力，我国终于成为世贸组织新成员。

2002 年 2 月 3 日，广东省在国家科技奖励大会上共获得国家自然科学奖、科技进步奖 15 项。

2002 年 5 月 20—25 日，中国共产党广东省第九次代表大会举行，时任省委书记李长春代表八届省委向大会做题为"以'三个代表'重要思想为指导，加快率先基本实现社会主义现代化"的报告。

2002 年 6 月 4 日，《广东省高新技术产业开发区管理办法》颁发，为加快高新技术产业开发区的建设，促进高新技术产业持续稳步发展提供指导。

2002 年 6 月 21 日，国家经贸委、财政部、科技部、国家税务总局共同发布了《国家产业技术政策》（国经贸技术〔2002〕444 号），对国内产业技术的发展提供了重要的政策支持，尤其侧重高新技术产业的发展。

2002 年 9 月 1 日，2002 年中国名牌产品公布，广东省 21 家企业的 21 个产品榜上有名，居全国各省份之首。

2002 年，党的十六大立足于我国已经解决温饱、人民生活总体达到小康水平的基础，进一步提出了全面建设小康社会的构想，即在 21 世纪头 20 年，集中力量，全面建设惠及十几亿人口的更高水平的小康社会，使经济更加发展、民主更加健全、科教更加进步、文化更加繁荣、社会更加和谐、人民生活更加殷实。经过这一阶段的建设，再继续奋斗几十年，到 21 世纪中叶基本实现现代化，把我国建设成为富强、民主、文明的社会主义现代化国家。

2002 年 11 月 21 日，广东省委组织部、省委政策研究室、省人事厅印发《关于加强专业技术人才队伍建设的决定》的通知，指出要培养和用好相关人才，且政府资助有创意和发展前景的高新技术项目启动经费。

2003 年 4 月 10—15 日，时任中共中央总书记、国家主席胡锦涛视察广东，就广东如何抓住机遇，加快发展，在全面建设小康社会、加快推进社会主义现代化进程中更好地发挥排头兵作用的问题，发表了重要讲话。

2003 年 3 月 17 日，省政府办公厅印发《广东省名牌带动战略实施方案》。

2003 年 3 月 30 日，国内首个以循环经济和生态工业为指导理念的建设环保科技产业园——南海国家生态工业建设示范园区暨华南环保科技产业园奠基。

2003 年 4 月 2 日，广东省第十届人民代表大会常务委员会第二次会议批准《广州市人民代表大会常务委员会关于修改〈广州经济技术开发区条例〉的决定》。

2003 年 5 月 27 日，国务院公布《企业国有资产监督管理暂行条例》（国务院令第 378 号），对国有及国有控股企业、国有参股企业中的国有资产建立监督管理体制。

2003 年 6 月 12 日，广东省科学技术奖励大会召开，表彰奖励2002 年度获省科技奖的 237 个项目以及获国家科技奖的 13 个项目。

2003 年 6 月 29 日，CEPA（《内地与香港关于建立更紧密经贸关系的安排》）在香港正式签署，把内地与港澳的经贸合作纳入世界贸易体系框架，为分属不同关税区的粤港澳构筑了走向自由贸易的平台，广东成为内地放宽准入行业的先行先试区。同年，中央批准广东率先实施赴港澳"个人游"。随后，补充协议文件逐年签署，广东与香港抢抓 CEPA 先机，充分利用各项优惠政策，进一步加强了经贸、服务业等领域的合作。

2003 年 8 月 23 日，2003 中国企业 500 强名单发布，广东省有 64家企业入选，居全国各省区市之首。

2003 年 9 月 10 日，广东省政府颁发《关于国有集体资产进入产权交易市场规范交易行为的通知》（粤府〔2003〕75 号），提出进一步加快产权交易市场建设，规范国有、集体产权交易行为。

2003 年 9 月 26 日，广东省第十届人民代表大会常务委员会第六次会议通过《关于修改〈广东省技术市场条例〉有关条款的决定》，对《广东省技术市场条例》进行了修订。

2003 年 10 月 8 日，国家建设部和广东省委、省政府联合组织开展的《珠江三角洲城镇群协调发展研究》进行阶段成果汇报。

2003 年 10 月 11 日至 14 日，党的十六届三中全会召开，会议明确提出"坚持以人为本，树立全面、协调、可持续的发展观，促进经济社会和人的全面发展"；强调"按照统筹城乡发展、统筹区域发展、统筹经济社会发展、统筹人与自然和谐发展、统筹国内发展和对外开放的要求"，推进改革和发展。

2003 年 10 月 21 日，《中共中央关于完善社会主义市场经济体制若干问题的决定》发布，该决议在 2003 年 10 月 14 日的中国共产党第十六届中央委员会第三次全体会议上通过，对我国经济体制改革深化过程中的一些重大问题的完善方面做出了决定。

2003 年 11 月 30 日，国务院办公厅转发《国务院国有资产监督管理委员会关于规范国有企业改制工作意见的通知》（国办发〔2003〕96 号），对国有企业改制工作中的制度、运作、监督机制、组织领导机制进行了规范。

2003 年 12 月 18—19 日，省委九届四次全会举行，审议并通过《关于贯彻〈中共中央关于完善社会主义市场经济体制若干问题的决定〉的意见》。

2003 年 12 月 31 日，国务院国资委、财政部令第 3 号《企业国有产权转让管理暂行办法》公布，对企业国有产权转让行为进行了规范，有助于加强企业国有产权交易的监督管理，促进企业国有资产的合理流动、国有经济布局和结构的战略性调整，防止企业国有资产流失。

2004 年 1 月 1 日，《内地与香港更紧密经贸安排》《内地与澳门更紧密经贸安排》正式实施。

2004 年 2 月 10—15 日，省十届人大二次会议举行。审议并通过关于广东省人民政府工作报告的决议、关于广东省 2003 年国民经济和社会发展计划执行情况与 2004 年计划的决议等多项决议。

2004 年 2 月 27 日，省委、省政府在广州召开全省重点建设项目工作会议，统筹部署 2004 年重点建设项目。

2004 年 4 月 11 日，潮州被授予"中国瓷都"荣誉称号；国家科技部同意潮州建立日用陶瓷特色产业基地。

2004 年 5 月 21 日，省委、省政府做出《关于加快县域经济发展的决定》。

2004 年 5 月 27 日，《广东省科学技术奖励办法实施细则》（粤科成字〔2004〕80 号）发布。

2004 年 6 月 30 日，《国家税务总局关于做好已取消和下放管理的企业所得税审批项目后续管理工作的通知》（国税发〔2004〕82 号）发布。

2004 年 7 月 26 日，《珠江三角洲城镇群协调发展规划》编制完成并通过专家组论证，确立珠三角城镇群发展的目标。

2004 年 7 月 26—29 日，省十届人大常委会第 12 次会议在广州召开。通过关于修订《广东省对外加工装配业务条例》等 10 项法规中有关行政许可条款的决定。

2004 年 8 月 9 日，省委、省政府颁布《关于加快建设科技强省的决定》（粤发〔2004〕12 号）。明确指出要促进科学技术对各领域、各行业的渗透，为经济社会全面、协调、可持续发展提供强有力的技术支撑。

2004 年 8 月 30 日，《国家税务总局关于已取消和下放的企业所得税审批事项衔接问题的通知》（国税函〔2004〕963 号）发布。

2004 年 11 月 15 日，省委、省政府发布《广东省全面建设小康社会总体构想》。提出广东全面建设小康社会总体上分两步走：第一步，到 2010 年，全省人均 GDP 比 2000 年翻一番，全省进入宽裕型小康社会；第二步，到 2020 年，全省人均 GDP 比 2010 年再翻一番，全面建成小康社会，率先基本实现社会主义现代化。

2004 年 11 月 17 日，省国资委和省财政厅发布《关于印发〈广东

省企业国有产权转让管理实施意见〉的通知》（粤国资产权〔2004〕
110 号），对企业国有产权转让监督管理提出了实施意见。

2004 年 12 月 7 日，广东省政府公布了《关于推动我省高新技术
产业持续快速健康发展的意见》（粤府〔2004〕125 号），为广东省高
新技术产业竞争力的提高和持续快速健康发展提出了指导性意见。提
出要充分发挥广州、深圳两个中心城市的龙头带动作用，重点建设好
一批国家级和省级软件产业化基地；加快珠江三角洲高新技术产业带
建设，加强技术创新与技术集成，使之成为我国重要的高新技术和产
业化基地等重要内容。①

2004 年 12 月 9 日，省国资委、省财政厅、省工商局联合发布
《关于印发〈广东省企业国有集体产权交易暂行规则〉的通知》（粤国
资产权〔2004〕99 号），对广东省企业国有、集体产权交易中的产权
交易规则进行了规定。

2005 年 1 月 13 日，科技部发布《国家高新技术产业开发区技术
创新纲要》（国科发火字〔2005〕16 号），要求高度重视高新区技术
创新工作，推进体制和管理创新，完善规划布局和体系平台建设。

2005 年 1 月 17—19 日，省十届人大常委会第 16 次会议在广州举
行。通过《关于批准〈珠江三角洲城镇集群协调发展规划（2004—
2020）〉的决议》。

2007 年 1 月 18 日，省政府办公厅印发《广东省产业技术自主创
新"十一五"专项规划》（粤府办〔2007〕5 号）。

2005 年 1 月 23—28 日，省十届人大三次会议在广州召开。

2005 年 2 月 17 日，广东省人民政府发布《关于印发广东省工业
九大产业发展规划（2005—2010 年）的通知》（粤府〔2005〕15 号），
对五年内广东省工业九大产业的重要产业基地和各产业的发展规划做
出了指导和部署。

---

① 欧小兰、小赵：《30 年来"破"与"立"——广东科技立法与创新实践事件回顾》，
《广东科技》2012 年第 21 卷第 8 期。

2005 年 2 月 18 日，广东省人民政府办公厅发布《广东省工业产业结构调整实施方案》（粤府办〔2005〕15 号），对《广东省工业产业结构调整实施方案》（粤府办〔2001〕74 号）做了修订。

2005 年，中央编办批准广东单独设置省港澳办。如今，粤港合作已从制造业为主向制造业与服务业相结合推进，合作区域从珠三角为主向珠三角和山区及东西两翼同步推进，合作层次进一步向政府协调与民间合作相结合推进，合作领域也从以经贸为主向经贸、旅游、科技、教育、文化、环保、体育、卫生等多领域全方位合作推进。

2005 年 3 月 7 日，省政府出台《关于我省山区及东西两翼与珠江三角洲联手推进产业转移的意见（试行）》（粤府〔2005〕22 号），提出以产业转移工业园为平台和载体，推进珠三角产业向东西两翼和粤北山区转移的重大战略。

2005 年 4 月 6 日，广东省科技厅发布《广东省中长期科学和技术发展规划纲要（2006—2020 年）》。

2005 年 4 月 8 日，省委、省政府发布《关于大力提高工业产业竞争力的意见》。

2005 年 4 月 11 日，国务院国资委、财政部《关于印发〈企业国有产权向管理层转让暂行规定〉的通知》（国资发产权〔2005〕78 号）发布，对企业国有产权向管理层转让的相关要求进行了规范。

2005 年 4 月 18 日，佛山市被中国轻工业联合会、中国陶瓷工业协会联合授予"中国陶瓷名都"称号。

2005 年 6 月 23 日，国务院国资委下发《关于抓紧做好 2005 年企业关闭破产新增建议项目有关工作的通知》（国资改组〔2003〕617 号），确定广东省横石木材厂等 29 家企业为 2005 年关闭破产新增建议项目。

2005 年 7 月 28 日，《广东省"十一五"国有企业改革规划》发布，提出"十一五"时期国有企业改革的主要任务和改革重点是完善国有资产管理体系，推动国有经济布局和结构的战略性调整，推进产权制度改革和完善公司法人治理结构。

2005 年 8 月 1 日，广东省经济贸易委员会发布《广东省经贸委关于印发广东省产业转移工业园认定办法的通知》（粤经贸工业〔2005〕582 号），对产业转移工业园的认定条件、认定程序和后续管理进行了说明。

2005 年 8 月 29 日，华为技术有限公司的华为牌程控交换机成为广东首个中国世界名牌产品。

2005 年 9 月 1 日，广东省人民政府办公厅发布《转发省国土资源厅关于支持产业转移工业园用地若干意见（试行）的通知》（粤府办〔2005〕72 号），明确了产业转移工业园用地的相关措施和相关问题的处理。

2005 年 9 月 1 日，广东省 78 个产品获得国家质检总局 2005 年表彰的中国名牌产品称号。

2005 年 9 月 4 日，国家统计局公布，东莞市虎门镇名列全国综合实力千强镇榜首。

2005 年 9 月 10 日，2004 年度中国纳税百强排行榜公布。广东省 14 家企业入围，其中华为技术有限公司蝉联第一。

2005 年 9 月 19 日，省委、省政府召开广东省提高自主创新能力工作会议，对全面实现从跟踪模仿为主到自主创新为主进行了全面部署。

2005 年 9 月 20 日，教育部与广东省人民政府联合发布《关于提高自主创新能力加快广东经济社会发展合作协议》，就支持广东率先实现教育现代化，提高自主创新能力，加快推进广东经济社会发展达成合作。

2005 年 10 月 8 日，省委、省政府做出《关于提高自主创新能力，提升产业竞争力的决定》（以下简称《决定》）。《决定》首次明确提出和确定自主创新战略为广东发展的重大战略，并领先于其他省市区提出建设创新型广东的奋斗目标和实现目标的具体时间表：力争到 2010 年，基本建立适应社会主义市场经济体制、符合科技和产业发展规律的区域自主创新体系，区域、产业、企业和产品竞争力有明显提高，若干个中心城市建成创新型城市，发展一批创新型企业和产业集群，全省科技进步贡献率达到53%，技术自给率达到48%左右，每百万人口发明专利授权达到80件，高新技术产业增加值占工业增加值的比重超过35%，工业新产品销售收入占全部工业销售收入的比重达到20%；到2020年，全省区域自主创新能力和产业竞争力达到中等发达国家水平，基本建成创新型广东。①

2005年10月28日，省委、省政府《关于提高自主创新能力提升产业竞争力的决定》（粤发〔2005〕14号）发布，提出加快实施自主创新战略，提升产业竞争力。

2005年12月6日，省政府发布《转发省国资委关于加快我省产权市场建设意见的通知》（粤府办〔2005〕99号），提出了加快广东省产权市场建设的意见。

2005年12月7日，广东省财政厅和广东省经济贸易委员会联合发布《关于印发〈广东省产业转移工业园外部基础设施建设省财政补助资金使用管理办法〉的通知》（粤财工〔2005〕258号），省对已建立产业转移工业园的地级市定额补助4000万元，用于经省认定的产业转移工业园外部基础设施建设。

2005年10月28日，省委、省政府《关于深化国有企业改革的决定》（粤发〔2005〕15号）发布，在国有经济结构调整、产权制度改革、完善公司治理结构、加强财务管理、建立长效激励机制五个方面对国有企业改革做出了全面规划。

2005年12月29日，国务院办公厅转发国资委《关于进一步规范国有企业改制工作的实施意见》的通知，提出要严格制定和审批企业改制方案，认真做好清产核资工作，加强对改制企业的财务审计和资产评估，切实维护职工的合法权益，严格控制企业管理层通过增资扩股持股，加强对改制工作的领导和管理。

2006年1月9日，全国科学技术大会在北京举行。广东省共有15个项目分别获得2005年度国家自然科学奖、国家技术发明奖和国家科

---

① 《广东年鉴2006》，广东年鉴社2007年版。

学进步奖。

2006 年 2 月 22—27 日，省十届人大四次会议在广州召开。通过关于广东省人民政府工作报告及广东省国民经济和社会发展第十一个五年规划纲要的决议、关于广东省 2005 年国民经济和社会发展计划执行情况与 2006 年计划的决议等。

2006 年 3 月 9 日，省政府办公厅发出《关于加强我省山区及东西两翼与珠江三角洲联手推进产业转移中环境保护工作若干意见（试行)》（粤府办〔2006〕14 号），对加强产业转移中的环境保护工作，促进经济、社会和环境的可持续发展提出了要求。

2006 年 4 月 18 日，省政府发出《关于 2006 年深化经济体制改革的意见》。

2006 年 4 月 25 日，省政府发出《关于印发〈广东省国民经济和社会发展第十一个五年规划纲要〉的通知》。

2006 年 7 月 18 日，省委、省政府在广州召开 2005 年度广东省科学技术奖励大会暨广东省加快发展专业镇工作会议，288 个科技项目获得奖励。

2006 年 8 月 8 日，省政府和教育部印发《关于加强产学研合作提高广东自主创新能力的意见》，探索省部合作共同促进产学研合作的新路子，提高广东自主创新能力和产业竞争力。

2006 年 8 月 15 日，中国品牌研究院公布省标志性品牌名单，共有275 个品牌成为全国各地的"经济名片"。其中广东省 9 个标志性品牌为：健力宝、海王、TCL、美的、华为、以纯、东鹏、豪爵、万科。

2006 年 9 月 1 日，广东省国资委《关于印发〈广东省省属企业重大事项审核备案暂行办法〉的通知》发布，对省政府授权省国资委直接履行出资人职责的国有独资、国有控股企业的重大事项（审核事项和备案事项）审核备案工作进行了规定。

2006 年 9 月 1 日，广东省国资委发布《广东省国资委关于加快省属企业改革发展的意见》，提出要进一步加快省属企业的改革和发展，不断壮大省属国有经济。

2006 年 9 月 8 日，财政部和国家税务总局发布《关于企业技术创新有关企业所得税优惠政策的通知》（财税〔2006〕88 号），明确了企业技术创新有关的企业所得税政策。

2006 年 10 月 14 日，省委、省政府印发《关于加快发展专业镇的意见》。

2006 年 10 月 18 日，广东省发改委发布《广东省高技术产业发展"十一五"规划》，为高技术产业的发展目标和发展重点给出了方向性指导。

2006 年 10 月 19 日，省国资委《关于印发〈广东省省属企业违规决策造成资产损失领导责任追究暂行办法〉的通知》（粤国资综合〔2006〕264 号）发布，对违反相关规定，并造成国有资产损失的企业领导人员，给予责任追究处理。

2006 年 10 月 20 日，省政府做出《关于表彰建立我省获得中国世界名牌产品、中国名牌产品和中国驰名商标称号企业的决定》。中兴通讯股份有限公司的程控交换机和珠海格力电器股份有限公司的空调器两个产品被质检总局评为"中国世界名牌产品"。

2006 年 11 月 11 日，《广东省珠江三角洲城镇群协调发展规划实施条例》开始实施。

2006 年 11 月 22 日，省委、省政府印发《关于促进粤东地区加快经济社会发展的若干意见》。

2006 年 12 月 4 日，省政府办公厅发出《印发〈广东省经济体制改革"十一五"规划〉的通知》。

2006 年 11 月 30 日，省政府发布了《关于印发〈广东省促进自主创新若干政策〉的通知》（粤府〔2006〕123 号），制定出了促进自主创新的若干可操作的政策性条款。

2006 年 12 月 5 日，国务院办公厅转发《国资委〈关于推进国有资本调整和国有企业重组的指导意见〉的通知》（国办发〔2006〕97 号），就国有资本调整和国有企业重组提出了指导意见。

2006 年 12 月 31 日，国务院国资委发布《关于企业国有产权转让有关事项的通知》（国资发产权〔2006〕306 号），进一步明确了企业国有产权转让在具体实施工作中的一些事项。

2007 年 2 月 2 日，时任广东省省长黄华华在广东省第十届人民代表大会第五次会议上做政府工作报告。

2007 年 2 月 12 日，商务部"2006 最具市场竞争力品牌"中，广东"格力""珠江桥"等 28 家企业入选。

2007 年 5 月 20 日，省政府办公厅发布《广东省科学和技术发展"十一五"规划》（粤府办〔2007〕46 号）。

2007 年 5 月 21—25 日，中共广东省第十次代表大会在广州召开。时任省委书记张德江代表中共广东省第九届委员会向大会做题为"坚持科学发展，促进社会和谐，为率先基本实现社会主义现代化而努力奋斗"的报告。

2007 年 6 月 9 日，南方产权中心代表广东省与四川、云南、贵州、广西、湖南、江西、福建和海南省的泛珠江三角洲省区产权交易机构共同签署《泛珠三角区域产权交易机构合作框架协议》，9 省组成的泛珠三角区域产权交易市场逐步形成。

2007 年 8 月 26—30 日，省十届人大常委会第 34 次会议在广州召开。会议通过和批准《广东省促进中小企业发展条例》等。

2007 年 10 月 6 日，省政府印发《广东省知识产权战略纲要（2007—2020 年）》。

2007 年 10 月，《广东省教育部科技部产学研结合发展规划（2007—2011 年）》正式印发。

2007 年，党的十七大召开后，广东制定了《关于争当实践科学发展观排头兵的决定》，描绘出全面建设小康社会、率先基本实现社会主义现代化的蓝图。

2008 年 1 月 8 日，2007 年度国家科学技术奖励大会在北京举行。广东省共有 28 个项目获奖，其中国家自然科学奖 3 项，国家技术发明奖 1 项，国家科学技术进步奖 24 项，获奖量为历年最多。

2008 年 3 月 18 日，广东省发展和改革委员会发布实施《广东省产业结构调整指导目录（2007 年本）》，对产业结构调整进行进一步指导。

2008 年 5 月 24 日，省委、省政府做出《中共广东省委、广东省人民政府关于推进产业转移和劳动力转移的决定》，明确本省产业转移的发展方向和目标，提出具体的扶持政策措施。

# 第 四 章

# 2008 年至今转型发展阶段

## 第一节  金融危机下的制造业

### 一  广东省外贸情况

在全球化背景下，中国经济是全球经济的一个重要组成部分，国内经济发展与国际经济环境紧密联系。徐青指出，2008 年中国对外贸易依存度达到了 58.5%，产品和资本流动不可避免地把国际经济波动传导到中国国内；国际金融危机爆发之后，中国外贸出口受到很大影响，外贸出口增长滑落，外商直接投资（FDI）流入出现负增长；金融危机引发的全球性经济衰退导致居民消费信心指数大幅度下滑，导致全球总消费下降，对进口商品的需求下降更多，这从外需方面抑制了中国出口的增长；同时，发达国家经济衰退导致贸易保护力度增大，贸易环境有恶化的趋势；中国海关总署的报告指出，国际金融危机影响蔓延，中国外贸增速大幅放缓，加入世贸 7 年来增速首次低于 20%。[①]

广东经济是典型的外向型经济，地区生产总值对外贸进出口的依赖程度很高；2007 年广东省的进出口总量在国内位列第一，占全国进出口总量的 30%，广东省外贸依存度也从 1978 年的 14.4% 上升到了 2007 年的 160%；由于经济外向依存度高，广东率先遭受到这股经济

---

① 徐青：《金融危机对广东外贸的影响及对策分析》，《特区经济》2009 年第 5 期。

寒流的猛烈袭击，受影响程度全国最重。①

2008 年，广东经济多项经济指标前高后低，增幅出现明显滑落；全年实现生产总值 35696.46 亿元，比 2007 年增长 10.1%，增幅同比降低 4.6 个百分点，比 1979—2007 年平均增速低 3.7 个百分点，经济增速已由高平台回落，但仍处于次高速增长区域；全年外贸进出口总额 6832.6 亿美元，比 2007 年增长 7.8%。其中出口 4041 亿美元，增长 9.4%；进口 2791.6 亿美元，增长 5.4%。全年外贸进出口总额增幅比 2007 年回落 12.4 个百分点，其中出口回落 12.8 个百分点，进口回落 12.1 个百分点，广东外贸进出口增长步伐明显放缓。②

## 二　制造业面临的挑战

2008 年金融危机爆发后，改革开放以来的欧美负债消费，中国制造生产，利用全球资源的全球化国际合作链条遇到重重挑战。欧美国家面临经济增长乏力和就业压力，开始再度重视制造业，包括美国的再工业化，德国工业 4.0，日本的制造业白皮书发布，都预示着发达国家恢复制造业发展的趋势。在此环境下，中国制造业却遭遇各种发展瓶颈，包括出口放缓、劳动力成本上升、土地价格上升、国内经济减速、制造产能过剩、库存持续增长、环保监管收紧等重重压力，让制造业企业的利润空间越来越小，似乎寻路艰难。中国制造面临非变不可的时刻，主要存在了以下几类问题：

（1）需求"天花板"和成本"地板"的夹缝；

（2）面临"去产能"和转型升级的双重挤压；

（3）外资高端制造回归发达国家与中低端制造部分外迁印度、东南亚的"夹击"；

（4）工业 4.0 浪潮冲击，面临对高级人才匮乏的煎熬，也要直面低端人力短缺的尴尬，更要为"工业 2.0""工业 3.0"的缺课而承受

---

① 徐青：《金融危机对广东外贸的影响及对策分析》，《特区经济》2009 年第 5 期。

② 同上。

重压。

尽管有以上种种问题，但经济低迷、重压叠加的时刻，正是催生技术革命和企业转型升级的最好时期，预示着中国制造业"蝶变"的时刻到来了。

## 第二节 政策制度与制造业转型升级

为应对国际经济形势变化对中国进出口影响，缓解企业经营压力，国家上调了部分纺织品、服装、玩具、家具和高附加值的机电产品等商品的出口退税率；同时，国家还进一步改善对外贸易环境，包括进出口管理、通关便利化、进出口税收、外汇管理等方面，支持优势企业和产品出口，鼓励金融机构增加对中小出口企业贷款，拓宽中小企业直接融资渠道，增加国内需要的产品进口；广东省政府也积极响应国家号召出台了一系列政策制度以推动广东制造业的发展。[①]

汪洋 2007 年主政广东后，"广东模式"浮出水面，广东模式就是"深圳模式"的推而广之。汪洋书记看到了广东的困境，表面上是经济发展面临挑战，其实是思想观念束缚了经济与社会发展。汪洋大力提倡思想解放，就是要赋予"深圳模式"以政治、文化与精神的内涵，在思想解放的口号下，广东各地出现了诸多体制改革，有东莞的"腾笼换鸟"、广州的财政公开、顺德的大部制改革与深圳的权力制衡试验等。

### 一 解放思想与开放合作

（一）解放思想

2007 年 12 月，新到广东上任的省委书记汪洋告诫广东官员，"必须认识到，再不解放思想，锐意进取，用改革创新来解决这些问题，

---

① 徐青：《金融危机对广东外贸的影响及对策分析》，《特区经济》2009 年第 5 期。

广东排头兵的位置将难以自保，全面实现小康的目标将难以实现"。他在第一次主持的广东省委会议上，一口气说了22个"解放思想"，尤其提醒广州和深圳两市官员要有"世界眼光"，"30年来，广东占全国经济总量第一，如果还没有一两个像样的城市和国际水平叫板，那绝不代表成功。我们将来能牛的，就是可以跟新加坡、韩国叫板，你能做到这一点，就算行，在国内叫板是没有出息的行为"。

改革开放几十年的历史，其实就是一部思想解放史。几次思想解放，也都有一脉相承的主题，那就是扩大社会和民众的自主空间。解放思想实质就是在中国共产党领导下扩大政治、经济、社会和文化上的自由，有了解放思想的号召和决心，随之而来的创新政策一一出台，广东顿时呈现一派繁荣景象。

（二）粤港、粤澳合作

香港作为一个贸易、金融、旅游、专业服务中心的优势，是广东乃至中国其他城市都无法取代的。此外，香港作为历史非常悠久的自由港，对进出口货物免征关税，也不存在外汇管制，人员、资金、货物可自由进出。香港与国际市场始终保持密切联系，与世界上多数国家和地区都有着密切的经济往来。

广东和香港特区政府协商，按《珠江三角洲地区改革发展规划纲要》的要求，制定粤港合作框架协议。

2009年，横琴新区挂牌，并宣布横琴重点项目正式启动，这标志着横琴开发建设进入实质性的推进阶段，也标志着粤澳合作发展进入了一个新阶段。粤澳的紧密合作可以发挥两地独特优势，促进两地经济的更好更快发展。

## 二 "双转移"战略与腾笼换鸟

（一）"双转移"战略的含义

在2008年金融危机的冲击下，珠三角地区许多企业都存在国外订单骤减，利润大幅度下降的情况，甚至面临破产的压力。广东省政府反应迅速，于2008年5月出台了《关于推进产业转移和劳动力转移的决定》（以下简称"双转移"战略），即通过政策引导推动珠三角等发达地区劳动密集型产业向东西两翼、粤北山区转移；推动欠发达地区的劳动力向第二、第三产业转移，并且部分高素质劳动力向珠三角发达地区转移。[①]

（二）"双转移"战略提出背景

广东以只占全国1.85%的陆地面积，发展到每年贡献全国1/8的经济总量，2007年GDP达3万亿并超过台湾；30年来，广东GDP增长了165倍，年均增长超过13%，放眼国内实为罕见；同时，作为改革开放的急先锋，广东正遭遇各种问题：土地告急、资源短缺、人口超负、环境透支等；许多深圳人担忧，深圳若延续以往投资拉动、资源消耗开发模式，20年后，深圳将无地可用，这同样也是广州、佛山、东莞等整个珠三角的共同压力，环境压力尤大；广东常住人口全国第一，而全省人均耕地面积只相当于全国平均数的三分之一，环境污染也在不断累积。作为珠三角核心区域之一的东莞，全市多个地方出现水质性和水源性缺水。[②]

资源瓶颈之外，是制造业"低端"的尴尬。由于缺乏自主创新能力，广东的产业仍处在全球产业链的低端。当时70%的广东制造业仍属中低技术和传统生产，而按全球一体化分工，低端就是"低门槛""低利润"的代名词。"再不解放思想，用改革创新来解决这些问题，广东排头兵的位置将难以自保，全面实现小康的目标将难以实现。"所有这一切，都为广东省级战略"双转移"决定的顺利出台，埋下了伏笔。[③]

（三）腾笼换鸟

"腾笼换鸟"，即"双转移"（产业转移和劳动力转移）政策，是广东省在全国率先提出的转变经济发展方式，加快经济结构调整的战

---

① 蔡耿怀：《从产业集聚水平，解读广东省"双转移"战略》，《中国集体经济》2015年第25期。

② 汪令来：《广东"双转移"战略》，《决策》2008年第7期。

③ 同上。

略举措。"笼"是对区域的形象化表达，"鸟"是指产业。"腾笼换鸟"即由于区域资源限制，包括环境、土地等资源，迁出或淘汰区域内的低端产业，发展或引入高端产业，进而完成区域内产业升级和产业结构调整。

"腾笼换鸟"的切入点选在对外经济依存度最高的东莞。自改革开放以来，东莞经济快速发展，从来料加工做起，发展起了多个产业集群。由于全球产业分工和早期代工生产的原因造成东莞制造缺乏品牌、核心技术以及市场渠道，东莞制造业的利润不高。这种低端发展模式在 2008 年金融危机以后难以持续发展，许多企业面临破产压力。因此，东莞被选为"腾笼换鸟"的试验田，积极贯彻"双转移"政策，试图通过提高租金的方式来淘汰低端产能。

"广东要赶紧转型升级，实施'腾笼换鸟''双转移'战略恰逢其时。"时任全国政协经济委员会副主任、中央政策研究室副主任郑新立说，广东靠"三来一补"、加工贸易起家，经过 30 多年的发展，已经取得了了不起的成就。但随着劳动力、土地等资源的日趋稀缺，传统的发展模式难以为继，当前广东面临的最艰巨的任务就是从劳动密集型、资源密集型产业向资本密集型、知识密集型产业转型。郑新立说，如果广东不能实现这一转型，下一步的发展潜力就没有了。相反，如果顺利转型，广东就能够继续担当全国的"领头羊"和排头兵。

### 三　广佛同城与顺德政改

#### （一）广佛同城

广佛两市的 GDP 总量已超过澳门，直追香港，若把广佛两地看成一个省级行政单位，其 GDP 总量在全国各省（自治区、直辖市）中可以排在第八位。广佛同城，有利于佛山制造业与广州服务业进行优势互补。广佛同城拥有高度定位，广州和佛山产业具有较强的互补性，广州以重化工和汽车产业为主，佛山以陶瓷、家电等轻工产业为主，广佛同城可以实现互补共赢。

（二）顺德政改

2009 年广东省委、省政府批复，同意在维持顺德区建制不变的前提下，除党委、纪检、监察、法院、检察院系统及需要全市统一协调管理的事务外，其他所有经济、社会、文化等方面的事务，赋予顺德区行使地级市管理权限。和各地"行政大部制"改革不同，顺德改制直指除人大、政协之外的党政工群全套系统：工会、共青团、妇联、工商联、残联等群团组织，以及由广东省、佛山市垂直管理的工商、地税、质监、药监、公安、国土、规划、社保、气象局 9 个部门，一并纳入机构整合范围，原来的 41 个机构，被一次性精简到 16 个，其中政府部门由 29 个调整为 10 个，机构精简近三分之二；设置党委机构 6 个，全部与政府机构合署办公。

（三）广佛肇经济圈——肇庆汽车制造业

广州、佛山、肇庆是三个山水相连的城市，"广佛肇经济圈"由汪洋在肇庆调研时率先提出，随即引起广泛关注，由"广佛同城化"催生的"广佛肇"一体化经济圈开创了广东经济发展的实践。

在省委、省政府的统一领导下，广州市、佛山市、肇庆市经协商一致，于 2009 年 6 月在肇庆七星岩下签署了《广佛肇经济圈建设合作框架协议》。协议提出："以交通基础设施建设为先导，以产业和劳动力'双转移'为切入点，创新行政管理体制，推进政策规则对接，完善合作机制，拓宽合作领域，全面构建城乡规划统筹协调、基础设施共建共享、产业发展合作共赢、生态环境协同保护、公共事务协作管理的一体化发展格局，提高广佛肇经济圈的竞争力和辐射带动力。"

肇庆汽车制造业作为广佛肇经济圈汽车产业规划重要的一环，其发展受肇庆市政府乃至广东省政府的密切关注，肇庆市政府直接投入人财物进行支持。

肇庆市政府早在 2012 年就制定实施"两区引领两化"战略，推进产业转型升级，以广佛肇经济圈为平台，依托省市共建汽车发动机零部件先进制造业基地，参与珠三角核心区产业体系的差异分工，重点发展汽车零部件、金属制造和装备制造等先进制造业。为此，肇庆成立发展利用资本市场工作领导小组并出台《肇庆市支持企业上市优惠办法》，扶持企业上市解决转型升级资金问题、加大对广东省肇庆职业技术教育培训基地建设的支持与投入，肇庆高新区更是设立了总额为 5000 万元的人才发展专项资金，加快吸引培养高层次人才。[①]

2016 年，国务院印发《中国制造 2025》，部署全面推进制造强国战略。《中国制造 2025》提出，通过政府引导、整合资源，实施国家制造业创新中心建设、智能制造、工业强基、绿色制造、高端装备创新五项重大工程。2016 年 7 月，在广东省政府的领导下，首届珠江西岸先进装备制造业投资贸易洽谈会举行，围绕"智能制造、海洋工程、新能源与节能环保、轨道交通、航空航天、汽车制造"6 大装备制造主题进行招展，力求引领包括肇庆在内的"六市一区"整合资源、优势互补、协同发展。[②]

广州佛山的汽车制造业利用广佛同城的优势积极响应"中国制造2025"战略，从传统的制造加速迈向全新的智能制造阶段。作为广佛肇经济圈内汽车制造产业链中的肇庆汽车制造业，则积极适应急剧变动的外部环境，布局转型升级。

## 四　推动智能制造相关政策出台

2015 年以来，广东省发展智能制造主要开展了以下工作：

（一）出台专项规划和政策

2015 年，出台《广东省智能制造发展规划（2015—2025 年）》《广东省人民政府关于贯彻落实〈中国制造 2025〉的实施意见》和《广东省机器人产业发展专项行动计划（2015—2017 年）》。2016 年，制定了《广东省智能制造试点示范项目实施方案》《广东省制造业创

---

① 穆明辉、魏嫚：《肇庆汽车制造业转型升级创新驱动研究》，《广东经济》2017 年第 9 期。

② 魏康、李宜谦：《首届珠江西岸先进装备制造业投资贸易洽谈会筹备顺利 151 家企业确定参展》，《装备制造》2015 年第 8 期。

新中心建设工程实施方案》和《广东省"互联网＋先进制造"专项实施方案（2016—2020 年)》。

（二）搭建智能装备公共服务平台

重点推动广州智能装备研究院、华南智能机器人创新研究院（佛山）、广东省智能机器人研究院（东莞）建设。

（三）培育建设广东省智能制造示范基地

以省市共建方式先后认定广州、深圳、珠海、佛山、东莞、中山、肇庆、江门、揭阳、顺德 10 个市（区）规划建设的智能制造集聚发展区为广东省智能制造示范基地，其中，顺德和东莞两个基地先后被工业和信息化部授予"国家两化融合暨智能制造试点"称号。2015 年开始，积极开展智能制造试点示范，广东省有 5 个项目被列入 2015 年工业和信息化部智能制造试点示范（全国共 46 个，广东省数量居第二），之后每年省经信委都发布全省智能制造试点示范项目。

（四）培育骨干企业

广东省实施了智能制造骨干企业培育计划，选后认定 4 批省智能制造骨干（培育）企业，其中骨干企业 48 家、培育企业 88 家。同时，遴选培育了三批省级机器人骨干（培育）企业，其中骨干企业 38 家、培育企业 48 家。

（五）高档数控机床和机器人产业发展迅速

经过多年的发展，广东形成了以广州为龙头，深圳、佛山（顺德)、中山、江门共同发展的国家数控机床重要生产基地，初步建立具有一定规模和技术水平的产业体系，产业集群建设初显成效，在数控成型机床、高档数控系统、数控机床关键功能部分以及数字化工具系统及测量仪等高档数控机床的细分领域具有较强竞争力。[①]

"十二五"以来，广东制定实施了《广东省战略性新兴产业发展"十二五"规划》，重点发展高端新型电子信息、新能源汽车、LED、

---

[①] 2018 年 9 月 27 日，http://guoqing.china.com.cn/zhuanti/2017 – 09/13/content_41579183.htm.

生物、高端装备制造、节能环保、新能源、新材料八大战略性新兴
产业。①

## 第三节　广东省制造业发展分析

### 一　广东省制造业阶段发展概况

2008—2016 年，广东省地区生产总值总体呈稳定增长趋势（见图
4—1、图4—2）。2008 年广东省 GDP 为 36796.71 亿元，2016 年增长
到 79512.05 亿元。同期工业增加值由 11654.39 亿元降到 9617.95 亿
元。在金融危机冲击后，工业增速虽放缓但依然保持着 6% 以上的
增速。

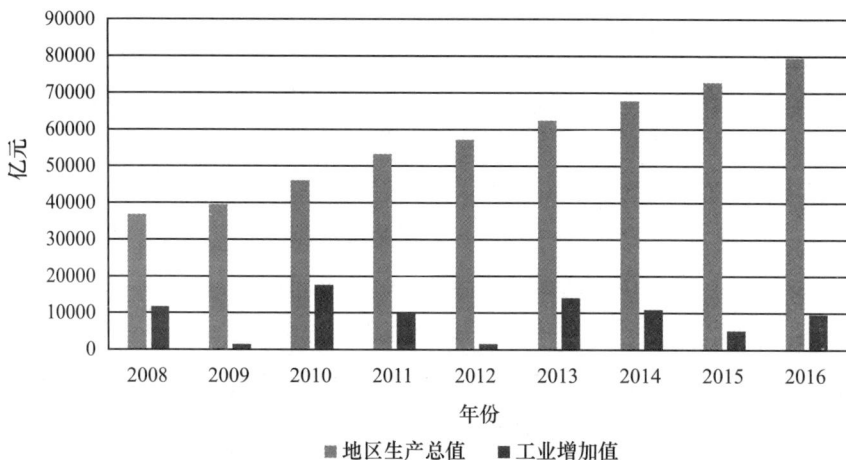

图4—1　2008—2016 年广东省地区生产总值和工业增加值

自 1978 年中国实行改革开放以来，广东省从一个农业省份逐步发
展成为中国制造业的大省。在制造业快速发展的同时，为广东省的经
济总量连续 29 年位居中国各省份第一提供了强有力的支撑，使广东成

---

① 胡迟：《制造业转型升级："十二五"成效评估与"十三五"发展对策》，《中国经贸导
刊》2016 年第 27 期。

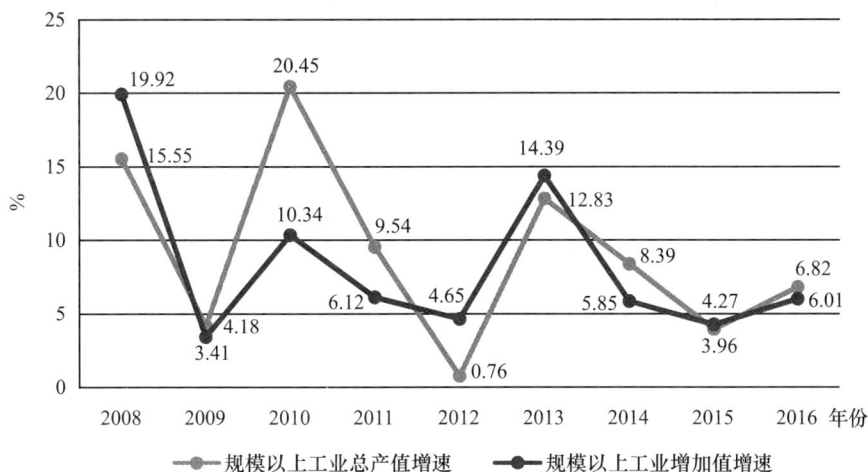

图4—2  2008—2016 年广东省工业增长情况

为中国乃至全球重要的制造中心。苏瑞波总结了广东制造业发展阶段的九大特征，要点摘录如下：①

（一）规模优势不断增强

2015 年，广东规模以上制造业增加值约 4200 亿美元、同比增长 6.8%，占全省 GDP（国内生产总值）的 37.5%。打个比方，假如将广东按单独经济体排位，广东制造业增加值已从 2008 年的世界第 11 位上升至目前的第 5 位。

（二）制造体系门类齐全

广东拥有联合国产业分类中几乎全部的制造业门类。在中国统计的 400 多种主要工业产品中，广东有约 130 种工业产品产量居中国各省份的前 3 位，有约 60 种工业产品产量居中国各省份的首位。

（三）制造业产业层次提升

2008 年至今，广东制造业是以新型显示、软件、生物医药、新材料等新兴产业和先进制造业为引领的转型发展阶段。2015 年，广东的

————————————

①  苏瑞波：《美的集团技术升级剖析及对广东制造业技术升级的启示》，《广东科技》2017 年第 9 期。

先进制造业（约2260亿美元）和高技术制造业（约1255亿美元）增加值分别占全省规模以上工业的48.5%和27.0%。

（四）产业布局分工协作

珠三角九个城市的制造业总量目前已占广东省的80%以上，基本形成珠江东岸高端电子信息产业、珠江西岸先进装备制造业发展格局，珠江三角洲制造业中心地位日益凸显。2015年，珠江东岸电子信息产业增加值约900亿美元，珠江西岸装备制造业增加值约400亿美元。与此同时，粤东西北欠发达地区的产业园区支撑作用不断增强，2015年，粤东西北地区80个产业园实现规模以上工业增加值约300亿美元，同比增长20%，占粤东西北地区工业比重1/4，已成为珠三角地区产业配套的重要支撑。

（五）信息基础设施快速发展

广东近年来加快了信息基础设施建设，大力推进信息化与工业化深度融合，促进物联网、云计算产业加快发展和互联网新技术、新模式在经济社会领域广泛应用。2015年，广东省互联网普及率已达72.4%，网民数量7768万人，新增4G基站14.7万座，累计达33.5万座，4G用户约4896万户，上述指标均位居全国前列。目前全省信息消费市场规模已超过1500亿美元，深圳、汕头、珠海、惠州、佛山5个市已列入国家首批信息消费试点市。

（六）生产性服务业日益壮大

广东生产服务业依托制造业优势逐渐发展壮大，形成了门类较齐全、高效的生产服务体系，在云计算、物联网、移动互联网等新业态快速发展的带动下，广东省的工业设计、现代物流、电子商务等不断提质增效，有力支撑了广东省产业结构调整升级。2015年，全省生产服务业增加值约2950亿美元，占全省GDP比重达到26.5%。

（七）制造业龙头企业快速成长

截至2015年底，广东省年主营业务收入超100亿美元的制造业企业达14家，年主营业务收入超10亿美元的制造业企业近200家。华为、格力、美的等龙头企业进入"世界500强"。

（八）市场化程度高度成熟

广东的市场主体总量、私营企业户数、外资企业户数、个体工商户户数、制造业吸收就业人数均排在中国各省份第 1 位。

（九）创新创业环境日益优化

广东省的区域创新能力综合排名居中国各省份第 2 位；深圳、广州创新创业环境分别位居中国各城市第 1 位、第 2 位。

近年来，广东实施"腾笼换鸟"紧紧围绕"转移—转型—升级"展开，推动着广东人思维上的全新变化和经济社会的全新构建。2013 年，广东省 22 个高新区年营业总收入预计达 2.4 万亿元，同比增长 21%；全省高新技术产品产值全年达到 4.5 万亿元，同比增长 15%；省部院产学研合作全年预计实现产值 2600 亿元，利税 260 亿元。数字的背后，是创新驱动发展战略的全新实践。2012 年 12 月科技部发布的《中国区域创新能力报告 2012》显示，广东省区域创新能力连续 6 年排名位居全国第二位，在 5 个一类指标中，创新环境、创新绩效指标稳居全国第一，企业创新能力名列第二。广东已率先基本进入创新型地区行列。与此同时，广东省有效发明专利拥有量也实现历史性突破，截至 2014 年 4 月底，全省有效发明专利量在全国率先突破 10 万件，达到 100869 件。

## 二 高技术制造业发展分析

（一）制造业结构特征

面对国内外复杂的经济环境，省委、省政府出台一系列调结构、保增长、促转型的政策措施，促进广东工业经济的平稳健康发展。"十二五"时期，广东省工业"龙头"——高技术制造业保持强劲发展的态势，广东高技术制造业不断增强，结构调整取得明显进展，特别是高技术制造业行业结构、产品内外销结构、经济类型结构等方面朝预期调整方向推进。

1. 高技术制造业行业规模不断扩大

"十二五"时期，广东高技术制造业企业总量不断增加、资产规模日益扩大。2015年，全省规模以上高技术制造业企业由2010年的4390家增加到6194家（统计口径均为规模以上工业），净增1804家；全省规模以上高技术制造业资产总计为26882.61亿元，为2010年的1.7倍；高技术制造业数量的增加和资金的不断进入，使全省高技术制造业生产规模不断扩大；2015年，广东高技术制造业增加值由2010年的4278.00亿元增加到7529.02亿元，为2010年的1.8倍[1]（见图4—3、图4—4）。

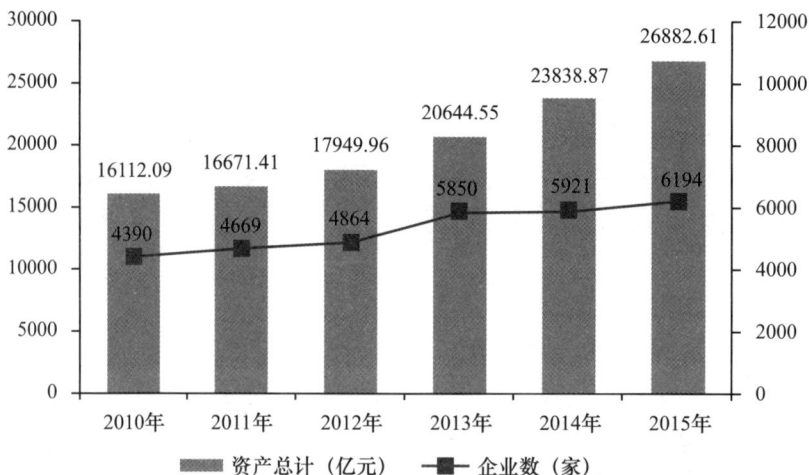

图4—3 2010—2015年广东高技术制造业数及资产总计[2]

"十二五"时期，高技术制造业生产随着总量的增大步伐虽呈逐步减缓态势，但其各个年份增速均高于同期全省工业增速1.0—3.0个百分点，高技术制造业运行总体态势优于全省工业平均水平。2011—2015年，高技术制造业增加值年均增速为11.3%，高于全省工业年均

---

① 谢芳芳：《技术创新、开放程度与第二产业升级的实证研究》，硕士学位论文，中共广东省委党校，2017年。

② 同上。

增速 2.3 个百分点。

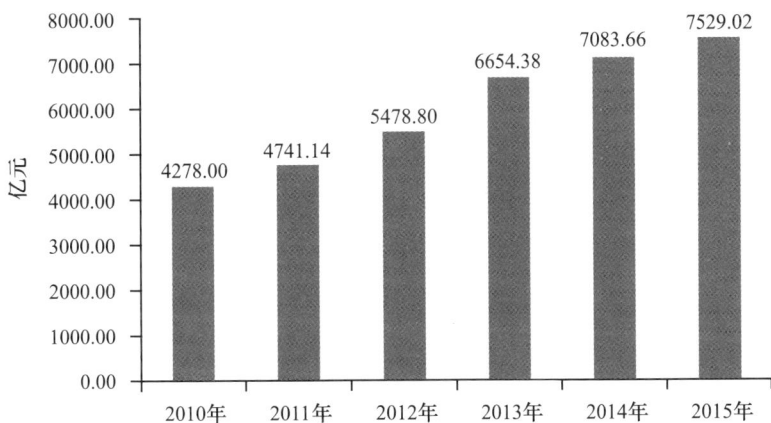

图 4—4　2010—2015 年广东高技术制造业增加值①

2. 高技术制造业成为全省工业增长的"稳定器"

"十二五"时期，广东高技术制造业多项指标较快发展，进一步稳固了其在全省工业中的"龙头"地位，占工业比重逐年增大。2015年，从投入类指标看，广东高技术制造业资产总计和从业人员数分别占全省制造业的 32.9% 和 27.7%，比 2010 年提高 1.3 个和 3.4 个百分点。从产出类指标看，2015 年，广东高技术制造业工业总产值、主营业务收入和工业增加值分别占 29.9%、30.1% 和 28.4%，比 2010 年提高 2.9 个、2.6 个和 4.4 个百分点。从效益类指标看，广东高技术制造业利润总额和税金总额分别占 29.7% 和 22.1%，比 2010 年提高 6.2个和 5.7 个百分点。广东高技术制造业约占全省工业比重三分之一，其发展有力地拉动了全省工业的增长。2015 年，广东高技术制造业同比增长 9.8%，增幅高于同期全省工业增幅 2.6 个百分点，对全省工业增长贡献率达 58.4%，拉动全省工业增长 4.2 个百分点（见表 4—1）。

---

①　谢芳芳：《技术创新、开放程度与第二产业升级的实证研究》，硕士学位论文，中共广东省委党校，2017 年。

表4—1　　　　广东高技术制造业主要指标占全省制造业比重情况

| 指标 | 2010 年 | 2011 年 | 2012 年 | 2013 年 | 2014 年 | 2015 年 |
|---|---|---|---|---|---|---|
| 企业数 | 12.1 | 12.5 | 13.2 | 14.5 | 14.7 | 15.1 |
| 工业总产值 | 27.0 | 26.9 | 28.7 | 28.8 | 28.9 | 29.9 |
| 工业增加值 | 24.0 | 24.5 | 26.9 | 27.9 | 28.0 | 28.4 |
| 资产总计 | 31.6 | 29.3 | 29.7 | 30.3 | 31.9 | 32.9 |
| 主营业务收入 | 27.5 | 27.1 | 28.5 | 28.5 | 28.5 | 30.1 |
| 利润总额 | 23.5 | 20.4 | 23.4 | 24.9 | 26.0 | 29.7 |
| 税金总额 | 16.4 | 25.8 | 23.0 | 23.1 | 22.5 | 22.1 |
| 平均从业人员 | 24.3 | 25.3 | 26.2 | 26.8 | 27.3 | 27.7 |

3. 高技术制造业的地区和行业集中度相对较高

（1）高技术制造业生产地区相对集中

从区域看，广东高技术制造业主要集中在珠三角地区。近年来，随着粤东西北地区高技术制造业发展，珠三角地区所占份额虽有所下滑，但绝对优势地位未变。2015 年，珠三角地区高技术制造业比上年增长 10.3%，对高技术制造业增长的贡献率为 94.0%，拉动高技术制造业增长 9.2 个百分点；占全省高技术制造业增加值比重达 94.6%，比 2010 年略降 0.9 个百分点。粤东西北地区高技术制造业合计占比仅为 5.4%，尽管个别区域增速较高（如山区比上年增长 16.9%），但对全省的拉动作用仍相对有限。

从地市看，深圳是广东高技术制造业的主要集中地，也是稳定高技术制造业增长的基础。2015 年，深圳高技术制造业占全省比重达 55.0%，在全省各地市中所占份额最大，对全省高技术制造业增长的贡献率为 47.0%，拉动全省高技术制造业增长 4.6 个百分点。2015 年，珠三角九个地市中，东莞、惠州和广州三地市高技术制造业生产也占有相当份额，分别占全省的 12.3%、8.5% 和 7.9%，同比增长 10.2%、8.8% 和 19.4%。此外，部分地市的高速增长也有力地促进了高技术制造业的发展，如珠海、河源、清远，分别比 2014 年增长 18.6%、19.2%、26.6%。

（2）高技术制造业生产行业高度集中

从六大分类行业看，与电子信息产业密切相关的电子及通信设备制造业、计算机及办公设备制造业是高技术制造业优势行业。2015年，两大分类行业增加值合计占整体高技术制造业增加值比重达90.4%，其中电子及通信设备制造业占82.9%，比2010年提高16.9个百分点，是高技术制造业中的核心行业。电子及通信设备制造业不仅决定着高技术制造业的发展，也成为影响全省工业发展的主要行业之一。2015年，电子及通信设备制造业对整体高技术制造业增长的贡献率达90.7%，拉动高技术制造业增长8.9个百分点；对全省工业增长贡献率达52.9%，拉动全省工业增长3.8个百分点。计算机及办公设备制造业占整体高技术制造业比重为7.4%，比2010年降低16.7个百分点，生产规模在高技术制造业中位居第二。2015年该行业增速为7.8%，对全省工业增长的贡献比较有限。但值得关注的是，该分类行业的小类行业其他计算机制造，2015年增速高达42.7%，是高技术制造业涉及小类行业中增速最快的行业，增幅比计算机整机高33.8个百分点。各行业增速的分化及占比的变化，表明随着市场需求的变化，电子信息产业内部在不断地进行结构调整及转型升级。

六大分类行业中涉及医疗卫生的有医药制造业、医疗仪器设备及仪器仪表制造业两大行业。2015年，医药制造业比2014年增长7.7%，由于生产规模相对较小，对全省工业影响相对较小，其中小分类行业兽用药品制造、生物药品制造发展迅速，增速均在两位数以上，分别比上年增长18.0%、10.8%和18.2%。医疗仪器设备及仪器仪表制造业主要受仪器仪表制造业生产收缩影响（比上年下降14.0%），比上年下降5.6%。

六大分类行业中，生产规模最小的信息化学品制造业、航空航天器及设备制造业两个大分类行业，其占全省工业比重均为0.3%（见表4—2）。

表4—2 　　　　　广东高技术制造业六大分类行业增加值占比情况

| 行业 | 2010 年 | 2015 年 |
|---|---|---|
| 合计 | 100. 0 | 100. 0 |
| 一、信息化学品制造 | 0.5 | 0.3 |
| 二、医药制造业 | 5.4 | 5.8 |
| 三、航空航天器及设备制造业 | 0.4 | 0.3 |
| 四、电子及通信设备制造业 | 66.0 | 82.9 |
| 五、计算机及办公设备制造业 | 24.2 | 7.4 |
| 六、医疗仪器设备及仪器仪表制造业 | 3.5 | 3.2 |

4. 高技术制造业内外销结构变化明显

广东工业品出口中，高技术制造业产品占比最大。2008 年金融危机后，特别是"十二五"时期，鉴于国际市场需求相对收缩，国家为降低外部市场对国内企业的冲击，相继出台了系列扩内需、保增长政策措施，广东高技术制造业企业顺势调整市场策略，产品内外销结构发生了相应变化，内销规模迅速扩大，但外销占比仍维持在较高水平。2015 年，广东高技术制造业工业品出口交货值占规上工业出口的比重达 52.6%，比销售产值占比高 24.8 个百分点。高技术制造业产品外销率为 50.1 %，较 2010 年的外销率（65.5%）回落 15.4 个百分点，但仍比全省规模以上工业企业平均外销率高 23.6 个百分点；产品内销率为 49.9%，比 2010 年提高 15.4 个百分点。

高技术制造业行业出口高度集中。2015 年电子及通信设备制造业、计算机及办公设备制造业的出口分别占高技术制造业出口的 80.9%、16.7%，合计占比高达 97.6%。从产品对外市场依存度看，计算机及办公设备制造业、电子及通信设备制造业、航空航天器及设备制造业产品外销率分别为 68.1%、50.3%、37.3%，产品对外市场依存度相对较大。

5. 民营企业成为高技术制造业的"主角"

"十二五"时期，高技术制造业领域中私人控股企业发展迅速，各方面表现明显优于其他类型控股企业，各项指标所占份额快速提升，并逐步占据主导地位。2015年，私人控股企业表现最活跃，资产总计比上年增长22.3%；国有控股企业、集体控股企业也有不俗表现，分别增长13.2%、9.4%；而"三资"企业仅增长5.9%；外商控股企业下降5.1%。随着私人控股的迅速发展，私人控股企业在高技术制造业中的比重迅速提高。2015年，高技术制造业中私人控股企业资产总计占比39.9%，比2010年提高27.6个百分点，成为各控股类型工业中占比最大的"主角"，比同期外商控股企业（19.3%）和港澳台商控股企业（22.2%）分别高20.6个和17.7个百分点。随着资金投入结构的变化，相应的产品销售市场结构也发生了变化。2015年，高技术制造业中私人控股企业主营业务收入占比达37.7%，比2010年提高26.3个百分点，占比居各控股类型企业首位；外商控股企业占26.0%，下降19.5个百分点；港澳台商控股企业占23.9%，仅提高0.3个百分点（见表4—3）。高技术制造业是工业领域里竞争相对激烈的产业，资金流入和销售结构的变化，一定程度上反映了内资企业在该领域竞争力的提升。

表4—3　　　　广东高技术制造业各控股类型企业主要指标占比

| | 资产总计（%） | | 主营业务收入（%） | | 产品外销率（%） | |
|---|---|---|---|---|---|---|
| | 2010年 | 2015年 | 2010年 | 2015年 | 2010年 | 2015年 |
| 合计 | 100.0 | 100.0 | 100.0 | 100.0 | 65.5 | 50.1 |
| 国有控股 | 12.0 | 12.2 | 7.7 | 7.5 | 44.6 | 39.0 |
| 集体控股 | 10.8 | 1.2 | 9.8 | 1.2 | 59.1 | 21.6 |
| 私人控股 | 12.3 | 39.9 | 11.4 | 37.7 | 25.0 | 27.2 |
| 港澳台控股 | 20.5 | 22.2 | 23.6 | 23.9 | 68.8 | 67.4 |
| 外商控股 | 43.0 | 19.3 | 45.5 | 26.0 | 80.4 | 74.1 |

（二）高技术制造业工业创新

1. 高技术制造业引领广东工业创新

"十二五"时期，广东高技术制造业工业创新R&D投入表现突出，成为引领广东工业创新的"领头羊"。2015年，广东高技术制造业 R&D 投入强度（R&D 投入占主营业务收入的比重）为 2.5%，比 2012 年提高 0.2 个百分点，比同期全省工业平均水平高 1.2 个百分点；高技术制造业 R&D 投入占全省工业比重达 54.4%，其主营业务收入占全省工业比重为 28.0%，高技术制造业 R&D 投入对全省工业的贡献远高于其主营业务收入对全省工业的贡献。

从行业看，电子及通信设备制造业占绝对优势。2015 年，广东电子及通信设备制造业 R&D 投入占高技术制造业比重为 86.4%，比 2012 年提高 5.3 个百分点；R&D 投入强度为 2.7%，分别比整体高技术制造业及全省工业平均水平高 0.2 个和 1.4 个百分点。

从控股类型看，私人控股企业已成为高技术制造业创新的主力。2015 年，广东私人控股的高技术制造业 R&D 投入占比达 59.5%，比 2012 年提高 11.5 个百分点；私人控股企业 R&D 投入强度为 4.0%，分别比同期港澳台商控股企业和外商控股企业高 2.7 个和 3.2 个百分点。

2. 创新推动企业生产提质增效

"十二五"时期，随着生产要素市场及产品市场的变化，特别是劳动力市场的变化，企业根据自身发展需要，加上"腾笼换鸟""产业转移""机器换人"等相关促进产业转型升级政策的作用，有力地促进了广东工业转型升级，广东高技术制造业相关指标表现突出。

（1）企业劳动生产率大幅提高。2015 年，高技术制造业从业人员平均劳动生产率由 2010 年的 140370 元/人·年提高到 197014 元/人·年，生产效率比 2010 年提高了 40.4%。

（2）企业赢利水平提高，收益大幅增加。2015 年，高技术制造业主营业务收入利润率为 6.1%，比 2010 年提高 0.2 个百分点；利润总额比 2010 年增长 64.5%，增幅高于同期全省工业平均水平 39.7 个百分点；2015 年广东高技术制造业实现利润总额同比增长 14.7%，增幅高于同期全省工业平均水平 6.5 个百分点，主营业务利润率同比提高 0.3 个百分点；从控股类型看，私人控股企业表现出色，2015 年广东私人控股高技术制造业利润总额同比增长 28.8%，而同期港澳台商控股企业、外商控股企业仅增长 2.5% 、4.9% ，国有控股企业、集体控股企业分别下降 0.7% 、8.4% ；私人控股高技术制造业主营业务利润率为 7.8% ，比港澳台商控股企业和外商控股企业分别高 3.5 个和 4.0 个百分点，比国有控股企业和集体控股企业分别高 2.3 个和 1.9 个百分点。[①]

### 三  制造业新产业与新业态

2015 年，中央政府启动实施了"中国制造 2025"战略，把建设制造业强国的目标任务上升为国家战略。广东作为中国经济和制造业第一大省，积极响应发布了《广东省贯彻落实中国制造 2025 的实施意见》和《广东省智能制造发展规划（2015—2025）》，在产业发展方向上，重点发展新一代信息技术、先进装备制造、先进材料制造、生物医药四大产业、18 个细分行业，着力构建广东先进制造业产业体系，推动制造业转型升级。

正如胡迟指出，在转型升级过程中，广东制造业产生了很多新产业、新业态，特别是"互联网＋"的不断发展给广东制造业企业注入了新技术、新理念、新模式，比如以智能家电、智能家居、智能移动终端等为代表的智能产品的智能化水平不断提升，移动互联网、云计算、大数据、物联网等与现代制造业加快融合，促进智能制造服务支撑体系不断健全，智能制造呈现较好的发展态势；与互联网相关的电子商务以及由网购带动的邮政、快递、信息消费、4G 用户等发展都非常快；此外，近两年来，广东省工业机器人需求呈快速增长趋势；国际机器人联合会数据显示，广东机器人市场需求约占全国的三分之一，并且近几年市场年均增长率超过 40% ；深圳机器人协会的数据显示，珠三角工业机器人使用量年均增速达 30% ，有些行业达 60% ；广东省工业机器人的市场主要集中在汽车及零部件、摩托车、金属制品、电

---

① 2018 年 9 月 27 日，广东统计信息网（http://www.gdstats.gov.cn/tjzl/tjfx/201611/t20161128_348984. html）。

子电器等行业，其中汽车制造、电子电器两个行业较为突出；近年来广东省迅速发展起一批工业机器人生产企业，逐步形成规模生产能力。[①]

## 第四节　广东省制造业产业转移与产业升级

改革开放以来，广东经济发展取得了举世瞩目的成就，但与发达国家相比，其制造业仍以劳动密集型和资金密集型为主，存在产业层次偏低、自主创新能力弱、附加值低等突出问题；面对全球经济环境复苏乏力的严峻形势，外向型经济占主导的广东制造业出口订单下降，背后折射出的是依靠资源要素投入为主的传统发展模式已走到尽头；市场经济形成的倒逼机制迫使广东加速调整制造业产业结构，以适应经济全球化、知识技术化、产业高级化背景下的国际国内竞争。[②]

2008 年金融危机爆发后，珠三角在"双转移"战略的倒逼机制下，加快了发展资金技术密集、关联度高、带动性强的现代装备、汽车、船舶等先进制造业的步伐，同时瞄准了电子信息、生物、新材料、环保、新能源、海洋产业等战略性新兴技术产业；粤东西北则积极承接珠三角传统制造业转移，进入工业化中期阶段，同时也成为广东省城镇化的主战场。珠三角形成了以广州、深圳、佛山为中心发展先进制造业，其他地区为其配套的产业格局；粤东、粤西沿海重化工产业带开始形成，粤北山区则为珠三角做好配套支撑的同时做大本地工业。[③] 2015 年，广东的先进制造业（约 2260 亿美元）和高技术制造业（约 1255 亿美元）增加值分别占全省规模以上工业的 48.5% 和 27.0%。

广东省的制造产业形态不再局限于仅是"三来一补"产业模式，

---

① 胡迟：《制造业转型升级："十二五"成效评估与"十三五"发展对策》，《中国经贸导刊》2016 年第 27 期。

② 王真：《广东制造业转型升级机制及其路径研究》，中国科协年会——分 2"机器换人"与智能制造论坛，2015 年。

③ 同上。

逐步从单纯的代工制造出口发展为深度参与国际产业分工分工体系中；在管理理念、制度和方法上更多吸纳现代科学管理的精华，改革落后的企业制度，形成与世界接轨的现代企业治理结构；企业的经营范围已面向全国和全球各地。

## 一 产业结构调整

2008 年金融危机严重影响了广东省的对外贸易，也促使了广东加快产业调整。传统的人口、制度红利和特殊的区位优势，支撑广东在改革开放后迅速实现经济腾飞，但这种以资源消耗为代价的产业发展模式难以为继；欧美市场的需求萎缩，以外向型经济为主的珠三角地区，面临着急迫的转型压力。作为改革开放的先行地，广东率先进入经济发展新常态，也较早开始推进经济结构调整和产业转型升级。转变经济发展方式，成为金融危机后广东经济发展一以贯之的主线。

产业转型升级与制造业中高端发展成为广东转变发展方式、调整经济结构的主攻方向。珠三角地区的发展从要素和投资驱动转向为创新驱动。为了主动适应新常态，广东从"十一五"就开始大力实施转型升级，到"十二五"已取得初步成效。广东省政府根据现实需要制定出发展先进制造业和现代服务业的战略，安排了一批产业调整和建设项目。"十二五"时期，广东经济结构持续优化，产业迈向中高端水平，第三产业比重首次突破 50%，初步形成以战略性新兴产业为先导、先进制造业和现代服务业为主体的产业结构。

李晓峰和李祥英指出，广东的三次产业结构由 1978 年的 29.8∶46.6∶23.6 到 1997 年的 12.6∶47.6∶39.8 再到 2007 年的 5.7∶52.0∶42.3，最后到 2010 年三次产业结构演变为 5.0∶50.4∶44.6，产业格局中二、一、三转变为二、三、一，第三产业占 GDP 比重逐年上升；在广东的产业结构中，第二产业的存量大，对金融危机之后的经济复苏起主导作用；在第二产业中，传统的加工制造业虽然还占有重要地位，但从 2006 年开始，广东工业开始适度向重型化发展，机械制造业、装备制造业及大型化工产业都有较快增长；另外，先进制造业和高技术产业发展势头良好，2010 年两大类产业占规模以上工业增加值的比重由 2009 年的 66.1% 上升到 67.8%，其中先进制造业快速发展，增加值占工业的 47.2%，初步形成装备制造"海陆空"全面发展的格局；同时，策略性新兴产业加快发展，在信息、生物、新材料、航空、高技术服务等领域建立了 12 家国家高技术产业基地，高端新型电子信息、新能源汽车和半导体照明三大产业发展迅速。①

## 二 产业转移与产业集群

2008 年广东实施"双转移"以来，珠三角地区各市积极采取措施，推动劳动密集型等低端产业转移，腾出发展空间，通过在迁入地建立产业园的方式，有计划地将劳动密集型的低附加值企业从珠三角地区迁到粤东西和粤北山区，实现了资源的有效整合。

蔡耿怀指出，在产业转移过程中，广东省产业转移工业园逐步成为新的产业集聚区，珠三角地区相关产业因此得到了更为广阔的发展空间；广东通过转移促转向、转移促升级、转移促聚集和转移促转化的政策效应扩散，产生了较强的产业技术升级和结构优化效应，改变了长期低端制造、劳动密集、外向出口的传统发展模式；同时，产业转移不仅加快了珠三角地区边际产业转变为外围地区优势产业的空间转换步伐，而且通过利用东西翼和北部山区的资源和比较优势，激活了广东省内源经济的发展潜力。全省内外需协调拉动增长、创新驱动、多极联动的发展格局初步形成。②

据广东经信委不完全统计，珠三角地区从 2008 年到 2014 年，累计转出企业超过 8000 家；通过淘汰落后产能、关停并转等方式腾

---

① 李晓峰、李祥英：《产业转型升级时期广东高职教育的发展现状及对策》，《职教论坛》2012 年第 27 期。

② 蔡耿怀：《从产业集聚水平解读广东省"双转移"战略》，《中国集体经济》2015 年第25 期。

出企业 70000 多家，涉及投资总额 600 多亿元，珠三角地区劳动密集型产业和落后产能的低水平扩张得到了有效控制；另外加大招商引资力度，新引进企业 30000 多家，产业发展水平整体得到提升；新引进企业中，先进制造业、高技术制造业和现代服务业企业约占 60%。[1]

案例 4—1

# 广东示范性转移产业园——阳江高新区[2]

阳江高新区积极融入"一带一路"建设，主动适应经济新常态，除了发展工业，大力推进"双转移"，促进产业集聚，还将发展成果惠及老百姓，推动高新区人民群众迈向全面建成小康之路。

到阳江，除了看海、吃海鲜，最值得一看的还有广东海上丝绸之路博物馆的镇馆之宝"南海Ⅰ号"。这艘尖头的古船，沉没于广东阳江市东平港以南约 20 海里处，是目前发现的最大的宋代船只。专家从船头位置推测，当时这艘古船是从中国驶出，赴新加坡、印度等东南亚地区或中东地区进行海外贸易。"南海Ⅰ号"是"海上丝绸之路"主航道上的珍贵文化遗产。而自宋朝始，阳江就已是海上丝绸之路重要的中转港、补给港，成为东西方经济文化交流的重要枢纽。地处广州港、湛江港两大主枢纽港之间的阳江港，定位为工业港，为粤西乃至西南地区提供便捷的海上运输通道。

作为阳江的发展新引擎，依托其独特的区位优势、港口优势，阳江高新技术产业开发区（以下简称阳江高新区）积极融入"一带一路"建设，主动适应经济新常态，除了发展工业，还大力推进"双转

---

① 胡迟：《制造业转型升级："十二五"成效评估与"十三五"发展对策》，《中国经贸导刊》2016 年第 27 期。

② 张玉荣、麦婉华：《阳江高新区作为广东示范性转移产业园——适应经济新常态　融入"一带一路"大战略》，《小康》2015 年第 14 期。

移"，促进产业集聚。主要体现在以下几个方面：

（一）同步完善管理体制和基础设施，主动承接"双转移"

高新区是阳江经济发展的重要引擎，招商引资的主战场，新兴产业的集聚地，城市建设的新组团，体制改革的先行区。即阳江高新区主要工作是承接产业转移。

阳江高新区是经广东省人民政府批准成立的省级高新技术产业开发区，属阳江市政府派出机构，行使市一级管理权限，实行区、镇、港合一的管理体制。辖区内总人口 10 万人，总面积约 190 平方公里，规划园区开发的建设用地约 60 平方公里。园区由港口工业园、福冈工业园、平东工业园、平冈镇中心区及生活配套区组成。

2008 年，按省委、省政府"双转移"工作部署，广州市与阳江市共建的广州（阳江）产业转移园，面积 21.8 平方公里，先后获得省级示范性转移工业园、省食品药品专业性工业园和省十大重点园区的称号。

广青公司镍合金项目（以下简称广青），位于阳江港临港工业园，该项目是广州与阳江"双转移"项目中的广东省重点项目。项目建成后产值达 100 亿元，产业税收 7 亿元，它的引进与建设凸显"广青速度"。"从招商引资到建厂投产广青仅仅用了 13 个月。政府办事效率非常高，除了用水用电等配套设施支持到位，政府劳动部门还出面帮助招工，我们得以顺利投产运作。"广青公司董事王桂域不无感叹。

（二）推行"用地储备制度"和建设"临港工业大体系"，产业集聚成就显著

阳江高新区地理区位优势明显，广湛高速公路、沿海高速公路、云阳高速、325 国道、三茂铁路和阳阳铁路直通园区，区内阳江港是国家一类对外开放口岸，规划建设 60 个码头泊位，建成后年吞吐量达 1 亿吨。

除了独特的区位、港口优势，阳江的能源、自然资源、土地、劳动力资源等方面优势突出。阳江高新区充分利用这几大优势，因地制

宜，重点发展三大产业：金属制品及金属材料产业、食品药品产业、新能源新材料产业。园区初步形成了以广青金属科技、世纪青山镍业为龙头的金属材料及金属制品产业集聚；以嘉吉粮油（阳江）有限公司为龙头的食品加工产业集聚；以阳江市汉能工业有限公司、广东明轩实业有限公司、英格（阳江）电气有限公司为龙头的新能源新材料产业集聚。

（三）实现了工业总产值从1.1亿元到365亿元的大跨越，发展成果全民共享

阳江高新区初建时的2003年，工业产值仅有1.1亿元，2014年达365亿元。工业的发展，带动了各行各业的发展，也促进了城镇的建设和人民生活的改善。阳江高新区五羊村、周村等美丽乡村示范点，村庄里种上了鲜花、铺设好了村路，还有各类娱乐休闲设施。

阳江高新区2014年投入逾2200万元，重点打造周村周南自然村、石柱村上头自然村、五羊村蟹地自然村，并以此为建设示范点，推动全区美丽乡村建设。

### 三 制造业重点企业发展概况

2017年《财富》世界500强排行榜中，中国上榜企业共115家，总部位于广东的有11家，比上年增加2家，总数在内地各省市中仅次于北京。其中广汽集团、华为、万科等粤企的登榜排名较上年均有所上升。4家制造型企业（华为、正威国际、广汽集团和美的集团）入围。可以看出广东制造正在"涅槃重生"，在国家"一带一路"建设号召下，加速全球化布局发展，在全球范围内树立起中国制造的品牌，并通过深度参与全球价值链分工，成为所在领域的佼佼者；除此之外，包括中兴、大疆、格力、恒大、万科在内的一大批粤企均已成为各行业中的领军者，在开放包容的营商环境中创造出一个又一个商业奇迹；省统计局提供的数据显示，截至2016年，广东一批本土大型骨干企业茁壮成长，年主营业务收入超百亿元和超千亿元企业总数分别达到

243 家和 23 家。广东百亿元与千亿元"航母俱乐部"正不断发展壮大。①

2016 年广东省企业联合会、广东省企业家协会发布的广东省企业 500 强排行榜中，制造业企业占比达 52.4%，制造业在广东省经济中的基础地位仍然稳固；华为技术有限公司以近四千亿元（39500900 万元）的营业收入总额高居排行榜第一位，领跑制造企业。正威国际集团有限公司和广州汽车工业集团有限公司分别以 30036385 万元和 21643680 万元的营业额位居制造业排行榜第二位和第三位。其中，排名前十的制造企业发展情况摘录如下:②

1. 华为技术有限公司

华为技术有限公司是一家生产销售通信设备的民营通信科技公司，总部位于中国广东省深圳市龙岗区坂田华为基地。华为的产品主要涉及通信网络中的交换网络、传输网络、无线及有线固定接入网络和数据通信网络及无线终端产品，为世界各地通信运营商及专业网络拥有者提供硬件设备、软件、服务和解决方案。华为于 1987 年在中国深圳正式注册成立。华为的产品和解决方案已经应用于全球 170 多个国家，服务全球运营商 50 强中的 45 家及全球 1/3 的人口。

华为聚焦 ICT 基础设施领域，围绕政府及公用事业、金融、能源、电力和交通等客户需求持续创新，提供可被合作伙伴集成的 ICT 产品和解决方案，帮助企业提升通信、办公和生产系统的效率，降低经营成本。

2016 年，华为实现销售收入人民币 5215.74 亿元，同比增长 32%。2016 年，华为联合沃达丰、西班牙电信、中国联通等领先运营商，部署智慧家庭、智慧抄表和车联网等业务，拓展千亿元连接新蓝海。在企业业务方面，华为推出智慧城市解决方案架构，成功应用于全球 40 多个国家的 100 多座城市。此外，华为还联合 500 多家合作伙伴为全

---

① 2018 年 9 月 27 日，http://www.sohu.com/a/193955268_100007928.
② 2018 年 9 月 27 日，https://www.sohu.com/a/110438039_468729.

球 130 多个国家和地区的客户提供云计算解决方案，"全面云化"是其最新战略。这家 1987 年创办于深圳的粤企已逐步从一家电信设备商成功转型为全球领先的信息与通信解决方案供应商。如今，华为基本完成了产品及服务的全球覆盖，真正成为一家总部位于中国的全球化企业。

2. 正威国际集团有限公司

正威国际集团是一家以有色金属完整产业链为主导的全球化集团公司，集团总部位于深圳。

《财富》世界 500 强，2013 年排名第 387 位，2014 年排名第 295 位，2016 年排名第 190 位。历经十多年的发展，2014 年拥有员工 15000 余名。集团总部位于广东深圳，应全球业务发展，在国内成立了北京、上海、广州区域总部，在欧洲（日内瓦）、亚洲（新加坡）等地设立国际区域总部。

正威国际集团在做大做强有色金属主业的同时，正式向半导体产业进军。集团旗下有深圳精密控制线缆产业园，江西赣州铜、钨采选冶及精深加工产业园，安徽铜陵铜制造产业园，安庆汉玉产业园，营口高威铜制造产业园及正在投资建设的安徽池州正威中华芯都集成电路产业园，营口聚酰亚胺高新材料产业园等产业基地。

3. 广州汽车工业集团有限公司

广州汽车工业集团有限公司（以下简称广汽工业集团）成立于 2000 年 6 月 8 日，在广州汽车集团有限公司和广州五羊集团有限公司的基础上重组而成，是广州市政府国有资产授权经营企业集团，是广东省、广州市重点扶持发展的大型企业集团。

目前，广汽工业集团直接投资的全资和控股企业有：广州汽车集团股份有限公司、广州摩托集团公司、广州广悦资产管理有限公司和广州汽车工业技工学校。广汽工业集团通过广州汽车集团股份有限公司间接持有的企业有：广州本田汽车有限公司、广州丰田汽车有限公司、本田汽车（中国）有限公司、广汽丰田发动机有限公司、广州骏威客车有限公司、广州羊城汽车有限公司、广州汽车集团零部件有限公司、广州汽车集团商贸有限公司、广爱保险经纪有限公司和广州汽车技术中心等汽车整车、零部件制造、研发和服务贸易企业。

集团主要产品有：广州本田雅阁、奥德赛、飞度和思迪系列轿车；广州丰田凯美瑞轿车；广汽传祺轿车；骏威牌和珠江牌系列客车；羊城牌货车和专用车；五羊牌和五羊－本田牌摩托车；广汽丰田 AZ 系列发动机以及汽车空调器、座椅、灯具、弹簧、减震器等多种汽车、摩托车零配件产品。

2017 年，广汽集团旗下自主品牌、日系合资、欧美系合资三大整车核心业务板块实现全面增长，业绩再创新高，汽车产销首次突破200 万辆，同比增长均超 21%，相当于行业平均增幅的 7 倍，市场占有率升至 7%；2017 年广汽集团连同合营、联营公司共实现营业总收入为 3397.73 亿元，同比增长 23.21%。

2017 年，广汽连续第五年入围财富世界 500 强，排名第 238 位，比 2016 年上升 65 位，上升幅度达 21%。截至 2017 年 12 月，广汽集团总市值在 1600 亿元以上，市值上升 400 亿元，并相继被纳入 MSCI 中国 A 股指数和恒生国企指数。

4. 美的集团股份有限公司

诞生于广东顺德的老牌家电品牌美的，是一家以家电制造业为主的大型综合性企业集团。主要家电产品有家用空调、商用空调、大型中央空调、冰箱、吸尘器、取暖器、电水壶、烤箱、抽油烟机、净水设备、空气清新机、加湿器、灶具、消毒柜、照明等和空调压缩机、冰箱压缩机、电机、磁控管、变压器等家电配件产品。现拥有中国最完整的空调产业链、冰箱产业链、洗衣机产业链、微波炉产业链和洗碗机产业链；拥有中国最完整的小家电产品群和厨房家电产品群；在全球设有 60 多个海外分支机构，产品远销 200 多个国家和地区。

2014 年 12 月，美的正式发布公告，12.6 亿元引入小米科技作为战略投资者，持股 1.288%，小米还将提名一位核心高管加入美的董事会。2015 年 1 月 8 日，《房间空气调节器节能关键技术研究及产业化》项目成果获得"国家科技进步奖"二等奖。2016 年 7 月 20 日，美的集团以 22173.5 百万美元的营业收入首次进入《财富》世界 500 强名单，位列第 481 位。

目前美的集团正加速推进"智慧家居 + 智能制造"战略，展开新产业链的布局。2017 年 1 月，美的以 40 亿欧元收购德国机器人公司库卡（KUKA），持有 94.55% 股份。凭借库卡集团在工业机器人与系统解决方案领域领先的技术实力与美的在中国家电制造、销售及市场推广方面的专长积累，二者可联合开拓广阔的中国机器人市场，美的有望成为机器人及自动化领域的领军科技企业，实现从传统家电制造商向智慧家居创造商的转型。

5. TCL 集团股份有限公司

TCL 集团股份有限公司创立于 1981 年，是全球化的智能产品制造及互联网应用服务企业集团。其前身为中国首批 13 家合资企业之一——TTK 家庭电器（惠州）有限公司，从事录音磁带的生产制造，后来拓展到电话、电视、手机、冰箱、洗衣机、空调、小家电、液晶面板等领域。集团现有 7 万多名员工，23 个研发机构，21 个制造基地，在 80 多个国家和地区设有销售机构，业务遍及全球 160 多个国家和地区。

目前，旗下拥有 TCL 集团、TCL 多媒体科技、TCL 通讯科技、通力电子四家上市公司。形成多媒体、通信、家电和部品四大产业集团，以及房地产及投资业务群、物流及服务业务群。TCL 集团旗下主力产业在中国、美国、法国、新加坡等地设有研发总部和十几个研发分部。在中国、波兰、墨西哥、泰国、越南等地拥有近 20 个制造加工基地。

6. 中兴通讯股份有限公司

中兴通讯股份有限公司（英语：ZTE Corporation，全称：Zhongxing Telecommunication Equipment Corporation），简称中兴通讯（ZTE）。全球领先的综合通信解决方案提供商，中国最大的通信设备上市公司。主要产品包括：2G/3G/4G/5G 无线基站与核心网、IMS、固网接入与承载、光网络、芯片、高端路由器、智能交换机、政企网、大数据、云计算、数据中心、手机及家庭终端、智慧城市、ICT 业务，以及航空、铁路与城市轨道交通信号传输设备。

ZET 为全球 180 多个国家和地区的顶级运营商（如中国移动 China Mobile、美国沃达丰 Vodafone、德国电信 Telekom、西班牙电信 Telefónica 等）提供创新技术与产品解决方案，通过全系列的无线、有线、业务、终端产品和专业通信服务，满足全球不同运营商的差异化需求。

7. 珠海格力电器股份有限公司

成立于 1991 年的珠海格力电器股份有限公司是目前全球最大的集研发、生产、销售、服务于一体的专业化空调企业，连续多年上榜美国《财富》杂志"中国上市公司 100 强"。格力电器旗下的"格力"品牌空调，是中国空调业唯一的"世界名牌"产品，业务遍及全球 100 多个国家和地区。2005 年至今，格力空调连续 13 年全球销量领先。

作为一家专注于空调产品的大型电器制造商，格力电器致力于为全球消费者提供技术领先、品质卓越的空调产品。在全球拥有珠海、重庆、合肥、郑州、武汉、石家庄、芜湖、巴西、巴基斯坦 9 大生产基地，8 万多名员工，至今已开发出包括家用空调、商用空调在内的 20 大类、400 个系列、7000 多个品种规格的产品，能充分满足不同消费群体的各种需求；拥有技术专利 6000 多项，其中发明专利 1300 多项，自主研发的超低温数码多联机组、高效直流变频离心式冷水机组、多功能地暖户式中央空调、1 赫兹变频空调、R290 环保冷媒空调、超高效定速压缩机等一系列"国际领先"产品，填补了行业空白，成为从"中国制造"走向"中国创造"的典范，在国际舞台上赢得了广泛的知名度和影响力。

2017 年格力电器实现营业总收入 1500.2 亿元，净利润 224.02 亿元，纳税 149.39 亿元，连续 16 年位居中国家电行业纳税第一，累计纳税达到 963.53 亿元。2018 年，格力电器位列"福布斯全球上市公司 2000 强"榜单第 294 位。

8. 比亚迪股份有限公司

比亚迪股份有限公司创立于 1995 年，2002 年 7 月 31 日在香港主板发行上市，公司总部位于中国广东深圳，是一家拥有 IT，汽车及新能源三大产业群的高新技术民营企业。在广东、北京、陕西、上海等地共建有九大生产基地，总面积将近 700 万平方米，并在美国、欧洲、日本、韩国、印度等国和中国台湾、香港地区设有分公司或办事处，现员工总数将近 20 万人。

公司 IT 产业主要包括二次充电电池、充电器、电声产品、连接器、液晶显示屏模组、塑胶机构件、金属零部件、五金电子产品、手机按键、键盘、柔性电路板、微电子产品、LED 产品、光电子产品等以及手机装饰、手机设计、手机组装业务等。主要客户包括诺基亚、三星等国际通信业顶端客户群体。

9. 广州医药集团有限公司

广州医药集团有限公司成立于 1951 年，是广州市政府授权经营管理国有资产的国有独资公司，主要从事中成药及植物药、化学原料药及制剂、生物医药制剂等领域的研究和开发以及制造与经营业务，而且在医药商贸物流、大健康产业等方面有了持续快速的发展，是广州市重点扶持发展的集科、工、贸于一体的大型企业集团。

公司黄金围现代药品物流中心是目前华南地区面积最大、功能最齐、机械化和智能化程度最高的医药商业物流中心。此外，广药集团拥有现代化的生产厂房，先进的工艺技术和一流的生产设备，全部获得 GMP 认证，部分产品已获得欧美的 FDA、TGA 认证。商业企业均通过了国家的 GSP 认证。

2016 年，广药集团完成工商销售收入达到 878 亿元，位居 2017 中国企业 500 强第 171 位，连续多年荣登"中国制药工业百强榜"第 1 名。

10. 中国长城计算机深圳股份有限公司

中国长城计算机深圳股份有限公司（China Great Wall Computer Shenzhen Company Limited）是中国最大的从事计算机及其外部设备生

产制造的上市公司，成立于 1985 年，隶属于中国电子信息产业集团公司。长城电脑是中国第一台高级中文微型计算机长城 0520CH 的研发制造商。作为国家高新技术企业、深圳市首批"自主创新行业龙头企业"、中国航天事业 IT 行业独家合作伙伴，公司业务涵盖"计算机整机及关键零部件、信息安全与自主可控产品、云计算及数据存储系统、新兴能源"等，是目前全球最大的显示器研发制造商、全球第三大液晶电视研发制造商、国内最大的计算机电源研发制造商、国内领先的云计算解决方案提供商和服务商。拥有"长城"牌计算机、笔记本、服务器三个中国名牌，拥有"GreatWall 长城"和"AOC"（冠捷）两个"中国驰名商标"。"长城"品牌连续六年荣膺"中国十大消费电子领先品牌"。

在新兴能源领域，着力推进战略性新兴产业电源以及太阳能光伏产业的发展。公司自 1989 年开始从事开关电源的生产制造以来，经过 20 余年的积累沉淀，目前全系列产品通过 CCC 认证，并在国内电源行业中率先通过了 ISO9001 质量体系认证，荣获首张节能证书，同时长城电源也是中国电源国家标准的主要起草单位。

## 四　案例分析

### （一）不同产业升级路径典型案例

桑瑞聪和郑义总结了广东汽车、电子信息、陶瓷生产三个产业的升级路径，要点内容摘编如下。①

### 1. 汽车产业：市场拓展型转移与自主品牌

从我国汽车产业多年的发展历程来看，国内汽车产业先后探索了不同的升级路径和模式，经历了由依附型合作模式到自主品牌发展的产业升级过程。以深圳比亚迪汽车为例，它是广东汽车产业本土民营企业的典型代表。

---

① 桑瑞聪、郑义：《产业转移与产业升级——基于三个典型产业的案例分析》，《当代经济管理》2016 年第 38 卷第 7 期。

深圳比亚迪公司成立于 1995 年，控制着全球 60% 的镍电池与 30% 的锂电池的市场份额。2003 年比亚迪收购西安秦川汽车有限公司，进入汽车行业。比亚迪集模具开发、整车制造、车型研发于一体，现有基地总产能达 20 万辆，2009 年汽车销售 44.84 万辆，居自主品牌第二名。比亚迪已在国内建立了深圳坪山、西安、北京、上海、惠州、长沙、韶关七大工业园区。在自主创新方面，比亚迪在深圳设立了中央研究院、汽车工程研究院以及电力科学研究院，负责高科技产品和技术的研发。并通过电动汽车的技术研发，推出了适合低端消费群体高性价比的电动汽车。

对比亚迪价值链组织管理进行综合分析，发现具有以下特征：

第一，在市场进入上，定位于中低端市场。基于当前我国持续"哑铃型"的需求结构，中国消费者更青睐于低价节能型的产品。当一汽、上汽等合资品牌在高端市场进行激烈竞争时，比亚迪则从国内的低端市场做起。推行低价策略，迅速抢占市场。对中国潜在的巨大市场规模的准确定位使得比亚迪很快在汽车产业脱颖而出。

第二，在生产布局上，选择总部经济（东部地区）＋生产基地（中西部）的模式。为了更好地节约成本，利用我国中西部地区低成本制造的优势，在中西部地区建立了多个生产基地，而将研发、行销和管理总部放在深圳、上海、杭州等具有信息和技术优势的发达地区，通过组织价值链的各环节来控制成本以达到资源的最优整合。

第三，在技术提升上，采取技术并购、改进研发和人才引进等多种渠道。由于本土企业对本国消费者的偏好有着较深入的了解，它会根据本国消费者的要求将跨国企业的成熟技术进行改进研发，使得生产的消费品日益多样化，其竞争优势也沿着价值链发生转移。针对高端需求市场，比亚迪与戴姆勒 2010 年以奔驰 B 级车为基础合资研发新型电动车。比亚迪从海内外引进专业化来提升学习能力，并组建自己的研发团队，提高了生产效率。

要成为生产者驱动的价值链中的"链主"，企业必须拥有较强的技术优势和市场开拓能力，而比亚迪则通过整合价值链和获取外部资源的方法实现了技术能力的提升以及对终端市场的占领。

2. 电子信息产业：成本导向的扩张式产业转移与自主创新

20 世纪 90 年代以来，电子信息产业以前所未有的速度和规模高速成长，已经形成了长三角、珠三角和环渤海三大电子信息产业基地，但是以采用"加工组装贸易"为主的产业发展模式。近年来随着国内外环境的变化，作为我国最大电子产品代工企业的富士康，其利润空间被不断挤压，业绩连续下滑。2010 年开始大举内迁，先后在内陆省份扩建生产基地，然而面临着同样的生存压力；同是位于深圳的国内电子信息产业中的顶尖企业华为的业绩却迅速上升，仍然掌控着利润的高地，这主要是因为依赖于低成本优势起家的两家企业，选择了价值链中的不同位置，从而走上不同的发展道路。

深圳华为成立于 1987 年，起初只是一家生产用户交换机（PBX）的代工企业，没有自己的产品和技术，但是华为不满足于代工生产获得的微薄利润，而是不断获取技术上的赶超。1989 年就开始自主研发 PBX，1995 年在北京成立研发中心，此后又在瑞典、美国设立研发中心，并与西门子、IBM、Intel、摩托罗拉等成立了联合研发中心。现已成为全球最大的电信网络解决方案提供商，超越了诺基亚、西门子和阿尔卡特朗讯，成为仅次于爱立信的全球第二大电信基站设备供应商。华为的产品和解决方案已经应用到全球 170 多个国家。华为之所以可以保持长久的竞争力，主要在于以下几点：

第一，一开始就重视自主创新，寻求核心技术的突破。华为的技术升级共经历了三个发展阶段：吸收性研发、合作研发和创新性研发。在发展初期企业从事代工生产，基于资金与人才的限制，华为选择了吸收性研发来增强知识的获取，将代工获得的利润全部用于产品升级换代以及通信技术的研发中，通过付费获得试用专利的授权并进行仿制，不断提高自主研发能力和创新意识。在具备了一定的研发经验和能力后，又开始选择合作研发的模式，在与客户、跨国企业的竞争以及科研机构的合作中逐步提升研发能力，获取全球创新资源，最终培养了创新性研发能力。

第二，以消费者需求驱动研发流程。在发展初期，技术在电子信息产业价值链上处于主导地位，近年来，消费需求同技术一样成为影响电子信息产业的决定性因素。当跨国公司在海外争夺欧美发达市场时，华为选择了进入亚非拉第三世界国家全球低端市场。准确的市场定位使得华为没有遭遇到全球价值链中跨国公司的强大压制，反而获取了前沿技术和消费者的最新信息。通过与当地客户、研发机构合作，明确了产品定位，提升了产品形象。

第三，在出口产品上，华为没有像其他代工企业一样选择"贴牌出口"的方式，而是选择自主品牌出口来开拓海外市场。可见，华为凭借着对全球创新资源的配置整合以及自主品牌效应的创建，正在使自己逐步成为电子信息产业中的领导型企业。

3. 广东佛山陶瓷产业："原材料导向＋集群式产业转移"与产业升级

广东佛山陶瓷生产历史悠久，被誉为"南国陶都"，形成了享誉国内外的陶瓷产业集群。迫于成本和资源环境压力，这种高耗能、低附加值的产业已经不适合该地当前所处的工业发展阶段，为了适应产业发展的需要，佛山陶瓷产业开始了大规模的产业转移。总体来说，大致经历了三次转移浪潮。第一次是始于 2000 年，主要向四川夹江地区转移；第二次是始于 2002 年，主要向省内周边的清远、肇庆、河源等地转移；第三次是从 2006 年开始，以湖南衡阳为起点开始向中西部地区跟进。以江西为例，现已形成景德镇、九江、萍乡、丰城和高安五大陶瓷生产基地。

从这三次转移浪潮来看，佛山陶瓷产业转移过程中主要采取了原材料导向与集群式产业转移两种模式。一是"原材料导向辐射型"，即佛山陶瓷产业为了节约成本在省内周边城市的转移。在此模式下，佛山将陶瓷业价值链上的生产环节转移出去以后，开始集中资源培育陶瓷研发设计和会展中心、生态精品陶瓷生产基地，加大对陶瓷物流平台和交易平台的整合，组织兴建并投入运营了华夏陶瓷博览城，形成了企业的营销中心。同时，注重通过和高校、科研机构的合作，提升研发水平，并开始发展陶瓷装备制造业，促进了陶瓷产业结构升级和合理的产业分工与协作，从而实现了向产业链两端高附加值的延伸，避免了产业转移之后转出地的产业空心化问题。二是"集群嵌入型"，即向省外四川、山东淄博的转移，企业不仅可以利用当地比较廉价的劳动力、土地等资源，还可以嵌入当地的陶瓷产业集群，借助当地营销网络扩大生产规模，创造区域品牌。在此模式下，禅城陶瓷企业在西北部设立生产基地和分公司，将产业链融入当地的产业集群中。一方面，集群中企业之间的竞争效应、学习效应以及技术外溢性有利于激发企业的创新意识，这一创新在产业内部不断地累积循环，从而提高了产业的整体创新水平和竞争力。另一方面，可以开拓转入地以及相邻地区的销售市场，提升"佛山陶瓷"的区域品牌效应。

（二）产业升级路径经验启示

以上三个产业升级路径具有一定的实践意义，为企业向价值链高端攀升提供了重要的经验，桑瑞聪和郑义把相关经验概括为以下三个方面：①

第一，产品市场需求是产业升级的关键。在大规模的市场需求下，企业可以实现发展所需要的规模经济，凭借规模报酬递增获得企业技术能力提升和自创品牌所需要的资金支持。为满足消费者多样化的需求，可以利用高速增长和扩张的需求市场空间培育出自主创新能力。扩大内需的政策将对国内市场，特别是中西部地区的需求拉动产生显著的助推作用。在中央和地方扩大内需政策刺激下，中西部地区广大的市场将会被开拓出来，产业向中西部地区的转移将为价值链在国内的延伸和升级提供发展空间。

第二，整合全球资源和积累技术能力是本土企业提高研发能力和自主创新的有效手段。案例中，比亚迪和华为都有过类似的经历。企

---

① 桑瑞聪、郑义：《产业转移与产业升级——基于三个典型产业的案例分析》，《当代经济管理》2016 年第 38 卷第 7 期。

业在与海内外科研机构、跨国公司的合作中获取了全球创新资源，培育出了人才、技术等高端生产要素。

第三，构建自主品牌营运能力对产业升级至关重要。全球品牌首先是在国内具有较强的影响力。通过产业链向中西部地区的延伸有助于企业首先在国内市场上积累经验，这对创建国际品牌，进入周边国家市场具有重要意义。

# 第五节　广东制造业转型升级城市范例

## 一　东莞制造——制造名城的转型与求索

（一）东莞制造业转型背景

1978 年 9 月，港资企业太平手袋厂在东莞建厂，成为全国第一家"三来一补"企业，标志着东莞工业化就此起步；作为中国改革开放的样本之一，两头在外、以外贸出口为导向的东莞模式闻名中外；2009 年之前，外部市场旺盛的需求使东莞模式顺风顺水，地区经济一直保持两位数增长速度，随着东莞加工贸易的壮大，制造业内这样形容东莞的世界工厂地位："东莞一堵车，世界就缺货"，这为东莞制造业发展打下了坚实的基础；2008 年的金融危机打乱了东莞的惯有节奏，2009 年东莞 GDP 增速急降至 5.3%，此后的 3 年，东莞都没有实现 GDP 预期增速；近年来，由于长期快速发展积累的深层次矛盾，加上国际金融危机的冲击，以及中国经济发展进入新常态，东莞遭遇了"成长的烦恼"，面临"双重挤压"：一方面，劳动力成本、土地成本上升，跟周边国家和地区比，广东已经不具有竞争优势；另一方面，传统的自主的技术不足，在高端市场上，广东也无法跟欧美等发达国家竞争。[①]

面对双重挤压的情况，只能够向上走，向上走就要转型升级。东

---

① 《制造业名城的转型与求索》，《南方日报》2013 年 4 月 17 日，2018 年 9 月 27 日（http://epaper.southcn.com/nfdaily/html/2013 - 04/17/content_7182464.htm）。

莞从"世界工厂"向"制造名城"的转变，就是从来料加工型、生产
车间型向创新驱动型、品牌生产型转变，是更加注重品牌化、科技化
和美誉度的产业链转型升级。① 东莞走在中国产业转型爬坡的最前沿，
被视为制造业转型升级的一个缩影。智能制造设备更新、互联网融入
工业流程、商事制度改革等激发了东莞制造的创新。东莞在推动企业
向"微笑曲线"两端延伸上做了大量工作。②

（二）东莞制造业转型方向

1. 加速迈向智能制造

近年来，东莞已经开始步入智能制造时代，东莞大部分工业企业
进行了"机器换人"，并且许多企业对机器人的认识也不再简单停留
在解决劳动力短缺这一问题上，而是更希望借助机器人及由此延伸的
自动化、数字化和智能化技术，进一步提高生产效率和产品质量，继
而形成新的市场竞争优势。③

2014 年东莞启动了"机器换人"计划，总投资超过了 62 亿元，
减少用工约 4 万人。据东莞市统计局最新统计数据显示，2017 年东莞
全市规模以上工业增加值 3316.97 亿元，比上年增长 10.0%，其中
先进制造业和高技术制造业两个行业的增加值占到了近九成，达到
89.47%。2017 年东莞规模以上先进制造业增加值为 1675.49 亿元，
增长 13.7%；而规模以上高技术制造业增加值为 1292.23 亿元，增
长 15.0%。两者占到了 2017 年东莞规上先进制造业增加值的
89.47%，这也表明 2017 年东莞在先进制造业和高技术制造业发展
上取得了亮眼的成绩，两者俨然已经成为东莞规模以上工业发展的
重要支柱。

以石碣镇为例，一批有实力的企业采取机器换人、引进技术等方

---

① 《制造业名城的转型与求索》，《南方日报》2013 年 4 月 17 日，2018 年 9 月 27 日（ht-
tp：//epaper. southcn. com/nfdaily/html/2013 - 04/17/content_7182464. htm）。
② 武筱婷：《观东莞制造业转型》，《纺织机械》2016 年第 2 期。
③ 杜弘禹：《珠三角制造业革新样本："机器换人"推动制造业加速迈向智能制造》，《21
世纪经济报道》2017 年 10 月 13 日。

式就地升级；东莞石碣镇被称为"中国电子产业名镇"，云集着一批电子企业；2015 年机器换人和机械装备自动化在这个镇蔚然成风；在五株科技股份有限公司机器轰鸣的车间，墙上贴着"机器换人"的前后对比表，改造前产量 7200 支/天，改造后 11.7 万支/天；合格率改造前 90.2%、改造后 98.5%，提升了 8.3%；电脑控制的机器手在有序地摆动，偌大车间工人很少；从 2008 年金融风暴开始，这家企业就开始转型升级，以高品质和新工艺的开发、控制成本走出了金融危机；2010 年投资 10 亿元成立东莞市五株电子科技有限公司，并定位为手机 HDI 电路板高端产品，实现了整体升级；最近几年，五株投入了十几亿元引进最新设备，替换掉了三分之一的工人。①

高端设备和更新的工艺流程更使东莞形成的区域性产业集聚效应突出；长安、塘厦、松山湖、大朗、虎门各镇产业聚集各具特色，区域内上下游合作的产业群优势更为明显；由于东莞制造业机器换人市场大，一些专门的机器人生产企业搬到东莞，针对不同的集群生产不同的机器人设备，研发工业机器人的企业和工业机器人装备制造商约 70 家，机器人企业数已占全国总数的 10%；如今松山湖已是智能制造装备研发力量集聚区，这里寄望打造成松山湖国际机器人产业基地。②

2. 嫁接先进制造

松山湖高新技术产业开发区，是珠三角自主创新示范区，位于"广深港"黄金走廊腹地，地处珠三角几何中心，于 2002 年开发建设，2010 年 9 月经国务院批准升格为国家级高新技术产业开发区。自开发建设以来，松山湖创造了各项奇迹，GDP 增速成为东莞历年最高。累计引进了华为、生益科技、宇龙通讯、易事特、广东中以等众多国内外行业龙头企业、世界 500 强企业。是东莞自主创新的旗帜、转型升级的先锋、创新创业者实现梦想的乐园，已成为东莞乃至珠三角最宜业宜居宜游、发展潜力巨大的一张新名片。

---

① 《中国制造业转型广东样本：需要补"三堂课"》，《财经》2016 年 1 月 16 日。

② 同上。

在东莞，为了吸引国际先进技术，采取中外合作工业园区的方式，将国外技术与中国市场和中国制造业完备基础嫁接成为一种趋势。松山湖类似这样的园区有四五个；譬如中以产业园，该园区主要从以色列引进水处理技术应用和孵化水处理相关企业，帮助即将进驻的以色列企业更好对接国内市场；东莞制造业链条完备，港口和交通便利，东莞制造业又处在中国制造业转型升级的最前沿，相当于改革开放最前沿，营商环境相对不错，并且在中国拥有庞大市场的潜力；2015 年东莞在美国硅谷建立了一个以引进技术、人才为主的办事处，下一步还打算在欧洲建立类似的机构，中德、中以产业园这样的模式是一块探路石。[①]

在全球工业 4.0 的浪潮下，留给传统制造业转型升级的时间已经不多了，因此东莞采用嫁接先进制造可以说是一个绝佳模式，将中国强大的制造体系嫁接全球工业 4.0，并在引进的同时注重本土的消化创新。

（三）东莞制造业转型经验

1. 坚实的制造业基础

与深圳等开放城市相比，东莞没有"特区"的政策和名头，更没有副省级的行政级别和计划单列市的政策优势。但是，它却是中国城市经济改革开放的发祥地，东莞在很早以前就形成了独特的经济发展模式——国际制造业基地；从 1978 年全国第一家"三来一补"企业——太平手袋厂的诞生开始，东莞以制造业为其龙头产业，从一个传统农业县发展成为世界知名的制造业基地。在不到全国万分之三的土地上，东莞创造了超过全国 1% 的工业总产值。[②] 同时，东莞还有许多美誉："服装之都""家具之都""鞋都"，也是举足轻重的"世界工厂""世界制造业之都"……这个被称作"世界制造业之都"的城市为内地数百万的农村劳力提供了工作岗位，也为人们提供着各种生活日用品；

---

① 《中国制造业转型广东样本：需要补"三堂课"》，《财经》2016 年 1 月 16 日。

② 李萌、刘思悦：《制造名城东莞的奋进路》，《人民日报》（海外版）2017 年 7 月 7 日。

人们穿的衣服和鞋，房里摆放的家具，使用的手机、平板电脑或其他电子产品，孩子们的玩具，甚至包括一些著名品牌奢侈品，没准儿就产自东莞；而欧美国家（也包括东南亚和非洲）对价廉物美的东莞产品更是情有独钟，所以东莞产品出口数量远超在国内的销量，因此东莞才有了"世界工厂"的美誉。①

2. 注重品牌与研发

2008 年，金融危机来袭，重创东莞加工贸易型企业，传统产业发展亦受到巨大波及；但危机也是转机，在政府和企业的主动作为下，强大的压力非但没有像外界猜测的那样压垮东莞，却倒逼传统产业主动寻找转型升级的新路，涌现出以纯、搜于特、都市丽人、富宝家具、龙昌玩具、玖龙纸业等标杆企业，成为东莞经济的新亮点。② 在东莞特色优势传统产业中，以纯服饰是一个亮点，通过打造品牌、加强设计研发，前瞻性地完成了企业转型升级之路。还有更多像以纯一样的企业，从事着传统产业，却打破了传统产业旧有的技术、管理、资本和市场等因素桎梏，勇于突破，谱写着东莞转型升级的篇章。

据《南方日报》报道，2012 年，东莞纺织服装、家具、玩具、造纸及纸制品、食品饮料五大优势传统产业规模以上工业增加值达498.33 亿元；在转型升级中重视品牌、注重研发成为东莞企业界的共识；2013 年，东莞市加工贸易企业自主品牌拥有量在 2008 年基数上翻了一番，各企业新设研发机构数是 2008 年之前总数的 73 倍；外资企业内销总额较 2008 年增长 113.1%；加工贴牌类企业大部分转型或升级，在创新中创立了具有知识产权的自主品牌，对外贸依存度较2008 年下降 75.6%；在欧美订单大幅减少的情况下，经济总量仍大幅攀升，2012 年 GDP 比 2008 年净增 35% 以上；创下 5010.14 亿元的新

---

① 王伟举：《转型中国：东莞进行时——一份城市经济社会转型的调查报告》，《北京文学（精彩阅读）》2013 年第 12 期。

② 同上。

纪录。[①] 2016 年，东莞地区生产总值高达 6827.67 亿元，比 2015 年增长 8.1%，高于同期全国平均水平的 6.7% 和广东省的 7.5%。相对于全国和广东省其他城市，东莞的经济名列前茅。[②]

3. 技术创新加速转型

"三来一补"产业基地、"世界工厂"、"酒店之都"这些曾经的东莞代名词正渐渐淡出人们的视线，随着外贸结构持续优化、传统产业加速转型、战略性新兴产业崛起和创新创业运动全面推进，东莞正在向"智造名城""电商基地""创业天堂"转变，由"制造之都"向"创造之城"转型。

## 二 深圳制造——创新发展

（一）对外开放与深圳经济

深圳作为中国成立最早的经济特区之一，对国内的改革开放与经济发展一直起着良好的示范作用。在特区成立之初的五年，其 GDP 呈现井喷式增长，年均增长率均高居 50% 之上；在经过 1986 年的调整之后，1986—1993 年的经济增速仍保持在 30% 以上；1994—2000 年 GDP 增速较同期逐步放缓，2001 年至今基本保持 10%—20% 的稳定高速增长；2015 年深圳 GDP 达到了 17502.99 亿元；2017 年 GDP 达 22438.39 亿元，位居全国第三。[③]

（二）深圳经济持续增长的动力来源

1. 消费升级的拉动

在拉动经济增长的"三驾马车"中，深圳不靠投资拉动，对出口的依赖也在不断降低，而消费升级的拉动作用日渐突出，2012 年最终消费率高达 42.5%；2014 年，深圳城镇居民人均可支配收入达到 48672 元，位列内地城市之首，为居民消费提供了有力的保障。人均

① 王慧：《优势传统产业转型升级，自主创新提升发展后劲》，《南方日报》2013 年 8 月 7 日。

② 李萌、刘思悦：《制造名城东莞的奋进路》，《人民日报》（海外版）2017 年 7 月 7 日。

③ 李君：《对外开放与深圳经济增长》，硕士学位论文，深圳大学，2017 年。

消费支出达到 28853 元，恩格尔系数为 33.1%，已经达到了富裕阶段，生存性消费占居民消费支出的比重较低，而发展型和享受型消费所占比重较高。①

2. 产业结构优化和转型升级的推动

深圳实现有质量增长的重要推动力来自产业结构优化和转型升级；深圳产业发展经历了三次比较大的转型，每一次转型都推动了深圳经济发展质和量的飞跃；90 年代以前，深圳三次产业经历了较大的转型，20 世纪 90 年代到 2008 年之前，三次产业转型呈现减缓的趋势，第二和第三产业交替成为主导产业；国际金融危机之后，深圳三次产业再次进入加速转型时期，深圳大力发展战略性新兴产业和现代服务业，第三产业成为主导产业。②

改革开放 40 年来，深圳坚持产业升级和区域转型并举，梯次型现代产业体系基本形成；战略性新兴产业增加值年均增长 17.4%，占 GDP 比重提高到 40%，成为国内战略性新兴产业规模最大、集聚性最强的城市；未来产业超前布局，不断创造新的优质产业增量；现代服务业加快发展，服务业占 GDP 比重达 58.8%；优势传统产业加速向价值链高端提升，产品技术含量、价值含量和竞争力显著提高，五年淘汰转型低端企业超 1.7 万家；产业集聚辐射能力明显增强，15 个重点区域开发建设加快，23 个战略性新兴产业基地集聚区成为新兴产业发展的重要载体。③

3. 自主创新的驱动

深圳经济的快速增长依赖于自主创新的驱动。胡彩梅和郭万达指出深圳的经济发展已经跨越了要素驱动和投资驱动发展阶段，转向通过技术进步提高劳动生产率的创新驱动发展阶段。他们总结了深圳创

---

① 胡彩梅、郭万达：《深圳转型升级和创新驱动：分析与借鉴》，《开放导报》2015 年第 5 期。

② 同上。

③ 于之倩、杜文洁、张晗：《深圳产业转型升级的历史演进及影响因素研究》，《铜业工程》2016 年第 5 期。

新驱动发展的三个特征：（1）创新产出较高，2013 年，深圳每万人口发明专利拥有量已经高达 58.61 件，是全国平均水平（4.02 件）的 14.6 倍，有效发明专利密度高居全国各大城市榜首，PCT 国际专利申请量超过 1 万件，占全国 48.1%。[①] 2017 年，全市专利申请量 17.7 万件，授权量 9.4 万件，同比分别增长 34.8% 和 25.6%；发明专利申请量 6 万件，授权量 1.9 万件，同比分别增长 22.6% 和 7.1%；PCT 国际专利申请量 2 万件，占全国 43.1%；有效发明专利维持 5 年以上的比例达 86.3%，位居全国大中城市第一；获中国专利金奖 5 项，占全国 20%；全市商标申请量 39.3 万件和核准量 18.3 万件，同比分别增长 55.2% 和 31.2%；获中国商标金奖 3 项，大疆、华为获马德里商标注册特别贡献奖；新登记计算机软件著作权 8.4 万件，占全国登记总量的 11.6%。[②]（2）保持较高的创新投入，2013 年，深圳全社会研发投入占 GDP 比重已经提高到 4%，远高于 2012 年 OECD 国家的平均水平 2.4%，仅次于韩国（4.36%）和以色列（4.2%）；2017 年，深圳全社会研发投入超过 900 亿元，占 GDP 比重 4.13%；近 10 年来，深圳全社会研发投入占 GDP 的比重一直在 3% 以上，基本上是全国平均水平的 2 倍多；深圳还超常规建设了一大批国家、省、市级重点实验室、工程中心和企业技术中心等创新载体。（3）具有较强的自主创新能力，具有自主知识产权的高新技术产品产值逐年提高，高新技术产品出口量逐年增加，拥有腾讯、华为、中兴通讯、比亚迪、华大基因等一大批创新明星企业。

（三）深圳产业转型发展历史

胡彩梅和郭万达将深圳的产业转型升级总结为四个时代，[③] 要点摘录如下。

---

① 胡彩梅、郭万达：《深圳转型升级和创新驱动：分析与借鉴》，《开放导报》2015 年第 5 期。

② 李佳佳：《深圳今年拟推"自动发照机"》，《深圳商报》2018 年 3 月 2 日。

③ 胡彩梅、郭万达：《深圳转型升级和创新驱动：分析与借鉴》，《开放导报》2015 年第 5 期。

1. 加工贸易为主的 1.0 时代

"三来一补"开创了深圳工业化的格局。最高峰期，深圳曾经有上万家该类企业，成为深圳发展外向型经济的支柱。深圳加工贸易是在丰富廉价的劳动力资源、土地资源和优惠政策的基础上发展起来的。该阶段深圳产品出口主要以服装、制鞋、纺织、电器制造等传统劳动密集型产品为主。

2. 高新技术产业崛起的 2.0 时代

20 世纪 90 年代，随着深圳特区制度和政策红利的影响逐渐淡化，以加工贸易为主的劳动密集型产业高能耗、高污染、低附加值的特性，决定了其发展的不可持续性。为应对特区优惠政策逐渐变成普惠制的新形势，重新构建竞争优势，深圳及时调整方向，将高附加值和低资源消耗的高新技术产业作为工业发展方向。1991 年，深圳市政府提出了"以科技进步为动力，大力发展高技术产业"的战略，陆续推出了一系列政策和措施大力发展大型企业和高科技项目，谋求产业转型。自此，深圳高技术产业步入快速发展时期。经过 10 多年快速发展，高新技术产业迅速崛起为深圳经济发展第一增长点，并逐渐形成了计算机及外设制造、通信设备制造、平板显示、数字电视、生物制药等具有较强竞争力的产业集群。1991 年深圳高新技术产品产值仅 22.9 亿元，到 2008 年已经达到 8710.95 亿元，年均增长 41.83%，占工业总产值的比重从 7.26% 增加到 53.5%。2015 年，高新技术产业实现产值 1.73 万亿，同比增长 11.2%，高新技术企业已经达到 5524 家，累计建成国家、省、市重点实验室和工程实验室等创新载体 1283 家。2017 年，高技术产业实现产值 2.14 万亿，比上年增长 11.22%。

3. 战略性新兴产业腾飞的 3.0 时代

为了加快产业结构调整和升级，实现由要素驱动向创新驱动的转变，深圳 2009 年在全国率先出台生物、新能源、互联网三大新兴产业的振兴发展规划和政策。2011 年，分别出台了新材料、新一代信息技术产业和文化创意产业发展规划。为加快推进战略性新兴产业发展，

2009 年至 2015 年集中 180 亿元专项发展资金，在人才、用地等各方面都向战略性新兴产业倾斜。短短的几年里，战略性新兴产业迅猛发展，成为经济发展的主引擎。2014 年六大战略性新兴产业增加值达 5695.24 亿元，占 GDP 的比重高达 35.59%。与此同时，深圳还主动承接发达国家和香港高端服务业的产业转移，提出加快高端服务业发展并打造现代产业体系。

4. 迈向智能产业和现代服务业为主的 4.0 时代

当世界经济在动荡中徘徊，新一轮科技革命蓬勃兴起，中国经济进入中高速增长的新常态之际，深圳主动谋划引领新常态的新优势。2013 年以来，深圳先后将生命健康、海洋经济、航空航天、军工、智能装备五个产业列为未来重点发展产业，以期建立梯度发展的产业结构和新的竞争优势。2014 年初，推出了大力支持未来产业的 "1 +3" 文件，规划自 2014 年起至 2020 年，将连续 7 年每年安排 10 亿元市未来产业发展专项资金，用于支持产业核心技术攻关、创新能力提升、产业链关键环节培育和引进、重点企业发展、产业化项目建设等。同时，继续大力发展以生产性服务业为主的现代服务业，为高端制造业提供有力支撑。深圳的四大支柱产业金融业、物流业、文化产业和高新技术产业中有三大产业属于现代服务业。2014 年现代服务业增加值达到 6201.06 亿元，占 GDP 的比重达到 38.75%。可见，深圳正迈向以智能产业和现代服务业为主的 4.0 时代。深圳正逐步实现从应用技术创新向关键技术、核心技术、前沿技术创新转变，从追赶式创新向源头创新、引领式创新跃升。在《城市竞争力蓝皮书：中国城市竞争力报告 No.13》所公布的 2014 年中国 294 个城市的综合经济竞争力指数排名中，深圳首次超越香港，位列第一名，蓝皮书中高度评价了 "创新驱动的深圳模式"。

（四）深圳制造业转型升级与创新驱动经验

胡彩梅和郭万达对深圳制造业转型升级与创新驱动经验进行总结，

摘录如下：[1]

1. 经济持续增长的动力在于创新

深圳转型升级、创新驱动与经济增长的关系表明，经济增长一方面依赖于劳动力、资金、技术等生产要素配置效率的提高，另一方面依赖于具有更高平均增长率的新兴产业的出现。反过来，经济增长会促进收入提高并诱发新的市场需求，而经济增长和新的市场需求又会促进技术水平的提高和进一步的技术创新，技术创新则会通过提高社会劳动生产率和生产要素的边际生产率，带动产业结构优化和新兴产业形成，直接或间接地促进经济增长。

2. 完备的产业配套体系是创新的基础

深圳的产业体系比较完备，产业面比较广、丰富度比较高。按照产业演进一般规律，随着收入水平的不断提高，第三产业占 GDP 的比重也会不断提高，但并不是第三产业比重越高越好，过高的第三产业比重往往意味着产业空心化。而且第三产业劳动生产率提升的空间较小、速度较慢，创新很难。深圳的制造业和服务业都很发达，在历史上第二产业和第三产业交替成为主导产业，相互推动发展。深圳既有高新技术产业又有传统产业的高端化发展，产业的跨界融合非常活跃，制造的服务化、服务的网络化，催生很多新的业态，产业链条不断延伸。

3. 新型研发机构是创新活动的载体

深圳之所以能够走上创新驱动的发展道路，离不开国际一流的创新投入、较强的创新能力、丰硕的创新成果，更离不开综合创新生态体系的作用。深圳鼓励和支持企业自主创新，创新发展了诸如华大基因、光启高等理工研究院、中科院深圳先进院等新型科研机构；从人才、资金、政策、土地、知识产权服务等方面搭建了创新支撑体系；在科技创新的基础上把金融创新、产业创新、商业模式创新、企业创

---

[1] 胡彩梅、郭万达：《深圳转型升级和创新驱动：分析与借鉴》，《开放导报》2015 年第 5 期。

新、文化创新、观念创新等融合在一起，打好创新的"组合拳"；鼓励开展创新的深港合作、国际合作；成立科技创新成果转化中心，打通从创新到产业化的中间环节，加速创新成果转化。

4. 开放包容的文化是创新的土壤

深圳是全国最大的移民城市，吸引了来自四面八方、带着不同梦想的人。深圳的开放、包容让不同的文化可以实现交融，这一点深圳与硅谷所崇尚的开放、包容、多元和个性自由的文化氛围十分相似。在深圳，无论是大企业还是小企业，无论是国有企业还是民营企业都能找到自己的发展空间，2013 年深圳规模以上工业企业中大企业和中小企业各占 50%，内资企业和外资企业各占 50%，国有企业仅占内资企业的 0.1%。无论是农民工还是大学生，无论是本土人才还是海归人才，都可以获得实现梦想的机会。正当其他城市被人口老龄化所困扰时，深圳却享用着平均年龄仅有 35 岁的人口红利。

5. 适度有为的政府是创新的催化剂

深圳是一个市场化程度比较高的城市，政府为新技术、新企业、新业态的产生提供了良好的环境。深圳政府营造有利于产业发展的"生态"环境，做"有为"的政府。政府通过改革积极主动谋求放权，既要管好政府该管的事，实现政府与市场的完美契合，又要做遵循市场规律、遵循产业发展规律的智慧政府，做好产业发展的顶层设计，适时谋求产业结构转型，科学预测产业未来发展方向。政府通过产业政策规划对新技术、新企业、新业态发展的政策、资金、发展空间等方面给予支持，鼓励创业创新。政府积极提高公共服务的质量和水平，降低居住成本，打造宜居城市，吸引人才、留住人才，为产业发展提供强有力的人才保障和智力支撑。

## 三 佛山制造——智能制造

### （一）佛山经济发展历程

1978 年前，佛山甚至广东省整体的经济均处于较为落后的水平。以 1978 年的数据为例，广东省人均国内生产总值水平仅为 365 元（当年价），低于全国平均（376 元）。佛山 GDP 仅为 13 亿元（当年价），人均 GDP 为 559 元，仅为广州市人均 GDP 水平的 62%。

1978 年 12 月，十一届三中全会做出实行改革开放的重大决策，翌年广东、福建被批准在对外经济活动中实行"特殊政策、灵活措施"，并试办经济特区，敲开了中国对外开放的大门。佛山虽然不是经济特区，但毗邻香港，以及当地人与香港人存在一些亲缘关系，仍具有一定的区位优势。佛山市是 1972 年外经贸部建立的全国第一个综合出口商品生产基地，但是在 1978 年以前，佛山的出口商品以农副土特产为主，90% 以上出口到港澳。1978 年以后，佛山开始出口以轻纺、机电为主的工业产品，在保持、扩大出口港澳的同时，不断扩大新市场。1985 年，整个珠江三角洲地区被辟为沿海经济开放区以后，外向型经济更加有力地带动了佛山的增长。

佛山市从 20 世纪 80 年代起大力推进乡镇企业发展，乡镇企业迅速成为佛山经济的重要支柱和农村经济的主体力量。1989 年，全国公布的十大乡镇企业中佛山独占 6 家，其中顺德蚬华风扇厂名列前茅。当年，佛山乡镇企业总产值占全市工农业总产值的 45.4%，出口产值占全市镇以上工业出口产品产值近 50%。随后，佛山市响应中央文件，进一步出台政策措施，鼓励个体私营经济发展。21 世纪以来，在佛山规模较大、有一定知名度的本土私营企业大多是在 20 世纪 80 年代建立和发展起来的。

乘着改革开放的春风，佛山市紧抓广东先行一步的机遇，经过 30 多年的努力，社会经济发展水平实现了量的飞跃。改革开放以来，佛山的平均实际 GDP 增长率达到 16%，远高于全国 9.6% 的平均水平。2012 年后国内经济增速明显减速转挡，各类经济要素成本的迅速抬升，一直引以为傲的中国制造业成本优势逐渐丧失，沿海地区（如东莞、温州）频现倒闭风潮，佛山仍能保持稳定增长。2016 年佛山 GDP 水平已达到 8630 亿元，实际增长率为 8.3%，人均 GDP 达到 11.6 万元。张燕生等人在著作《中国未来：佛山模式》中依据人均 GDP 水平和人口规模列出了中国的 16 个高收入大城市，佛山位列第九。

（二）佛山经济结构与核心特征

1. 制造业主导

佛山产业结构长期以来的核心特点是以制造业为主导。如图4—5所示，佛山的第二产业占比在1978年已达到50%，并且随后一直维持在50%以上。广州市在初始年份的第二产业占比高达59%，可是从20世纪80年代开始迅速下降。深圳则从改革开放初期的小渔村迅速发展为工业制造业重地。2008年国际金融危机之后，许多沿海城市的制造业受到冲击，第二产业比重减弱，第三产业发展强势（如图中的广州和深圳），然而佛山仍然坚守制造，第二产业的比重维持在60%左右。

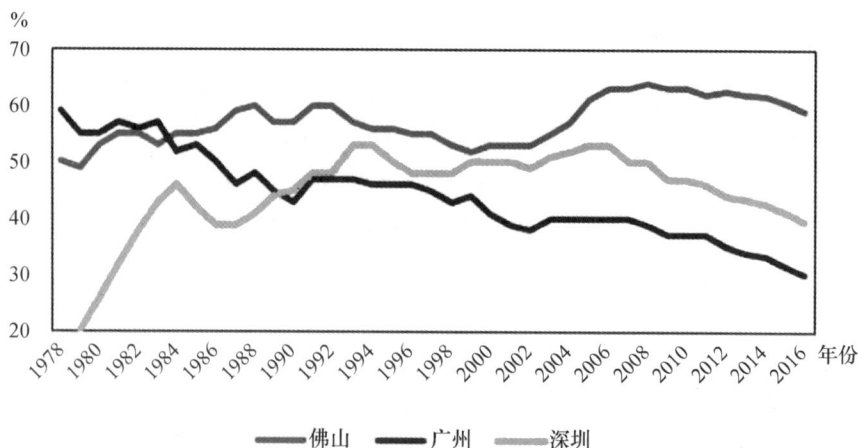

**图4—5 佛山、广州、深圳第二产业比重**

资料来源：《广东统计年鉴》，中国统计出版社，佛山、广州、深圳统计信息网。

2009年，由于在金融危机期间成功避免了严重的经济下滑，佛山的工业总产值甚至超越了广州。2010年，佛山的工业产值达到中国其他城市平均水平的6倍之多，是全国名副其实的大型制造业基地。目前，佛山已经逐步形成了机械装备、家用电器、陶瓷建材、金属材料加工及制品等几大支柱产业，光电、环保、新材料、新医药、新能源汽车等新兴产业发展迅速，配套能力日趋完善的现代工业体系初步建立。[1]

2. 民营企业和品牌经济

佛山是全国民营经济最发达的地区之一，民营经济推动了佛山经济持续快速健康发展。2016 年佛山全市规模以上民营工业完成工业总产值 15058.24 亿元，增长 8.3%。民营工业占全市工业总产值的比重为 70.8%，对全市工业增长的贡献率达 75.9%。民间投资也是固定资产投资的重要组成部分，2016 年 1—8 月，民间投资占固定资产投资的比例为 65.6%，总量为 1354 亿元，占全省 12%。佛山现有民营企业约 14.5 万家，占 80% 以上的比重，涌现了美的、碧桂园、格兰仕、东鹏、海天、万和、志高等一批骨干企业。

蓬勃发展的民营经济也培育了大量畅销海内外的知名品牌。佛山先后成为中国品牌经济城市、中国品牌之都、全国陶瓷产业知名品牌创建示范区、国家商标战略实施示范城市等。截至 2016 年，佛山拥有 157 个有效中国驰名商标，471 个有效广东省著名商标，500 个广东省名牌产品，占据全省总数的 25.5%，连续多年位居全省各市之首。美的电器、佛山照明、海天调味品、新中源陶瓷、健力宝饮料、联塑非金属管道、溢达纺织等众多品牌和商标成功打造出佛山"名牌群生"的特色。

3. 产业集群与专业镇

产业集群是佛山产业的特色。佛山的产业专业化以地区划分，依托专业镇，培育和打造出一批知名品牌，形成各具特色的产业集群。2011 年的数据显示，佛山拥有 37 个专业镇，总量位居全省地级市之首。比如，顺德以生产家电闻名，大良生产塑料，陈村生产花卉和园艺产品，乐从生产家具，石湾生产陶瓷等。每一个发育成熟的产业群都有相应配套的专业市场，与产业集群产生良性互动，有力支撑区域经济发展。

---

[1]　綦恩周、王璐：《基于区位熵指数的佛山产业集聚现状及发展研究》，《当代经济》2015 年第 16 期。

### 4. 主要依靠国内市场

改革开放以来，沿海城市的崛起无不从外向型经济开始。佛山在改革开放初期就成功引进了"三来一补"模式下的外商直接投资。在后来的发展中，佛山并没有过度依赖外商直接投资，而是转型为以本土企业为主的经济模式。

在对外贸易方面，佛山的净出口额占 GDP 比例从 2006 年的 30% 下降到 2012 年的 18%，而温州出口占 GDP 的 26%，东莞占 32%，深圳占 37%（见图 4—6）。这反映出佛山相比于中国其他制造业城市更早地转向了国内市场。

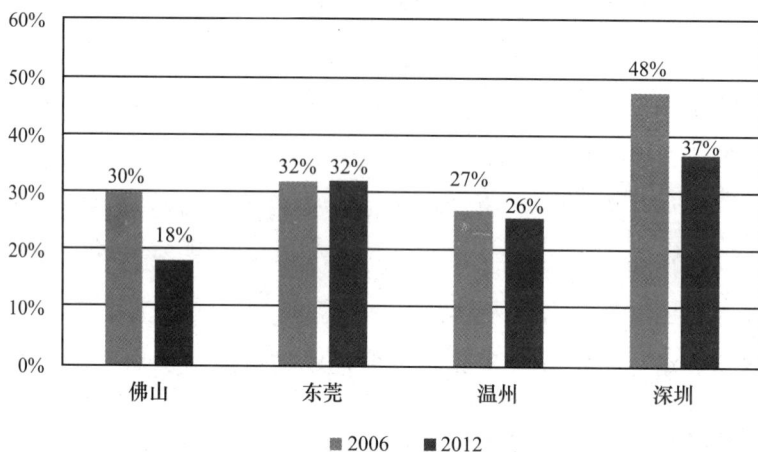

图4—6 佛山、东莞、温州、深圳净出口额占 GDP 比重

资料来源：Wind 数据库。

### （三）政府引导与市场推动

面临经济转型升级的调整期时，新产业的发展需要新的能够动员更多资本、有效分散风险的金融制度安排与其匹配，需要交通、电力、港口等基础设施和法律法规等制度环境，需要与新技术和新产业相关的基础科学的突破，这些都不是企业自己可以解决的。[①] 因此政府引

---

① 林毅夫：《新常态下政府如何推动转型升级》，《公安研究》2015 年第 5 期。

导作用在转型升级过程中显得尤为重要。

佛山在长期发展过程中形成了比较强大的产业体系和政府的低干预度。因此，佛山政府在经济转型期也比较明确自身和市场的关系，在制定产业规划与发展战略时充分考虑地区本身的经济结构特点和产业优势，以充满活力的民营经济和企业家为市场的主体，全力为企业提供环境、机会和服务以实现当地经济的转型与发展。

1. 政府构建服务平台，促进产业集聚与创新升级

围绕产业转型升级的需要，佛山政府积极搭建公共技术创新平台，先后为陶瓷、家电、不锈钢、针织、机械装备、有色金属、光电显示、食品饮料、家具等产业设立了多个行业性、区域性技术创新中心。①为了尽量调动企业家对开拓市场和科技创新的积极性，采取会展补贴、品牌专利奖励等支持性措施。搭建信息化合作平台，促进产业链上下游整合，支持大型企业利用电子商务改造供应链流程，促进信息技术服务企业与中小企业的交流合作，引导中小企业向自动化、智能化方向提升。促进产学研合作，自 2010 年以来，佛山先后与中科院、清华大学、中山大学、华南理工大学、广东工业大学、香港科技大学、美国密西根大学等国内外高等院校以及科研机构合建研究院，涉及的研究领域已基本覆盖了全市重点发展产业，包括智能制造、LED 产业、3D 打印等。大力提升工业园区集约化水平，通过"腾笼"与"筑巢"换取更具经济活力的产业，促进工业提升发展。

2. 政府权力下沉，不断提高政府效能

佛山市政府把大部分事权财权下放给下级的区县、乡镇和村/街道政府。1980 年到 2012 年，市政府的财政收入占佛山政府总财政收入的比重从 34% 下降到 14%；权力下沉有助于熟悉当地情况的基层政府有效决策；与此同时，佛山的部分社会服务功能委托给了 1000 多个行业协会和非政府组织，大大提高了服务的送达率，并减少了公共财政

---

① 刘厉兵：《建链、补链、强链——来自佛山市产业转型升级的调研》，《中国经贸导刊》2013 年第 22 卷第 24 期。

的负担。[①]

佛山政府也在积极探索政务创新以提高政府管理效能。佛山市禅城区率先开展"一门式一网式"政务服务模式改革，仅在运行一年多后迅速获得省级认可与推广并成为全国典型。"一门式"改革对于营商环境的改善成效显著，以企业注册登记为例，由过去短则一周、长则半个月缩短为 1 个工作日，有效降低了企业运营成本。政务改革也使禅城区获得了大数据这一副产品，并且进一步在全国率先推出区块链政务应用项目，努力为企业扎根佛山发展创造更加优良的营商环境。

3. 土地市场改革，突破转型升级的瓶颈

佛山大量存量土地都在农村，是农民集体所有的财产，集体内部有使用权，但不可对外流转，因此可交易的国有土地稀缺一直是佛山经济发展的一个瓶颈。对此，佛山于 2008 年在全国创造性提出"三旧改造"，即"旧城镇、旧厂房、旧村庄"改造。佛山通过多种形式动员市场、社会共同参与"三旧改造"，探索出一系列的创新模式，在实现城市转型的同时保证了社会共享发展成果。具体样本包括城中村改造样板"石头村"、旧城镇改造样板"岭南天地"、旧厂房改造样板"广佛智城"等。尤其是其中旧村庄的改造，涉及集体土地征用并国有化的问题。石头村的创新做法是将集体土地国有化的同时由村委会保留土地使用权。1994 年，村庄建设成股份制企业，由村委会管理，所有村民获得股份。在确权基础上，村委会和地方政府在公开市场上向开发商融资重建旧村。重建后的石头村焕然一新，带动大量经济活动，村庄获得的租金收入和村民的分红大幅提高，区政府也可以获得更高的财政收入。石头村成功的土地所有制创新使政府、村民、企业都能从中受益，也生动地展示了基层政府在转型方式上充分发挥的创造力。

截至 2017 年 3 月底，佛山市纳入省国土资源厅的"三旧改造"地

---

① 肖耿、张燕生：《佛山故事：政府——市场良性互动的关键作用》，财新《中国改革》2014 年第 3 期。

块总用地面积 55.63 万亩，约占全市建设用地的 26%。通过"三旧改造"，共推动了 56.67 平方公里低效用地的再开发。全市每平方公里建设用地产出 GDP 从"三旧改造"实施之初 2007 年的 2.84 亿元，提高到 2016 年的 5.66 亿元。提高市民收入，拉动经济增长，促进产业升级，并且城市的空间布局也通过"三旧改造"得到优化。但是旧改十年也出现了后劲不足的问题。因此在旧改中还是应该注重产业优先，落实 60% 用地用于发展产业的政策，致力于吸引人才，先有产业和人才，后有商业和办公。

（四）先进装备制造与智能制造

佛山在制造业转型升级中发展良好，特别是在先进装备制造业及智能制造中发展突出，主要表现在以下几个方面。

1. 先进装备制造业的"优等生"

实体经济、工业制造是佛山优势所在，在其他城市大举攻向服务业领域时，佛山更多地专注于制造业，是继续保存自身比较优势的明智做法。中央政府肯定服务业的重要性不等于服务业必须完全取代制造业，而且以科技与创新推动工业产业结构调整也是中国经济转型升级的重要内容。当然，当经济发展和国民收入水平持续提高时，劳动力将从第一、第二、第三产业相继转移，服务业比重不断提高是发展趋势，因此服务经济会是佛山未来的大方向。可是作为中国重要的制造业基地，佛山没有为了达到人为规定的三产比重而削足适履。当前佛山也在采取措施依托自身工业基础发展生产性服务业，例如创意产业园、工业设计城、中德工业服务区、绿岛湖产业带等，目的是用现代服务业助推传统制造业，实现传统制造业、战略性新兴产业和现代服务业协同发展。

顺德陈村的广东科达洁能股份公司（以下简称科达洁能）是中国第一家民营陶瓷装备企业，前身是一个投资仅 9 万元的作坊小厂，通过不断自主创新，发展成为龙头，几乎所有的建筑陶瓷企业都有它的装备。佛山被誉为"中国陶都"，陶瓷品牌云集。制造陶瓷的装备机械需求旺盛，市场前景广，于是，它们从代工加工起步，然后不断自主创新，发展成为陶瓷机械成套生产线最大的提供商。中国第一台陶瓷磨边倒角机、第一台瓷质砖抛光机……目前，中国70%、全球50%的陶机深加工设备以及中国90%的压机由科达洁能制造，几乎所有的建筑陶瓷企业都有科达洁能的装备。

佛山传统制造产业的庞大需求，使得作为制造"母机"的机械装备制造高速增长，科达洁能只是其中一个行业的缩影。除此之外，佛山还有因家具而兴起的木工机械，因家电行业而兴起的注塑、机床设备制造等。

在各个行业，通常把"机械设备"看作制造的"母机"。伴随传统制造业的庞大需求，佛山集聚了很多像科达洁能这样造"母机"的装备企业，发展迅猛。国际金融危机后，佛山机械装备产业在"寒冷"中迎头而上，超越家电制造产业，跃居佛山第一大支柱产业。

2014年6月，广东省委、省政府提出在珠江西岸打造"先进装备制造业产业带"，目标是到2020年实现2万亿元产值，其中领衔的佛山目标是1万亿元。装备制造业已成为佛山第一大支柱产业，在陶瓷机械、木工机械和塑料机械、纺织机械、医疗机械等领域，形成了一批高市场占有率的特色主导行业，其中陶瓷机械、木工机械、塑料机械分别占全国市场的90%、60%和30%；佛山本身装备产业的门类已经比较齐全；2014年，整个珠江西岸先进装备制造业产值达8000多亿元，佛山占4000多亿元，拥有产值超亿元装备企业300多家，其中，产值超10亿元的龙头骨干企业30多家。①

2. 抢占"机器人"产业先机

佛山在充分发挥精密制造、自动化机械及设备、通用设备、专用设备、交通运输设备、电气机械及器材制造业等传统优势产业的支柱作用的同时，着力推动装备制造业向智能机器人、医疗器械、节能环保等先进制造业领域延伸，抢占先进制造业制高点。

以佛山另一家国内机械装备细分行业龙头东方精工公司为例，它

---

① 《"四轮驱动"：佛山打造先进装备制造产业带》，《科技日报》2015年3月5日。

目前已成为国内瓦楞纸箱包装机械成套设备行业最大、国际第五的生产商。以前公司只是卖印刷机、纸板机等单体机，现在也在着重打造智能物流系统整体解决方案。

面对市场竞争，佛山轻工机械装备有的向高、精、尖攀升，有的则寻找新的市场。而这个新的市场最明显的就是机械智能化、机器人，智能制造装备也是佛山先进装备制造产业的主攻方向之一。如今，机器人的研发和推广在佛山正悄然成型。据佛山市经信局提供的统计数据显示，佛山 2014 年全市从事工业机器人及智能装备研发生产的企业已经达到了 100 家，企业主要产品有无人搬运车（AGV）系列产品、注塑和焊接机械手、智能冲压机器人和水切割机等系列产品，多家公司技术在全国或者全省领先。[1]

（五）智造升级案例——万和集团

如果说创新是驱动广东制造业发展的重要驱动力，那么，智能化升级则是其中的一只有力"推手"，为"广东制造"加油提速。在广东顺德，万和、美的、海信科龙等一大批龙头制造企业，正加速向智能制造转型发展，除此以外，德国库卡、川口机械、瑞典 Kollmorgen、德国 ABB 以及意大利柯马等世界知名机器人企业也陆续在顺德布阵发展。

万和成立于 1993 年 8 月，总部位于广东顺德国家级高新技术开发区内，是国内生产规模最大的燃气具专业制造企业。历经二十多年发展，目前已经发展成为一家以热水器、热水/供暖系统、厨房电器为主业，并通过资本运营方式，将业务拓展到汽车配件、金融、地产等领域的现代化大型集团公司。在国家创新驱动发展战略的带动下，近年来万和更是迸发出新的发展活力，2016 年万和集团总体销售额实现突破 100 亿元。

事实上，自建立以来万和集团就一直以创新驱动企业发展，尤其在旗下主营业务板块——厨卫电器和新能源热水系统上，更是把"技术创新"放在首位。在多年的技术创新发展累积下，万和集团不但成

---

① 文倩：《佛山智能装备制造再加速》，《佛山日报》2015 年 8 月 13 日。

为行业技术的领跑者，更成为"顺德制造""广东制造"的创新发展标杆。至今，万和在厨卫电器领域拥有33项行业先进技术，技术创新成果先后10次获得省部级以上科技奖励，拥有1200多项专利，代表中国燃气具技术前沿方向。

在制造业智能化升级上，万和集团走在行业发展前列，如今，万和的产品制造已经走入自动化、智能化。走进万和产品的生产车间，可以见到，一台台机器人的身影活跃于燃气热水器生产的底壳、面壳、燃烧器冲压焊接、热交换器壳体冲压、水箱胀管以及成品装箱、打包、贴标等多个制造环节中。

2017年万和最新投入使用的燃气热水器的底壳生产线，有10台6轴机器人，实现从原材料冲压、碰焊、空中物料运输自动化生产，在行业内首创，效率提升了50%。而这仅仅是体现智能化制造带来的效率提升的一个小缩影。万和集团董事长卢楚隆介绍："十年前，万和一个生产车间还有1000多名员工，如今一个车间只需要100多人，这就是自动化生产带来的效率提升和人力成本的节约。"

智造升级为制造业带来了新的发展机遇，近年来万和集团率先通过建设"智慧工厂"，推进"云制造"战略，引进MES系统，直接落实智能化生产，为传统制造业的升级发展找到新的突破口。在创新、智造的持续发展下，无疑，未来"顺德制造""广东制造"将迎来更快的发展速度和更广阔的发展空间。

（六）佛山转型升级模式总结

佛山促进制造业转型升级的整体模式是：立足于原有产业基础，以智能制造为主攻方向，以提高国际化产业链和产业集群的竞争力为中心，走"世界科技＋佛山制造＋全球市场"的发展道路，从存量优化和增量优质两方面推动产业提升。目前佛山制造业转型升级已初见成效，整体生产力绩效稳步提升，智能装备制造、新能源汽车制造等产业迅速发展。据官方统计，2015年佛山高技术制造业增加值增长10.8%，先进制造业增加值增长15.7%。2016年，佛山全市高新技术企业数量预计达到1389家，同比增长93.7%，超额完成年初制定的

1000 家目标；规模以上工业企业研发机构建有率预计超过 20%。具体的转型升级措施与经验归纳如下：

1. 以制造业为基础，推动传统产业优化提质

佛山对全市传统产业实施"三个一批"（扶持壮大一批、改造提升一批、转移淘汰一批）战略和"双转移"战略，以此倒逼传统产业提质增效，同时腾出空间发展新兴产业。众多处于传统行业中的企业正在向品牌创建、科技创新、产业链整合、多元化发展、市场开拓、总部建设、"互联网＋"等领域攻坚克难，让传统产业迈向高端化、智能化。

以佛山的传统支柱产业陶瓷业为例。佛山的陶瓷业经历长期高耗能、高污染、低价格的粗放式发展后遭遇发展困境，同时对佛山环境的破坏也达到了生态系统极限。从 2008 年起，佛山大批高污染、高耗能的陶瓷企业外迁或关停，佛山政府鼓励企业在佛山保留供应链的高附加值部分，搬迁环保代价高昂的生产部分，与此同时支持企业提高产品质量、采用更清洁的生产方式；2016 年，在政府引导下，14 家佛山陶瓷企业联合成立"众陶联"产业平台，集合业内专家为陶瓷生产建立了 108 个原料标准和 36 个检测标准，推行几个月后，产品优等率提高了 3%，同时平台通过建立"产业＋互联网＋金融资本"合作新模式展开信息共享和资源整合，实现采购方与源头供应方的直接对接，降低成本近 10%。[1]

2. 以产业链招商为抓手，推动新兴产业集群式发展

在存量优化的同时，佛山从 2012 年起深入实施产业链招商三年行动计划，对新一代信息技术、新能源和生物医药等重点发展的战略性新兴产业进行"建链"，对平板显示、汽车制造和半导体照明等现有产业链条缺失的高附加值环节进行"补链"，对装备制造、家用电器等传统优势产业链的薄弱环节进行"强链"。近年来引进了一汽大众、福田汽车、中国南车制造基地、国药集团中药产业基地等一批重大项目。

---

[1]　田琰：《广州佛山同城发展提高人民生活质量》，《新经济》2018 年第 4 期。

从数据上看，2015 年佛山规模以上工业总产值达千亿元的行业包括电气机械和器材制造业、非金属矿物制品产业、金属制品业、橡胶和塑料制品业、有色金属冶炼和压延加工业以及计算机、通信和其他电子设备制造业，目前看上去还是以铝型材、玻璃、陶瓷、塑料、家用电器等传统产业为主。不过，通用设备制造业以及汽车制造产业工业总产值均已突破 700 亿元，智能装备和新能源汽车在佛山的发展正劲，有潜力发展成为佛山新的优势产业。

3. 推动金融科技产业融合，支持制造业发展

为了支持产业转型升级，也为了中小企业的发展壮大，佛山于 2014 年在省内率先树立金融、科技、产业融合发展的目标和任务；2016 年，佛山提出以"金融引领创新驱动"支撑建设国家制造业创新中心，推动产业链、创新链、资金链"三链融合"；为了构造支撑创新发展的金融平台，佛山以广东金融高新区为核心区建设"互联网＋"众创金融聚集发展先行区，然后市政府出资 20 亿元设立母基金，撬动各区财政、金融机构和其他社会资本 80 亿元，形成总规模达 100 亿元的创新创业引导基金。①

近年来，阿里巴巴、京东、慧聪网、小米等知名互联网企业，纷纷进驻佛山或与佛山制造业开展战略合作，强强联合。此外，维尚家具、金兰集团等一大批佛山本土企业在互联网与制造业的融合上取得突出成效。佛山传统制造业正不断深化与互联网企业的结合，实现融合发展、比翼双飞。

为了缓解企业资金周转难题，佛山设立了总规模 15 亿元的支持企业融资专项资金，帮助企业完成银行资金续贷。截至 2017 年 6 月底，累计转贷 212.45 亿元，惠及 1185 家企业。为了降低中小企业融资难度，设立债券融资风险缓释基金，为发债机构增信或进行风险补偿；实施政策性小额贷款保证保险，帮助中小科技企业通过财政资金和保险增信实现融资。此外，佛山政府也在不遗余力地扶持股权投资行业

---

① 文倩：《一座制造业大市的产业金融发展之路》，《佛山日报》2017 年 7 月 5 日。

发展，鼓励各类天使投资、种子基金、股权投资基金、创投公司进驻佛山，拓宽企业融资渠道。截至 2017 年 5 月底，相关公司总数达到 354 家，注册资本超过 479 亿元。

"十二五"期间，佛山金融业增加值保持快速增长，按绝对值测算年均增长率约 10%，占 GDP 比重由 3.31% 增加到 4.69%，不过相比全国平均水平 8.44% 仍有差距。另外，全市债券融资规模明显扩大，由 2013 年的 37.2 亿元增长到 2016 年的 1018.49 亿元，增长了 26.4 倍。

佛山推动金融、科技、产业融合发展的做法之所以能够取得初步成效，还是和制造业转型升级分不开的。一方面，制造业产业升级和创新发展，提高了对金融、物流、工业设计、电子商务等生产性服务业的需求，拓展了金融业的发展空间；另一方面，先进制造业、新兴产业、高技术制造业的迅速发展和良好前景也会吸引海内外的资金投资到佛山，助推金融业的发展。

### 四　广州制造——创新发展

（一）广州经济发展概况

广州是广东省省会，全省政治、经济、科技、教育和文化中心。地处中国大陆南方，广东省东南部，珠江三角洲北缘，濒临南海，毗邻香港和澳门，是华南地区区域性中心城市、交通通信枢纽，是中国的"南大门"。广州作为改革开放的前沿城市以及对外贸易的窗口，经济突飞猛进，各项事业得到全面的发展，成为中国经济最活跃的城市之一，经济综合实力位居全国主要城市的三甲之列。改革开放 40 年来，广州经济得到飞速发展，即使在 2008 年金融危机后，广州经济也实现了平稳发展，2017 年广州经济运行情况如下：

（1）经济总量突破 2 万亿元。2017 年，广州市实现地区生产总值达 21503.15 亿元，同比增长 7.0%，经济保持中高速增长。

（2）需求潜力持续释放。2017 年，实现社会消费品零售总额 9402.59 亿元，同比增长 8.0%。批发零售业商品销售总额 62164.66

亿元，同比增长 12.0%。全年完成固定资产投资 5919.83 亿元，增长 5.7%。全年商品进出口总值 9714.36 亿元，同比增长 13.7%。纳入统计的跨境电子商务进出口 227.7 亿元，同比增长 55.1%。

（3）经济结构不断调整优化。2017 年，全市三次产业比重由上年的 1.21∶29.85∶68.94 调整为 1.09∶27.97∶70.94，第三产业比重同比提高 2.00 个百分点。第一产业增加值 233.49 亿元，下降 1.0%；第二产业增加值 6015.29 亿元，增长 4.7%；第三产业增加值 15254.37 亿元，增长 8.2%。第二、第三产业对经济增长的贡献率分别为 20.9%、79.3%。2017 年，广州市人均 GDP 达到 150678 元，按平均汇率折算为 22317 美元。

从服务业看，高附加值的现代服务业增加值占服务业的比重为 66.0%，同比提升 1.0 个百分点。从工业看，先进制造业增加值占规模以上制造业增加值的比重为 65.6%，同比提升 1.8 个百分点；高新技术产品产值占全市规模以上工业总产值的比重为 47.0%，同比提升 1.0 个百分点。

（4）经济质量效益稳步提升。2017 年，来源于广州地区的财政收入 5947.00 亿元，同比增长 14.0%。地方一般公共预算收入 1533.06 亿元，同比增长 10.9%。全市规模以上工业企业实现利润总额 1309.30 亿元，同比增长 11.8%。城市常住居民人均可支配收入 55400 元，同比增长 8.8%；农村常住居民人均可支配收入 23484 元，同比增长 9.5%。

其他主要年份经济发展情况如表4—4所示，可以看出自金融危机以来，广州经济仍保持持续增长。

表4—4　　　　　　　　广州各年地区生产总值　　　　　　单位：亿元

| 年份 | 地区生产总值 | 第一产业 | 第二产业 | 第三产业 | GDP中：工业 | 人均地区生产总值（元） |
|------|------------|---------|---------|---------|-----------|----------------------|
| 2007 | 7140.32 | 149.87 | 2825.78 | 4164.67 | 2602.93 | 72123 |
| 2008 | 8287.38 | 169.18 | 3227.87 | 4890.33 | 2972.48 | 81941 |

| 年份 | 地区生产总值 | 第一产业 | 第二产业 | 第三产业 | GDP 中：工业 | 人均地区生产总值（元） |
|------|------|------|------|------|------|------|
| 2009 | 9138.21 | 172.28 | 3405.16 | 5560.77 | 3117.34 | 89082 |
| 2010 | 10748.28 | 188.56 | 4002.27 | 6557.45 | 3644.96 | 87458 |
| 2011 | 12423.44 | 204.54 | 4576.98 | 7641.92 | 4140.59 | 97588 |
| 2012 | 13551.21 | 213.76 | 4720.65 | 8616.79 | 4264.16 | 105909 |
| 2013 | 15497.23 | 228.46 | 5270.09 | 9998.68 | 4759.21 | 120294 |
| 2014 | 16706.87 | 218.7 | 5590.97 | 10897.2 | 5070.63 | 128478 |
| 2015 | 18100.41 | 226.84 | 5726.08 | 12147.49 | 5185.63 | 136188 |
| 2016 | 19547.44 | 239.28 | 5751.59 | 13556.57 | 5215.72 | 141933 |
| 2017 | 21503.15 | 233.49 | 6015.29 | 15254.37 | 5459.69 | 150678 |

（二）广州产业转型升级的典型案例

1. 广州无线电集团

以广州无线电集团为代表的老一代国有企业，成立 60 年来，经历过困难的"资不抵债"时期，20 世纪 90 年代开始进行解困转制，推动混合所有制的产权体制改革，由传统的制造业转型发展为高科技制造业和现代服务业并重的企业集团。2015 年集团的营业收入是 170 亿元，利润总额是 27 亿元，年末的净资产是 200 亿元左右。集团董事长赵友永介绍，企业转型升级的关键点就是将必要的技术创新和自主研发作为根基。集团持续加大技术的投入，累计投入科研经费 25 亿元，其中 2015 年投入研发 8 亿元，占同口径营业收入比重持续保持在 9% 以上。"十二五"期间申请知识产权 2131 项，获得授权 1344 项。

无线电集团拥有国家级企业技术中心、博士后科研工作站、6 家院士工作站和广东省重点工程技术研究开发中心，年均研发投入占同口径营业收入 9% 以上，新产品产值率年均超过 80%，攻克多项具有自主知识产权的关键技术体系，使中国成为全球第三个完全掌握金融智能装备核心技术的国家，通信导航产品为亚丁湾护航、神舟飞船发射、首艘国产航母启航、建军90周年大阅兵等国家战略项目保驾护航。

近十余年来，集团主要经济指标年均保持25%以上增长速度。旗下广电运通的综合实力排名全球前4强，在中国ATM市场的销售占有率连续10年位居第一；海格通信的军用通信导航设备国内综合排名第一；广电计量的计量校准业务社会化服务规模全国领先。

截至2018年第一季度，集团累计获得知识产权2757项，拥有国家重点软件企业2家、国家火炬计划重点高新技术企业3家、国家认定高新技术企业38家、国家知识产权示范企业1家，省知识产权示范企业3家，"中国电子信息行业创新能力50强"企业2家（广电运通、海格通信）。

2. 广汽集团

广汽集团从1997年成立到2015年经历了18年，对照国家五年规划周期，经历了"九五"的重组与调整，"十五"的夯实基础，"十一五"的跨越发展和"十二五"的全面布局四个阶段，走出了一条有广汽特色的转型升级发展道路。广汽集团坚持创新驱动和战略转型引领，加快发展智能网联新能源汽车，实现企业竞争力大幅提升。总经理曾庆洪表示，广汽在转型升级过程中，会对传统产业进行改造，但不会放弃传统产业；广汽将继续引进品牌，并重点研究引进后如何消化吸收并进行创新，打造自主品牌，形成自主品牌的发展和自主品牌的产业升级，"我们不会围绕多元化而多元化，一定要围绕我们的主业做精、做细、做强、做好，这是最重要的"。总体而言，广汽的转型升级主要体现在强化合资合作，着力发展自主品牌，完善商贸、零部件，布局金融、保险等领域，逐步形成全产业链覆盖。

在广汽乘用车生产车间前的普通停车位上，无人驾驶的传祺汽车在不到20秒的时间里，就完成自主寻找车位、倒车、停车全过程。在2017年第九届"中国智能车未来挑战赛"中，广汽无人车包揽这一代表着中国无人驾驶智能车最高发展水平的比赛中的前两名。

广汽集团总经理曾庆洪介绍，未来十年，中国汽车将往智能、网联、新能源方向发展。在无人驾驶方面，广汽已经开发出首款具有自主知识产权的无人驾驶汽车，并掌握多项无人驾驶技术，预计在 2020 年广汽将推出 L3 级别的无人驾驶汽车。①

---

① 2018 年 9 月 27 日，http：//news. southcn. com/gd/content/2017 − 12/04/content _ 179321478. htm.

# 第 五 章

# 广东制造业发展现状及特点

广东地处中国大陆最南部，东邻福建，北接江西、湖南，西连广西，南临南海，珠江口东西两侧分别与香港、澳门特别行政区接壤，西南部雷州半岛隔琼州海峡与海南省相望。全省陆地面积17.98万平方公里，约占全国陆地面积的1.85%；其中岛屿面积1592.7平方公里，约占全省陆地面积的0.89%。全省大陆岸线长3368.1公里，居全国第一位。广东是经济大省，总量全国第一，以制造和第三产业为主，走在中国经济改革开放的前列。根据《2017年广东国民经济和社会发展统计公报》，2017年广东省实现地区生产总值89879.23亿元，比上年增长7.5%。其中，第一产业增加值3792.40亿元，增长3.5%，对地区生产总值增长的贡献率为2.0%；第二产业增加值38598.55亿元，增长6.7%，对地区生产总值增长的贡献率为39.8%；第三产业增加值47488.28亿元，增长8.6%，对地区生产总值增长的贡献率为58.2%。三次产业结构比重为4.2：43.0：52.8，第三产业所占比重比上年提高0.8个百分点。在第三产业中，批发和零售业增长5.4%，住宿和餐饮业增长2.2%，金融业增长8.8%，房地产业增长4.8%。在现代产业中，高技术制造业增加值9516.92亿元，增长13.2%；先进制造业增加值17597.00亿元，增长10.3%。现代服务业增加值29709.97亿元，增长9.8%。生产性服务业增加值24344.75亿元，增长8.8%。民营经济增加值48339.14亿元，增长8.1%。2017年，广东人均地区生产总值达到81089元，按平均汇率折算为 12009 美元。[①]

# 第一节 广东省制造业的总体发展情况

林先扬把广东省制造业的发展分为四大阶段，以发展轻工产品为主的日用消费品工业阶段、以耐用消费品为主体和高加工度工业为主的发展阶段以及以高技术产业和现代重化工业为主导的发展阶段和转型期发展阶段，要点摘录如下。[②]

（1）以发展食品、纺织、服装等轻工产品为主的日用消费品工业阶段（1978—1990 年）。利用改革开放政策和毗邻港澳优势，广东采取"三来一补"方式和"前店后厂"模式，发展了纺织、服装、鞋帽、玩具、日用品等技术含量低的劳动密集型产业，加快了广东的工业化进程；其中，食品、饮料、纺织服装、轻工业迅速发展并成为支柱工业。

（2）以耐用消费品为主体和高加工度工业为主的发展阶段（1991—1997 年）。进入 90 年代，大力发展家电产业，使广东成为家电大省，1996 年人均 GDP 突破 1000 美元，居民消费结构开始从生存型向享受型、发展型转变，彩电、冰箱、空调三大家电产品为代表的耐用消费品工业迅速成长为主导产业。

（3）以高技术产业和现代重化工业为主导的发展阶段（1998—2007 年），广东省委、省政府出台《关于依靠科技进步推动产业结构优化升级的决定》，提出实施科教兴粤战略，推动经济结构和经济增长方式的战略性调整。其中电子信息、电器机械、石油化工工业成为经济增长的龙头产业，进入以高加工度工业为主的发展阶段。进入 21 世纪后，广东开始大力发展汽车、石油、化学原料及化学制品、冶金、医药、电子通信设备制造业等新支柱产业，特别是以计算机、电子工

---

① 资料来源：《2017 年广东国民经济和社会发展统计公报》2017 年 3 月 2 日。

② 林先扬：《广东先进制造业发展历程、问题与策略探究》，《广东行政学院学报》2011 年第 23 卷第 5 期。

业等为代表的高新技术产业成为支撑国民经济高速增长的最重要支柱产业。

（4）转型期发展阶段（2008年至今）。经过40年的改革开放，广东省的内外资制造业均取得了长足的发展，形成了以电子信息、电子机械、石油化学三大新兴产业和纺织服装、食品饮料、建筑材料三大传统产业以及森工造纸、医药、汽车三大潜力产业共九大支柱产业的工业结构。2016年，广东电子、汽车、电力、家电四大行业实现利润3623.76亿元，比上年增长10.5%，占全省规模以上工业利润的45.2%，其中，电力、热力生产和供应业实现利润581.49亿元，下降0.9%；计算机、通信和其他电子设备制造业实现利润1513.04亿元，增长4.1%；汽车制造业实现利润529.31亿元，增长13.5%；电气机械和器材制造业实现利润999.92亿元，增长29.2%。①

根据《2016年广东国民经济和社会发展统计公报》，2016年广东全部工业增加值比上年增长6.4%。规模以上工业增加值增长6.7%，其中，国有及国有控股企业增长5.0%，民营企业增长11.4%，外商及港澳台投资企业增长2.3%，股份制企业增长10.2%，股份合作制企业增长7.6%，集体企业下降0.1%。分轻重工业看，轻工业增长3.3%，重工业增长8.7%。分企业规模看，大型企业增长7.0%，中型企业增长4.8%，小型企业增长8.4%。高技术制造业增加值增长11.7%，占规模以上工业增加值的比重为27.6%。其中，医药制造业增长7.6%，电子及通信设备制造业增长14.6%，信息化学品制造业增长6.2%，航空航天器制造业增长6.3%，医疗设备及仪器仪表制造业增长15.2%，电子计算机及办公设备制造业下降12.8%。先进制造业增加值增长9.5%，占规模以上工业增加值的比重为49.3%。其中，装备制造业增长11.1%，钢铁冶炼及加工业增长13.8%，石油及化学行业增长2.3%。装备制造业中，汽车制造业、船舶制造业、飞机制

---

① 资料来源：2018年9月27日，广东信息统计网（http://www.gdstats.gov.cn/tjzl/tjkx/201702/t20170204_354959.html）。

造及修理业、环境污染防治专用设备制造业分别增长 14.2%、3.2%、2.7%、26.4%；钢铁冶炼及加工业中，炼铁、炼钢、钢压延加工和铁合金冶炼分别增长 94.3%、38.7%、10.6% 和 5.7%；石油及化学行业中，石油加工、炼焦及核燃料加工业增长 3.8%，化学原料及化学制品制造业增长 6.0%，石油和天然气开采业、橡胶制品业分别下降 9.5%、2.2%。优势传统产业增加值增长 3.2%，其中，纺织服装业增长 1.4%，食品饮料业增长 0.7%，家具制造业增长 5.2%，建筑材料增长 6.4%，金属制品业增长 4.6%，家用电力器具制造业增长 4.7%。六大高耗能行业增加值增长 4.9%，其中，石油加工、炼焦和核燃料加工业增长 3.8%，化学原料和化学制品制造业增长 6.0%，非金属矿物制品业增长 5.6%，黑色金属冶炼及压延加工业增长 13.2%，有色金属冶炼及压延加工业增长 3.2%，电力、热力生产和供应业增长 3.1%。工业经济效益有所提高。资产贡献率 13.41%，资产负债率 55.97%，流动资产周转次数 2.24 次，成本费用利润率 6.75%，全员劳动生产率 23.24 万元/人·年，产品销售率 96.79%。实现利润总额 8025.42 亿元，增长 11.0%。亏损企业亏损总额 426.39 亿元，下降 15.0%。①

## 一 广东省制造业整体发展现状

广东是领先全国的制造业大省之一。电子信息、电气机械及专用设备、石油化工三大新兴支柱产业保持强劲发展态势，纺织服装、食品饮料、建筑材料三大传统支柱产业稳步发展，造纸、医药、汽车三大潜力产业发展迅猛，结构趋于优化。②

广东电子、钢铁、石化、纺织、造船、电力、有色金属、建材、汽车等重点行业的生产经营情况出现分化，简要分析如下。

2016 年，广东省规模以上工业企业累计完成增加值突破 3 万亿

---

① 资料来源：《2016 年广东国民经济和社会发展统计公报》。
② 资料来源：《广东省统计年鉴》2018 年 9 月 27 日，广东信息统计网（http://www.gd-stats.gov.cn/tjzl../tjfx/201510/t20151010_315933.html）。

元，达 31917.39 亿元，同比增长 6.7%；规模以上重工业累计完成增加值 20219.42 亿元，同比增长 8.7%；轻工业累计完成增加值 11697.97 亿元，同比增长 3.3%。重工业占全部规模以上工业增加值的比重为 63.3%，比上年提高 0.9 个百分点。全省国有控股企业累计完成增加值 4966.62 亿元，同比增长 5.0%，增幅 2.9 个百分点；外商及港澳台商投资企业累计完成增加值 12961.17 亿元，同比增长 2.3%，比上年回落 1.8 个百分点。规模以上民营工业累计完成增加值 15787.67 亿元，同比增长 11.4%，增幅比规模以上工业平均水平高 4.7 个百分点。民营工业拉动全省规模以上工业增加值增长 5.4 个百分点。民营工业增加值总量占全省规模以上工业增加值的比重为 49.5%，比上年提高 3.3 个百分点。全省规模以上制造业累计完成增加值 28791.86 亿元，同比增长 7.2%，比上年提高 0.4 个百分点；采矿业累计完成增加值 570.62 亿元，下降 6.0%；电力、热力、燃气及水生产和供应业累计完成增加值 2554.91 亿元，增长 5.0%。从制造业大类行业看，计算机、通信和其他电子设备制造业增长 11.4%，电气机械和器材制造业增长 6.6%，汽车制造业增长 14.2%。全省规模以上先进制造业累计完成增加值 15739.78 亿元，同比增长 9.5%，占规模以上工业增加值的比重为 49.3%，比上年提高 0.6 个和 0.8 个百分点；装备制造业累计完成增加值 12816.46 亿元，增长 11.1%，占规模以上工业的比重为 40.2%，比上年提高 1.2 个百分点；高技术制造业累计完成增加值 8817.68 亿元，增长 11.7%，占规模以上工业的比重为 27.6%，比上年提高 0.6 个百分点。

2016 年，广东部分规模以上服务业中高技术服务业快速发展，实现营业收入 5948.3 亿元，同比增长 16.1%，增幅高于全省平均水平 2.4 个百分点；实现利润 1337.8 亿元，增长 24.9%。在以"互联网＋"为代表的信息化推动下，互联网经济呈现出快速发展态势。2016 年，互联网和相关服务业实现营业收入 1045.2 亿元，同比增长 55.3%；实现利润 347.1 亿元，增长 57.1%。其中，软件和信息技术服务业实现营业收入 1813.2 亿元，同比增长 19.9%；实现利润 363.7 亿元，增长

39.5%。科技推广和应用服务业实现营业收入 83.7 亿元，同比增长14.0%，实现利润 12.7 亿元，增长 58.8%。

2016 年，广东部分规模以上生产性服务业发展稳定向好。全年实现营业收入 14133.1 亿元，同比增长 13.7%，实现利润 2648.3 亿元，增长 18.3%。2016 年，商务服务业实现营业收入 3283.6 亿元，同比增长 18.3%。其中，人力资源服务实现营业收入 232.6 亿元，增长31.9%；咨询与调查实现营业收入 368.2 亿元，增长 28.2%；企业管理服务实现营业收入 1133.7 亿元，增长 25.9%。电子商务的强劲发展，带动了邮政业的较快发展，并呈现稳定增长态势。2016 年，邮政业实现营业收入 362.5 亿元，增长 17.8%。其中，邮政基本服务营业收入增长 23.4%，快递服务增长 15.6%。邮政业实现利润 23.4 亿元，增长 91.5%。道路运输业实现营业收入 1236.8 亿元，同比增长16.4%。其中，道路货物运输营业收入 516.1 亿元，增长 25.0%；铁路货物运输和水上货物运输营业收入分别增长 12.9% 和 11.6%，增幅比上年同期分别提高 8.0 个和 16.3 个百分点。①

## 二　广东省地区生产总值和制造业比较

1978 年广东省的地区生产总值为 185.85 亿元，2000 年广东省的地区生产总值为 10741.25 亿元，2005 年广东省的地区生产总值为22557.37 亿元，制造业产值为 8156.04 亿元，所占比重为 36.16%，超过了三成的份额；在接下来的 5 年中，持续高速增长，到 2010 年的时候，地区生产总值翻了一番，达到 46013.06 亿元；而此时制造业翻了不仅一番，更是达到了 18317.74 亿元，占比 39.81%；可见广东GDP 的增长，制造业发挥了非常重要的作用；到 2015 年，地区生产总值达到 72812.55 亿元，制造业更是达到了 23885.44 亿元的高度，占比 32.80%。纵观历年的发展，可以看出近些年来广东省的经济一直

---

① 资料来源：2018 年 9 月 27 日，广东信息统计网（http://www.gdstats.gov.cn/tjzl/tjkx/201701/t20170123_353651.html）。

呈现明显的上升趋势，发展迅猛。制造业作为其中的重要产业更是蓬勃发展，飞速增长。[①]

由表5—1可以看出广东制造业在国内生产总值中所占的比重。

表5—1　　1978—2016年各年度广东省地区生产总值和工业比较[②]　单位：亿元

| 年份 | 地区生产总值 | 工业增加值 | 工业占GDP | 年份 | 地区生产总值 | 工业增加值 | 工业占GDP |
|---|---|---|---|---|---|---|---|
| 1978 | 185.85 | | | 1998 | 8530.88 | 1426.47 | 10.34 |
| 1979 | 209.34 | 14.90 | 6.73 | 1999 | 9250.68 | 1504.17 | 9.83 |
| 1980 | 249.65 | 27.22 | 10.95 | 2000 | 10741.25 | 1601.14 | 9.47 |
| 1981 | 290.36 | 34.27 | 12.11 | 2001 | 12039.25 | 2005.44 | 10.61 |
| 1982 | 339.92 | 30.81 | 9.82 | 2002 | 13502.42 | 2878.80 | 13.21 |
| 1983 | 368.75 | 43.15 | 12.09 | 2003 | 15844.64 | 5586.85 | 20.41 |
| 1984 | 458.74 | 76.49 | 17.65 | 2004 | 18864.62 | 7067.92 | 20.52 |
| 1985 | 577.38 | 101.32 | 18.95 | 2005 | 22557.37 | 7218.26 | 17.33 |
| 1986 | 667.53 | 98.17 | 15.51 | 2006 | 26587.76 | 9470.20 | 18.52 |
| 1987 | 846.69 | 245.40 | 27.94 | 2007 | 31777.01 | 11627.98 | 18.53 |
| 1988 | 1155.37 | 440.61 | 33.41 | 2008 | 36796.71 | 11654.39 | 15.66 |
| 1989 | 1381.39 | 328.34 | 19.93 | 2009 | 39492.52 | 1472.31 | 1.94 |
| 1990 | 1559.03 | 255.01 | 13.41 | 2010 | 46036.25 | 17576.35 | 18.81 |
| 1991 | 1893.30 | 621.87 | 24.64 | 2011 | 53246.18 | 10030.38 | 9.69 |
| 1992 | 2447.54 | 955.27 | 27.46 | 2012 | 57147.75 | 1556.19 | 1.48 |
| 1993 | 3469.28 | 1757.98 | 33.57 | 2013 | 62474.79 | 14090.18 | 11.83 |
| 1994 | 4619.02 | 2036.58 | 28.00 | 2014 | 67809.85 | 10941.30 | 8.41 |
| 1995 | 5933.05 | 2446.59 | 25.17 | 2015 | 72812.55 | 5227.12 | 3.86 |
| 1996 | 6834.97 | 810.39 | 7.70 | 2016 | 79512.05 | 9617.95 | 6.64 |
| 1997 | 7774.53 | 1841.76 | 14.89 | | | | |

①　张曌：《互联网背景下广东省制造业转型升级路径研究》，硕士学位论文，广东财经大学，2015年。

②　资料来源：历年广东统计年鉴及笔者整理。

由表5—2所知，2005年，规模以上制造业工业总产值为35942.74亿元，当年的工业增加值也即规模以上制造业产值为8156.04亿元。在接下来的2006年，制造业的增速甚至超过了20%，达到20.07%。当年的制造业产值首次突破1万亿元，并继续以较快的速度增长。虽然在2009年增速有所放缓，但是由于历史性的积累，其2009年的产值已经比2005年翻了一番，达到16359.35亿元；到了2010年，制造业的增速又上升到17.9%，当年的产值达到了18317.74亿元；随后的几年中，增速有所降低。[①]到了2016年，规模以上制造业工业总产值达到133768.04亿元。

表5—2　　　　　　　1978—2016年广东省地区规模以上
　　　　　　　　工业总产值与增加值增长率　　　单位：亿元、%

| 年份 | 规模以上工业总产值 | 增速 | 规模以上工业增加值 | 增速 |
|------|------|------|------|------|
| 1978 | 180.73 | | | |
| 1979 | 194.64 | 7.15 | | |
| 1980 | 212.69 | 8.49 | | |
| 1981 | 241.93 | 12.09 | | |
| 1982 | 263.02 | 8.02 | | |
| 1983 | 293.70 | 10.45 | | |
| 1984 | 359.87 | 18.39 | | |
| 1985 | 471.83 | 23.73 | | |
| 1986 | 550.49 | 14.29 | | |
| 1987 | 747.47 | 26.35 | | |
| 1988 | 1118.00 | 33.14 | | |

①　张塱：《互联网背景下广东省制造业转型升级路径研究》，硕士学位论文，广东财经大学，2015年。

续表

| 年份 | 规模以上<br>工业总产值 | 增速 | 规模以上<br>工业增加值 | 增速 |
|------|------|------|------|------|
| 1989 | 1399. 45 | 20. 11 | | |
| 1990 | 1605. 80 | 12. 85 | | |
| 1991 | 2144. 93 | 25. 14 | | |
| 1992 | 2884. 93 | 25. 65 | | |
| 1993 | 4252. 70 | 32. 16 | | |
| 1994 | 5565. 48 | 23. 59 | | |
| 1995 | 7189. 24 | 22. 59 | | |
| 1996 | 7490. 49 | 4. 02 | | |
| 1997 | 8442. 32 | 11. 27 | | |
| 1998 | 9738. 56 | 13. 31 | | |
| 1999 | 10538. 17 | 7. 59 | | |
| 2000 | 12480. 93 | 15. 57 | | |
| 2001 | 14035. 35 | 11. 08 | | |
| 2002 | 16378. 60 | 14. 31 | | |
| 2003 | 21513. 46 | 23. 87 | 5718. 14 | |
| 2004 | 29554. 92 | 27. 21 | 7439. 53 | 23. 14 |
| 2005 | 35942. 74 | 17. 77 | 9416. 39 | 20. 99 |
| 2006 | 44674. 75 | 19. 55 | 11780. 89 | 20. 07 |
| 2007 | 55252. 86 | 19. 14 | 14104. 21 | 16. 47 |
| 2008 | 65424. 61 | 15. 55 | 17612. 94 | 19. 92 |
| 2009 | 68275. 77 | 4. 18 | 18235. 21 | 3. 41 |
| 2010 | 85824. 64 | 20. 45 | 20338. 34 | 10. 34 |
| 2011 | 94871. 68 | 9. 54 | 21663. 30 | 6. 12 |
| 2012 | 95602. 09 | 0. 76 | 22720. 81 | 4. 65 |
| 2013 | 109673. 07 | 12. 83 | 26540. 01 | 14. 39 |
| 2014 | 119713. 04 | 8. 39 | 28188. 69 | 5. 85 |
| 2015 | 124649. 16 | 3. 96 | 29446. 21 | 4. 27 |
| 2016 | 133768. 04 | 6. 82 | 31330. 24 | 6. 01 |

### 三 先进制造业与高技术制造业

在广东省的制造业中先进制造业与高技术制造业发挥了举足轻重的作用，其中各行业的总产值及增加值可参见表5—3和表5—4。

表5—3　　　　　　　　　广东省先进制造业产值　　　　　　单位：亿元

| | 2014 年 | | 2015 年 | | 2016 年 | |
|---|---|---|---|---|---|---|
| | 总产值 | 增加值 | 总产值 | 增加值 | 总产值 | 增加值 |
| 合　计 | 53041.61 | 12714.98 | 60459.79 | 14102.48 | 65806.42 | 15260.88 |
| **装备制造类** | 40437.06 | 9448.47 | 48575.81 | 10957.93 | 53771.91 | 12085.47 |
| 汽车制造 | 4707.60 | 1298.09 | 5955.96 | 1443.89 | 6902.98 | 1612.66 |
| 船舶制造 | 457.66 | 110.36 | 516.41 | 121.55 | 544.74 | 100.02 |
| 金属船舶制造 | 331.72 | 75.44 | 408.49 | 92.32 | 427.91 | 68.23 |
| 飞机制造及修理业 | 74.39 | 24.02 | 72.71 | 24.06 | 86.97 | 27.51 |
| 环境污染防治专用设备制造 | 32.18 | 10.57 | 40.26 | 11.93 | 56.81 | 16.56 |
| **钢铁冶炼及加工类** | 2464.76 | 416.41 | 2206.39 | 335.43 | 2473.71 | 381.50 |
| 炼铁 | 15.34 | 4.42 | 15.89 | 4.21 | 14.18 | 3.55 |
| 炼钢 | 69.82 | 18.33 | 114.41 | 17.25 | 157.89 | 13.43 |
| 钢材加工 | 2337.42 | 387.55 | 2029.86 | 308.21 | 2253.51 | 357.60 |
| 铁合金冶炼 | 42.18 | 6.11 | 46.22 | 5.75 | 48.13 | 6.92 |
| **石油及化学类** | 10139.79 | 2850.11 | 9677.60 | 2809.12 | 9560.80 | 2793.91 |
| 石油和天然气开采业 | 631.09 | 530.33 | 521.71 | 382.91 | 428.21 | 337.10 |
| 石油加工、炼焦及核燃料加工业 | 3652.02 | 918.23 | 2331.04 | 810.57 | 2224.90 | 896.25 |
| 化学原料及化学制品制造业 | 5461.28 | 1295.80 | 6315.93 | 1487.10 | 6419.70 | 1435.48 |
| 橡胶制品业 | 395.41 | 105.74 | 508.93 | 128.54 | 487.99 | 125.08 |

通过对表5—3的分析得出，广东省的先进制造业呈现出一定的规模，并且覆盖门类较全。

**表5—4**           广东省高技术制造业产值         单位：亿元

| 项目 | 工业总产值 | | |
|---|---|---|---|
| | 2014 年 | 2015 年 | 2016 年 |
| 高技术制造业合计 | 32047.42 | 34666.67 | 38537.98 |
| 一、信息化学品制造业 | 122.04 | 110.95 | 115.41 |
| 二、医药制造业 | 1368.06 | 1484.49 | 1646.25 |
| #化学药品制造 | 674.89 | 717.16 | 830.04 |
| 中成药生产 | 297.10 | 320.36 | 327.99 |
| 生物药品制造 | 165.37 | 183.14 | 196.55 |
| 三、航空航天器及设备制造业 | 94.22 | 79.25 | 215.67 |
| 1. 飞机制造 | 25.50 | 1.43 | 2.74 |
| 2. 航天器制造 | 0.00 | 0.00 | 0.00 |
| 3. 航空、航天相关设备制造 | 18.64 | 0.00 | 0.22 |
| 4. 其他飞行器制造 | 5.18 | 6.54 | 128.69 |
| 5. 航空航天器修理 | 44.90 | 71.28 | 84.02 |
| 四、电子及通信设备制造业 | 23677.58 | 27964.24 | 31279.18 |
| 1. 通信设备制造 | 9971.47 | 13526.34 | 15331.77 |
| #通信系统设备制造 | 5262.55 | 6759.56 | 7605.29 |
| 通信终端设备制造 | 4708.92 | 6766.77 | 7726.47 |
| 2. 广播电视设备制造 | 368.35 | 321.45 | 366.58 |
| 3. 雷达及配套设备制造 | 9.10 | 18.85 | 83.59 |
| 4. 视听设备制造 | 2451.32 | 2500.34 | 2701.57 |
| 5. 电子器件制造 | 4648.80 | 4980.43 | 5218.12 |
| 电子真空器件制造 | 22.92 | 28.94 | 34.44 |
| 半导体分立器件制造 | 142.89 | 138.33 | 157.96 |
| 集成电路制造 | 708.85 | 595.22 | 575.24 |
| 光电子器件及其他电子器件制造 | 3774.14 | 4217.95 | 4450.49 |
| 6. 电子元件制造 | 4722.44 | 5024.53 | 5626.31 |
| 7. 电子工业专用设备制造 | 211.07 | 201.62 | 235.63 |
| 8. 光纤、光缆制造 | 67.77 | 79.17 | 81.11 |
| 9. 锂离子电池制造 | 461.10 | 637.14 | 891.41 |
| 10. 其他电子设备制造 | 766.17 | 674.38 | 743.11 |

| 项目 | 工业总产值 | | |
|---|---|---|---|
| | 2014 年 | 2015 年 | 2016 年 |
| 五、计算机及办公设备制造业 | 5968.74 | 4185.14 | 4256.91 |
| 1. 计算机整机制造 | 1438.17 | 1090.52 | 1144.12 |
| 2. 计算机零部件制造 | 2485.38 | 1024.05 | 951.30 |
| 3. 计算机外围设备制造 | 1168.53 | 1290.60 | 1077.99 |
| 4. 其他计算机制造 | 225.22 | 207.22 | 470.01 |
| 5. 办公设备制造 | 651.43 | 572.75 | 613.49 |
| 六、医疗仪器设备及仪器仪表制造业 | 816.79 | 842.59 | 1024.57 |
| 1. 医疗设备及器械制造 | 305.50 | 322.51 | 381.53 |
| 2. 仪器仪表制造 | 511.29 | 520.08 | 643.04 |

由表5—4分析得知，高技术制造业总产值由2014年的32047.42亿元增加到2016年的38537.98亿元，增长显著。其中，占据了80%以上份额的电子及通信设备制造业，在2016年工业总产值达到31279.18元。

## 四　广东规模以上工业经济效益现状分析

### （一）经济效益运行情况

2015年，广东规模以上工业利润平稳增长，全年主营业务收入117461.73亿元，比上年增长2.3%；实现利润7208.77亿元，增长8.2%。2016年，广东规模以上工业经济效益综合指数为253.76%。从构成经济效益指数的七项指标看，除资产贡献率和产品销售率同比下降外，其他五项指标同比上升或持平。其中，资产贡献率为13.41%，比上年下降0.3个百分点；产品销售率96.79%，下降0.2个百分点；资本保值增值率113.76%，上升4.6个百分点；流动资产周转次数2.24次，与上年持平；成本费用利润率6.75%，上升 0.2 个百分点;① 资产负债率（逆指标）55.97%，下降 1.2 个百分点。全员劳动生产率稳步提高。2016 年广东规模以上工业企业全员劳动生产率 23.24 万元/人，比上年增长 9.7%，增幅比上年加快 4.7 个百分点。

（二）主营业务收入增长加快

在 40 个工业大类行业中，2015 年利润总额比上年增长的行业有 30 个。其中，石油加工、炼焦和核燃料加工业实现利润 123.89 亿元，增长 173.0%；计算机、通信和其他电子设备制造业实现利润 1466.03 亿元，增长 15.5%；电气机械和器材制造业实现利润 769.47 亿元，增长 10.9%。新增利润较多的前 5 个行业分别是计算机、通信和其他电子设备制造业，增加 196.36 亿元；石油加工、炼焦和核燃料加工业，增加 78.51 亿元；电气机械和器材制造业，增加 75.40 亿元；电力热力生产和供应业，增加 71.08 亿元；化学原料和化学制品制造业，增加 48.91 亿元。这 5 个行业新增利润占全部规模以上工业新增利润的 86.4%。

2016 年，广东规模以上工业实现主营业务收入 127363.12 亿元，比上年增长 7.3%，增幅比上年加快 5.0 个百分点。② 全年主营业务收入超过百亿元的企业有 97 家，比上年增加 11 家。

2017 年上半年，广东规模以上工业实现主营业务收入 64315.93 亿元，同比增长 13.4%，增幅比上年同期提高 8.7 个百分点。主要行业中，计算机、通信和其他电子设备制造业增长 12.9%，电气机械和器材制造业增长 17.3%，汽车制造增长 18.9%，这三个行业对全省收入增长的贡献达 45.5%。

（三）企业运营现状

2016 年，从企业类型看，全省股份制工业企业 25895 家，亏损面 11.9%；民营工业企业 28364 家，亏损面 11.4%；国有控股工业企业

---

① 《2016 年广东国民经济和社会发展统计公报》2017 年 3 月 4 日。
② 潘符颜、冯位东：《规上工业盈利实现两位数增长》，《中国信息报》2017 年 3 月 2 日。

1067 家，亏损面 18.7%；外商及港澳台投资企业 13125 家，亏损面 18.9%。从企业规模看，大型工业企业 1579 家，亏损面 7.0%，低于全省平均水平 6.8 个百分点；中型企业 9026 家，亏损面 12.9%；小、微型企业 30980 家，亏损面 14.4%。从行业看，计算机、通信和其他电子设备制造业 4813 家，亏损面 19.7%；电气机械和器材制造业 4122 家，亏损面 15.0%；金属制品业 3312 家，亏损面 11.7%；橡胶和塑料制品业 3278 家，亏损面 13.1%；非金属矿物制品业 2839 家，亏损面 9.9%，上述五个行业企业数占全省的 44.2%，合计亏损面为 14.5%。分区域看，珠三角工业企业 31119 家，亏损面为 16.0%；山区 3154 家，东翼 4858 家，西翼 2454 家，亏损面分别为 12.6%、3.9%、7.3%。①

2017 年上半年，广东规模以上工业企业亏损额 307.09 亿元，同比下降 9.8%。其中，大型企业亏损额下降 18.2%，中型企业亏损额下降 7.9%，小微型企业亏损额下降 3.8%。

## 第二节 广东省制造业集聚发展特征凸显

### 一 广东省经济空间格局演化

根据李晓雯的研究，由于珠三角地区和粤东西北地区的经济差异悬殊，广东省的经济活动主要集中在珠三角，粤东西北的情况类似，故将珠三角经济活动占比单列于图中更能凸显集聚与扩散现象的特征；图 5—1 反映了珠三角经济活动占广东省比重的变化情况，揭示了两个重要的特征：一是广东省的经济活动高度集中在珠三角地区，1998—2016 年，珠三角地区 9 个地级市的工业总产值占广东全省的比重在 80% 以上，全省 75% 以上的工业企业分布在珠三角地区，广东省呈现出以珠三角为中心、以粤东西北为边缘的核心—边缘结构；二是广东省开始出现由珠三角向粤东西北的工业扩

① 潘符颜、冯位东：《规上工业盈利实现两位数增长》，《中国信息报》2017 年 3 月 2 日。

散现象，尽管珠三角在工业企业数量、工业总产值均占绝对优势，但从珠三角地区经济活动占广东省比重的 3 个指标的变化趋势来看，珠三角的经济活动在 2004 年前不断提高，但在 2005 年后则出现不同程度的下滑，这表明工业活动已经开始由珠三角向粤东西北的扩散过程。[①]

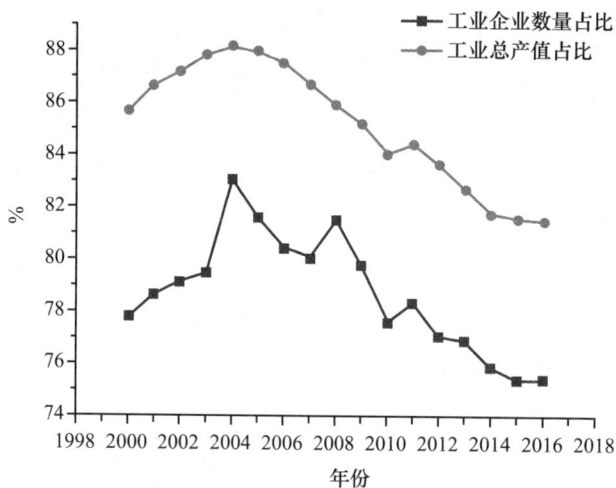

图 5—1 1998—2016 年珠三角地区经济活动占广东省比重[②]

珠三角 9 市占据了广东省制造业 500 强企业数量近 9 成，达到 449 家。其中，广州和深圳拥有全省数量最多的省制造业 500 强企业。珠三角、粤东、粤北、粤西 4 个地区入选广东制造业 500 强企业的数量分别为 451 家、32 家、13 家、4 家，所占比重分别为 90.2%、6.4%、2.6%、0.8%。与 2015 年相比，2016 年珠三角、粤东、粤北、粤西 4 个地区入选企业的数量分别增加 3 家、减少 4 家、增加 3 家、减少 2 家，比重分别增加 0.6 个、减少 0.8 个、增加 0.6 个、减少 0.4 个百

---

① 李晓雯：《广东省制造业集聚与扩散影响因素研究》，硕士学位论文，华南理工大学，2016 年。

② 资料来源：作者根据历年广东统计年鉴整理计算获得。

分点。可以看出，珠三角地区的制造业 500 强企业数量占比仍在提高，粤东和粤西地区则出现下降，不均衡的分布结构仍存在。

2000—2015 年广东省各区域工业总产值占比如图 5—2 所示：

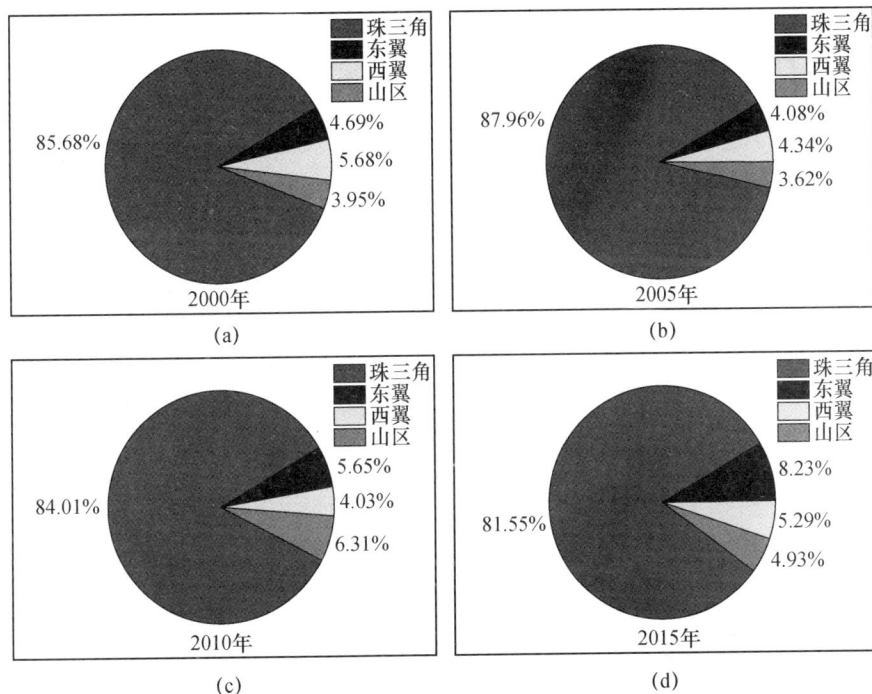

图5—2 2000—2015 年广东省各区域工业总产值占比①

## 二 集聚与扩散现象的整体特征

根据李晓雯的研究，广东省制造业整体集聚水平较高，29 个制造业历年的区位基尼系数均值为 0.7140，产业集聚现象明显。如图 5—3 所示，广东省制造业集聚程度历年变化比较明显，区位基尼系数的变化趋势呈现倒"U"形：从 2000 年至 2005 年，区位基尼系数从 0.7130 上升至 0.7346，上升了 0.0216；2005 年后这一变化趋势发生逆转，从 2005 年的 0.7345 下降至 2014 年的 0.6868，下降了 0.0478；

---

① 资料来源：作者根据历年广东统计年鉴整理计算获得。

广东省制造业空间布局在 2005 年前趋于集中，在 2005 年后发生产业扩散，制造业逐步趋向分散布局。[①]

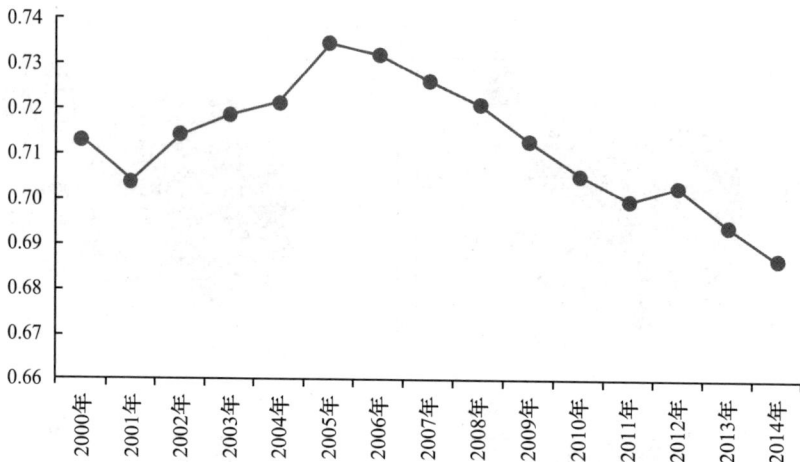

**图 5—3　2000—2014 年广东省制造业区位基尼系数加权平均值折线图[②]**

林先扬总结了广东先进制造业产业集聚的特点，摘录如下。[③]

（1）产业集聚度高且形成一定规模的支柱产业。广东先进制造业已经形成了通信设备、计算机及系统、输配电及控制设备、医疗器械、办公机械制造业、特种船舶、汽车制造、石油化工等在全国具有较强竞争优势的领域，涌现了华为、广州数控、科达机电、迈瑞医药等龙头骨干企业。

（2）大中型企业成为先进制造业的重要力量。广东坚持把建设现代产业体作为转变发展方式的核心，省市联动促升级，并深入推进省市共建先进制造业基地。出台装备制造业调整和振兴规划实施意见，开设装备制造业技术改造和技术创新专项，集中扶持做强做大装备制造业。

---

① 李晓雯：《广东省制造业集聚与扩散影响因素研究》，硕士学位论文，华南理工大学，2016 年。

② 同上。

③ 林先扬：《广东先进制造业发展历程、问题与策略探究》，《广东行政学院学报》2011 年第 23 卷第 5 期。

（3）民营工业、小型企业经济增长较快。广东规模以上民营工业增加值年均增长达 23.1%，增速比外商及港澳台商投资企业（15.2%）高 7.9 个百分点；比国有控股企业（13.4%）高 9.7 个百分点，并且高于全省工业 7 个百分点。

（4）产业园区成为先进制造业发展的主体空间载体。目前广东拥有众多国家级经济技术开发区和工业园区如广州经济技术开发区、松山湖工业园、增城经济技术开发区、天河经济技术开发区、肇庆高新区、南沙开发区和江门市高新区等，对利用内资、吸收外资以及扩大广东先进制造业经济影响作用巨大，成为广东先进制造业经济可持续发展的亮点，也是未来产业布局的主体空间载体。

（5）大项目产业区与跨区域产业集聚区正在重构产业布局。广东大力发展"四新一软"（新显示、新能源、新光源、新一代宽带无线通信及软件）等产业，成功引进华星光电 8.5 代液晶面板生产线、彩虹集团 OLED 显示屏等大型项目，中建材和汉能薄膜太阳能项目顺利进驻，佛山、东莞、江门、中山等地一批绿色半导体光源产业基地陆续开工建设。当前广东的一些重点项目包括临港工业园建设项目、石油化工基地的建设项目、海洋产业园区建设项目、核电站建设项目、天然气建设项目等，大项目带动以及跨区域产业集聚区的出现重构广东先进制造业产业空间格局。

### 三 广东省制造业运行指标监测分析

制造业运行指标包括很多方面，以下将主要从赢利能力、偿债能力、成长性和主营业务结构四个方面进行分析。具体数据如下。

#### （一）广东省制造业赢利能力分析

制造业赢利能力主要包括三个方面，主营收入、总资产利润率和产值利税率。结合相关数据整理计算可得图 5—4 和图 5—5 中的数据。

如图 5—4 所示，2013 年，广东规模以上工业实现主营业务收入106361.21 亿元；2014 年，广东规模以上工业实现主营业务收入

115451.13 亿元，比上年增长 8.54%；2015 年，广东规模以上工业实现主营业务收入 119157.86 亿元，比上年增长 3.21%；2016 年，广东规模以上工业实现主营业务收入 129151.11 亿元，比上年增长 8.38%。从图5—4 可以看出，近几年，广东省的制造业主营收入逐年增长，但增长率存在一定波动。

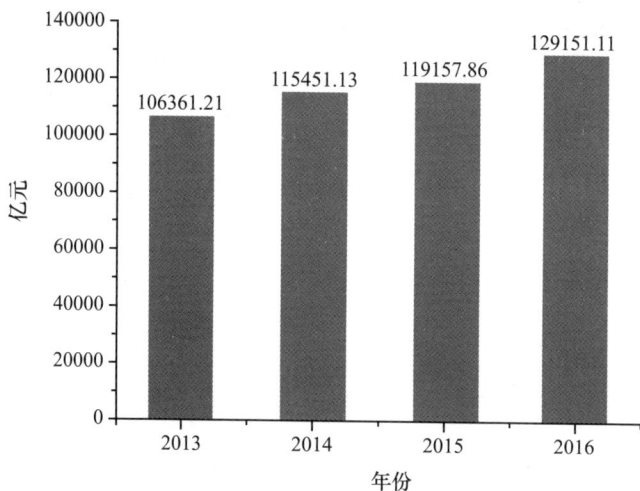

图5—4　广东省制造业主营的收入①

　　如图 5—5 所示，2013 年，广东制造业总资产利润率为 8.16%；2014 年，广东制造业总资产利润率为 8.01%，比上年下降 0.15%；2015 年，广东制造业总资产利润率为 8.09%，比上年上升 0.08%；2016 年，广东制造业总资产利润率为 7.94%，比上年下降 0.15%。从图5—5 可以看出，近几年，广东省的制造业总资产利润率相对稳定。

　　如图 5—6 所示，2013 年，广东制造业产值利税率为 9.24%；2014 年，广东制造业产值利税率为 8.97%，比上年下降 0.27%；2015 年，广东制造业产值利税率为 9.15%，比上年上升 0.18%；2016 年，

――――――――――

　　①　资料来源：作者根据历年广东统计年鉴整理计算获得。

广东制造业产值利税率为9.07%，比上年下降0.08%。从图5—6可以看出，近几年，广东省的制造业产值利税率相对平稳。

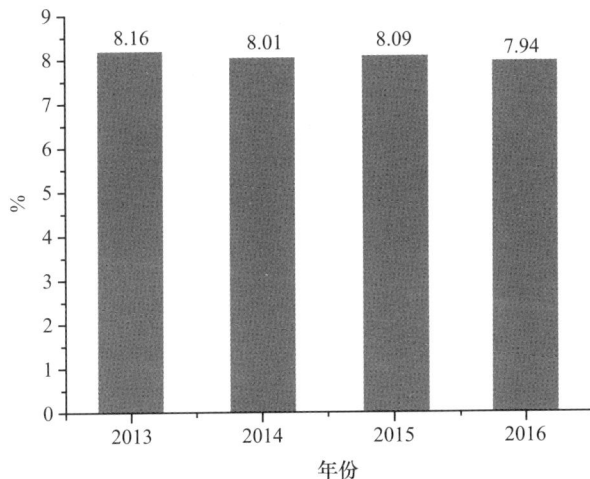

**图5—5　广东省制造业总资产利润率①**

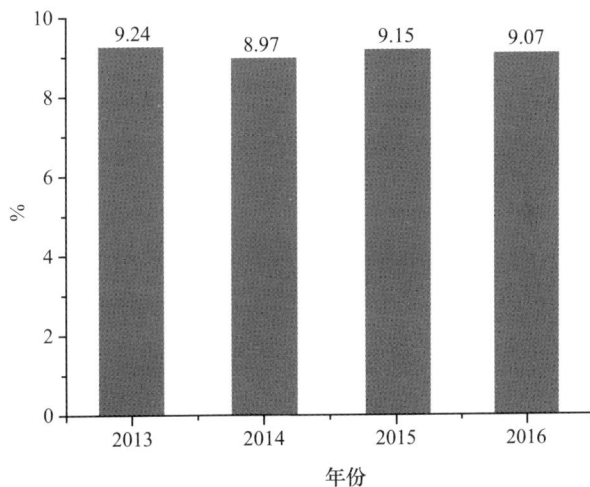

**图5—6　广东省制造业产值利税率②**

---

①　资料来源：作者根据历年广东统计年鉴整理计算获得。

②　同上。

结合图5—5和图5—6可以看出，整体上，近几年广东省制造业赢利能力保持稳定。

（二）广东省制造业偿债能力分析

制造业偿债能力主要包括两个方面，短期偿债能力和长期偿债能力。结合相关数据整理可得图5—7和图5—8中的数据。

如图5—7所示，2013年，广东制造业短期偿债能力为100.36%；2014年，广东制造业短期偿债能力为99.28%，比上年下降1.08%；2015年，广东制造业短期偿债能力为99.94%，比上年上升0.66%；2016年，广东制造业短期偿债能力为103.38%，比上年上升3.44%。从图5—7可以看出，近几年，广东省的制造业短期偿债能力较强，且保持平稳。

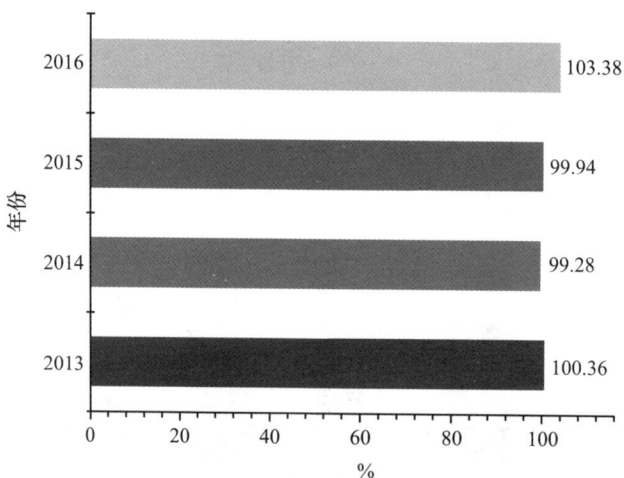

**图5—7　广东省制造业短期偿债能力①**

如图5—8所示，2013年，广东制造业长期偿债能力为58.10%；2014年，广东制造业长期偿债能力为58.42%，比上年上升0.32%；2015年，广东制造业长期偿债能力为57.38%，比上年下降1.04%；2016年，广东制造业长期偿债能力为56.16%，比上年下降1.22%。

①　资料来源：作者根据历年广东统计年鉴整理计算获得。

从图5—8可以看出，近几年，广东省的制造业长期偿债能力位于56.17%—58.42%，低于60%，属于良好水平，且呈递减趋势。

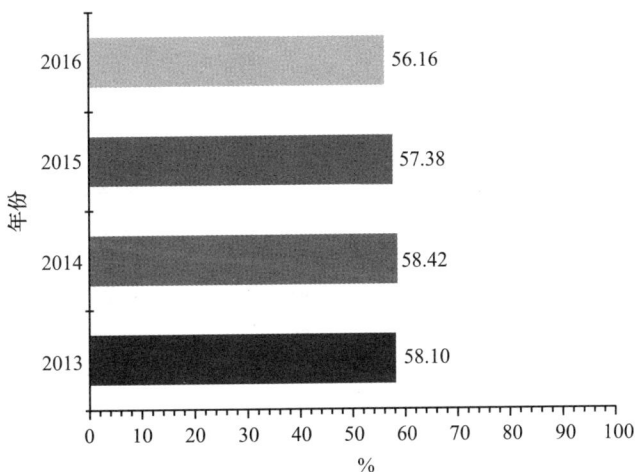

**图5—8　广东省制造业长期偿债能力①**

整体而言，近几年广东省制造业偿债能力呈正常发展趋势。

（三）广东省制造业成长性分析

制造业成长性主要包括四个方面，销售收入增长率、总资产增长率、固定资产增长率和利润总额增长率。结合相关数据整理可得图5—9和图5—10中的数据。

如图5—9所示，2014年，广东制造业销售收入增长率为8.87%；2015年，广东制造业销售收入增长率为4.05%，比上年下降4.82%；2016年，广东制造业销售收入增长率为7.26%，比上年上升3.21%。从图5—9可以看出，近几年，广东省的制造业销售收入逐年递增，销售收入增长率呈现一定波动趋势，属于良好水平。

如图5—10所示，2014年，广东制造业总资产增长率为9.96%；2015年，广东制造业总资产增长率为8.93%，比上年下降1.03%；

---

① 资料来源：作者根据历年广东统计年鉴整理计算获得。

2016年，广东制造业总资产增长率为10.68%，比上年上升1.75%；从图5—10可以看出，近几年，广东省的制造业总资产逐年递增，总资产增长率保持相对较高水平。

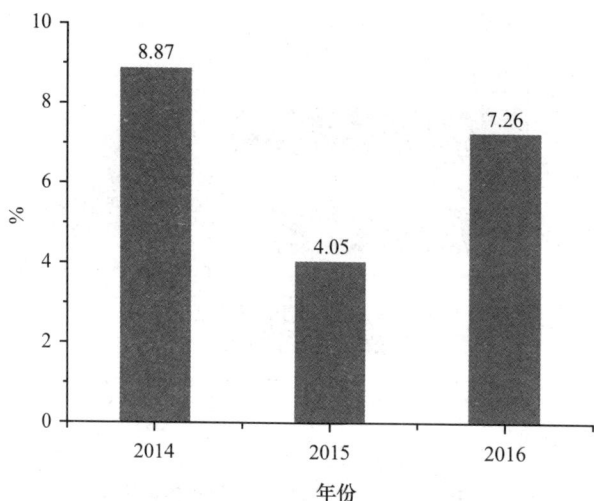

图5—9　广东省制造业销售收入增长率①

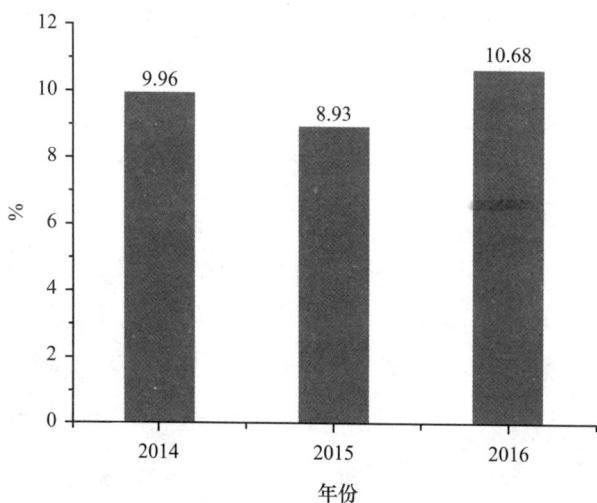

图5—10　广东省制造业总资产增长率②

① 资料来源：作者根据历年广东统计年鉴整理计算获得。

② 同上。

如图 5—11 所示，2014 年，广东制造业固定资产增长率为 13.04%；2015 年，广东制造业固定资产增长率为 6.47%，比上年下降 6.57%；2016 年，广东制造业固定资产增长率为 1.02%，比上年下降 5.45%。从图 5—11 可以看出，近几年，广东省的制造业固定资产逐年递增，而固定资产增长率逐年递减，在一定程度上表明，现阶段广东省制造业发展遇到瓶颈。

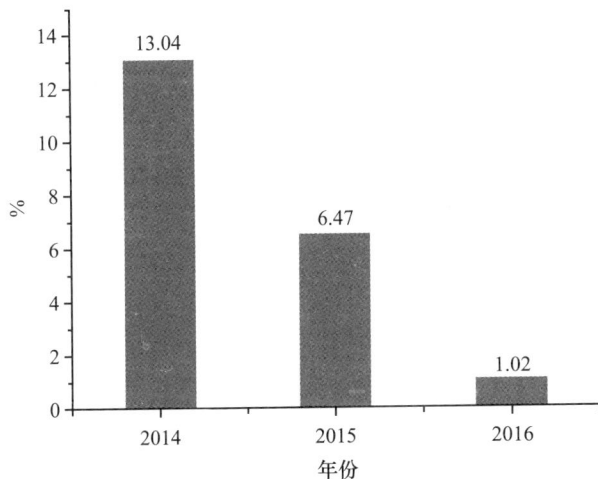

**图 5—11　广东省制造业固定资产增长率①**

如图 5—12 所示，2014 年，广东制造业利润总额增长率为 7.98%；2015 年，广东制造业利润总额增长率为 10.10%，比上年上升 2.12%；2016 年，广东制造业利润总额增长率为 8.54%，比上年下降 1.56%。从图 5—12 可以看出，近几年，广东省的制造业利润总额逐年递增，利润总额增长率保持相对较高水平。

整体而言，制造业成长性正面临各方面的问题，有待升级转型。

---

① 资料来源：作者根据历年广东统计年鉴整理计算获得。

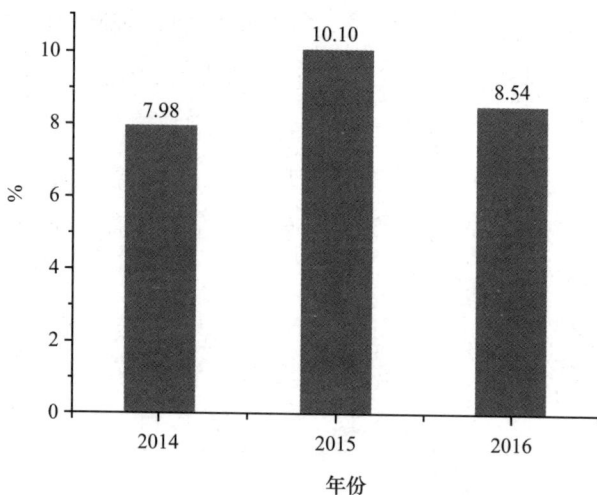

**图5—12　广东省制造业利润总额增长率①**

（四）广东省制造业主营业务结构分析

广东省制造业囊括了制造业各个方面，下文将分析制造业主营业务结构，具体选择了制造业行业增加值和增长速度作为分析主营业务结构的分析指标（见表5—5）。

表5—5　　　　　　　广东省制造业行业增加值和增长速度②　　　　单位：亿元、%

| 行业 | 行业增加值 | | 2016年比 |
| --- | --- | --- | --- |
| | 2015年 | 2016年 | 2015年增长 |
| 总　计 | 29446.21 | 31330.24 | 6.4 |
| 煤炭开采和洗选业 | 0.00 | 0.00 | |
| 石油和天然气开采业 | 382.91 | 337.10 | -12 |
| 黑色金属矿采选业 | 41.35 | 38.87 | -6 |
| 有色金属矿采选业 | 25.72 | 27.74 | 7.9 |
| 非金属矿采选业 | 111.53 | 109.81 | -1.5 |
| 开采辅助活动 | 15.96 | 11.76 | -26.3 |

---

① 资料来源：作者根据历年广东统计年鉴整理计算获得。

② 同上。

| 行业 | 行业增加值 | | 2016 年比 |
|---|---|---|---|
| | 2015 年 | 2016 年 | 2015 年增长 |
| 其他采矿业 | 0.06 | 0.86 | 1333.3 |
| 农副食品加工业 | 449.72 | 469.70 | 4.4 |
| 食品制造业 | 578.51 | 616.22 | 6.5 |
| 酒、饮料和精制茶制造业 | 323.90 | 342.65 | 5.8 |
| 烟草制品业 | 348.79 | 321.78 | −7.7 |
| 纺织业 | 588.12 | 596.06 | 1.4 |
| 纺织服装、服饰业 | 1021.83 | 1012.83 | −0.9 |
| 皮革、毛皮、羽毛及其制品和制鞋业 | 689.57 | 682.27 | −1.1 |
| 木材加工和木、竹、藤、棕、草制品业 | 206.52 | 208.82 | 1.1 |
| 家具制造业 | 465.33 | 514.64 | 10.6 |
| 造纸和纸制品业 | 424.00 | 468.65 | 10.5 |
| 印刷和记录媒介复制业 | 333.29 | 343.23 | 3.0 |
| 文教、工美、体育和娱乐用品制造业 | 771.06 | 816.92 | 5.9 |
| 石油加工、炼焦和核燃料加工业 | 810.57 | 896.26 | 10.6 |
| 化学原料和化学制品制造业 | 1487.10 | 1435.48 | −3.5 |
| 医药制造业 | 439.63 | 494.03 | 12.4 |
| 化学纤维制造业 | 33.16 | 33.26 | 0.3 |
| 橡胶和塑料制品业 | 1149.90 | 1239.72 | 7.8 |
| 非金属矿物制品业 | 1236.36 | 1287.34 | 4.1 |
| 黑色金属冶炼和压延加工业 | 364.65 | 408.65 | 12.1 |
| 有色金属冶炼和压延加工业 | 474.08 | 491.29 | 3.6 |
| 金属制品业 | 1354.42 | 1404.23 | 3.7 |
| 通用设备制造业 | 806.32 | 868.35 | 7.7 |
| 专用设备制造业 | 696.83 | 787.78 | 13.1 |
| 汽车制造业 | 1443.89 | 1612.66 | 11.7 |
| 铁路、船舶、航空航天和其他运输设备制造业 | 261.93 | 286.01 | 9.2 |
| 电气机械和器材制造业 | 2703.24 | 3011.13 | 11.4 |
| 计算机、通信和其他电子设备制造业 | 6499.71 | 7204.72 | 10.8 |
| 仪器仪表制造业 | 253.08 | 286.11 | 13.1 |

续表

| 行业 | 行业增加值 | | 2016 年比2015 年增长 |
|------|------|------|------|
| | 2015 | 2016 | |
| 其他制造业 | 64.59 | 68.95 | 6.8 |
| 废弃资源综合利用业 | 247.11 | 246.36 | −0.3 |
| 金属制品、机械和设备修理业 | 41.70 | 48.05 | 15.2 |
| 电力、热力生产和供应业 | 1929.80 | 1946.61 | 0.9 |
| 燃气生产和供应业 | 201.82 | 167.09 | −17.2 |
| 水的生产和供应业 | 168.18 | 186.24 | 10.7 |

由表5—5可知，大部分行业处于保持增长态势，部分行业呈现下滑趋势。其中，开采业和金属制品、机械和设备修理业下滑最为严重，专用设备制造业、汽车制造业、燃气生产和供应业等行业上升显著。

## 第三节　广东省制造业展望

先进制造业是衡量地区综合经济实力和国际竞争力的重要标志，在全球范围内"脱虚向实"的发展态势下，作为国内制造大省的广东，加快发展先进制造业，是促进实体经济发展的必然选择。尽管整体经济下行压力不断加大，广东省制造业转型升级步伐却不断加快，制造业强企数量不断增加，智能制造领域热点频现，广东省先进制造业成为推动我国实施"中国制造2025"战略的重要支撑力量。

### 一　广东省制造业转型之路

近年来，珠江三角洲的制造业发展尤为迅速，在我国的制造业中占有举足轻重的地位，已然成为世界性的制造产业基地。[1] 然而，在国内外经济下行压力加大、人口红利逐渐消失等背景下，珠江三角洲

---

① 梁文艳、赵琳琳：《两极分化　珠三角制造业呈现新态势》，《新产经》2017 年第 9 期。

制造业的生存危机日益凸显。其中，制造业的危机主要集中在市场和成本的挤压。首先是成本的挤压，随着近年来房产市场的发展，无论是购房还是租房，价格都在逐年攀升。因此，对于制造业添置厂房的厂商而言，付出的成本是巨大的。其次近些年各地区的最低工资标准不断上调，珠三角尤为明显。最低工资的上涨，带动的是平均工资的上涨，与之相匹配的五险一金按比例上缴也在不断上涨。另外，相对于市场而言，赢利点越来越充分，固定成本和可变成本都在上升，市场竞争越来越激烈，产品的利润越来越薄。因此，面对市场和成本双向的挤压，制造类企业赢利的难度在加大，转型已刻不容缓。①

为了应对这些问题，除高端制造业做出的贡献外，中低端制造业也做出了应对，主要通过外迁方式，以降低生产成本。据调研报告显示，② 纺织与服装等行业的中低端制造企业，当前倾向于以迁厂应对劳动力成本上涨。寻求迁厂至海外的制造企业比例，近年持续上升，2017 年首次超过迁往中国内陆的比例。

创鑫辉昊时装有限公司是深圳一家服装加工企业，现阶段公司订单量相对几年前大大减少。现在外单都转移到东南亚等地方，接的都是内单，款式多、单量小。代工费基本维持稳定，但成本不断上涨，工厂的利润被压缩。三五年前，净利率仅能维持在 1.5% 以上。近几年，创鑫辉昊时装有限公司也正在寻找外迁的机会。经过计算发现，尽管客户在深圳，但即便算上物流成本，内地其他地方的生产成本还是要比深圳低，总体能降低 30% 左右的生产成本。

创鑫辉昊时装有限公司面临的问题是当前中国中低端制造业面对的共同问题，而外迁是它们应对现有危机的主要方式，主要趋于东南亚国家和我国的中西部地区。当然，转移中，成本上升是一个方面，另一方面是很多制造业企业在谋求全球化布局。在接近市场的地方投资建厂有利于它整个产业链成本的下降。

①　《21 世纪经济报道》，2018 年 9 月 27 日（http://www.sohu.com/a/163397707_468706）。
②　《珠三角制造商第 8 期年度调研报告》2018 年 8 月 9 日。

中低端的制造业利润通常比较薄，加之企业对于成本的敏感，选择向低成本的地区转移是一种正常的经济现象，但转移战略并不值得推崇，外搬在一定程度上是恶性循环，因为每个地方的成本都会不断上涨。对于中国来说，无论是国内的产业还是出口的产品都面临转型升级，逐渐向高端化、智能化方向发展。

为了应对这些问题，除中低端制造业采用外迁外，高端制造业也做出了应对，主要利用高新技术将生产自动化和智能化，从而提高生产率和产品质量，并降低生产成本。位于深圳龙岗区的海能达全球制造基地，可以看到传统产线、自动化产线和正在朝工业 4.0 迈进的智能化产线并存的场景。①

深圳海能达通信股份有限公司是一家服务全球的专网通信解决方案及设备提供商，该公司是部署智能化产线的主要代表之一。该公司的智能化产线一期投资 1200 万元，集成了 29 组射频识别（RFID）设备、11 台六轴机器人、34 套测试仪器等硬件设备。这条智能化产线，集成了海能达自主开发的 18 套系统和程序，涉及 6 项专利。同样生产对讲机，与传统产线相比，智能化产线每班员工可从 25 人降至 12 人，减少 52%，每小时产量从 65 台提高到 90 台，增长 38%。

目前，在海能达全球制造基地里，自动化产线仍是主流，已投入使用的智能化产线仅完成了工业 4.0 所需的 1/4 的改造进程，但是效果已经颇为明显。每年投入 1.5 亿元改造制造环节，每年产出增长 40% 至 50%，费用率（投资/产出）最多增长 30%，收益整体上是大于投入的。

据悉，格力自 2003 年开始便引入自动化理念，公司内部更是提出"3 至 5 年实现无人车间"的口号。据了解，格力在 2012 年先后设立自动化办公室、自动化技术研究院、自动化设备制造部、智能装备技术研究院等技术单位；在具体的专攻方向上，格力锁定了机器人和精密机床两大领域；格力的自动化产品已经涵盖工业机器人及集成应用、

---

① 赵瑞希：《制造业"逃离"珠三角？》，《经济参考报》2017 年 8 月 4 日。

伺服机械手、数控机床、智能物流与仓储设备、智能检测设备、自动化生产线、服务机器人、工业零部件等 10 多个领域，共 100 余种规格产品；2015 年产出智能装备 2000 台套，产值超 5 亿元。[①] 格力总部生产车间内机械轰鸣，但在几百平方米的车间里，穿梭在高大的精密仪器间的工人只有 10 多位，在高度自动化背景下，这已经成为格力工厂的常态。[②] 格力的智能化转变，只是高端制造行业的一个缩影。

随着工业 4.0 概念的推进，新的工业时代正在到来，智能制造也顺理成章地成为新一代工业革命的标志性符号。在珠三角地区，越来越多的企业正向智能化转型，使得珠三角制造业增速稳、效益好、结构优、转型分化趋势明显。在转型方面，分化趋势明显。转型升级做得好的企业在这一轮的市场格局调整中生存下来，并运行得还不错；相反，有些企业因迟迟没有转型升级而被迫转移或退出市场。高端制造业通过自动化、信息化、服务化、绿色化等途径实现转型升级，是适应新一轮科技革命与产业变革以及消费需求升级的需要。

## 二　展望总结

### (一) 先进制造业将继续保持平稳增长态势

从市场需求看，随着网约车新规和车辆购置税等优惠政策的调整，一定程度上将抑制汽车的消费需求；华为、OPPO、VIVO 等手机品牌销量高速增长后，智能手机的销量增速将出现回落；外部环境不确定性因素较多，"逆全球化"现象频现，世界经济并无明显好转迹象，出口较难复苏。

从政策环境看，2016 年出台的《广东省促进民营经济大发展的若干政策措施》，提出要着力缓解民营企业融资难、融资贵等问题，重点支持先进制造、战略新兴产业等领域民营企业做强做大；2016 年出台的《广东省工业企业创新驱动发展工作方案（2016—2018 年)》提

---

① 姜姝姝：《铁娘子董明珠格力造"人"》，《机器人产业》2016 年第 4 期。
② 华南、李娜、王碧清：《创新筑"巢"引"凤"栖》，《中华儿女》2017 年第 4 期。

出要大力发展智能制造，从资金、服务等方面大力支持企业开展技术改造；2017 年 2 月正式出台的《广东省先进制造业发展"十三五"规划》，提出要着力构建先进制造业产业体系，打造具有国际竞争力的世界先进制造业基地；2017 年 2 月出台的《广东省降低实体经济企业成本工作方案》，提出要切实降低实体经济企业成本，优化企业发展环境。

从主要价格指数及工业投资情况看，广东省先进制造业具有稳步发展的趋势。2016 年，先进制造业增加值增速高于规模以上工业增加值增速；12 月广东省制造业采购经理指数为 52.2，连续 10 个月位于荣枯线以上；工业技术改造投资连续多年保持高速增长，先进制造业企业生产活动逐步回暖。

从以上分析来看，广东先进制造业发展利好因素较多，预计未来几年广东省先进制造业将继续保持稳步增长，并呈现稳中有升的态势。

（二）智能制造成为全省"十三五规划"重点领域

无论是 2016 年广东省陆续出台的各项工业相关产业规划，还是近年来的政府工作报告和经济会议，支持实体经济发展，促进制造业转型升级，成为广东省推进全省经济进一步发展的主基调，而在大力发展工业制造业的各项领域中，智能制造则成为多个"十三五规划"的重中之重。作为国内制造大省和全球重要制造基地，在国内外先进地区围绕智能制造展开新一轮竞争的时代变革下，智能制造的推进将作为广东省推进"制造业立省"的重要抓手之一，在智能化改造、工业机器人、"互联网 + 先进制造"、工业物联网、智能终端制造等领域均有作为的空间。

（三）粤港澳大湾区将推动区域合作进一步深化

2017 年国家政府工作报告中明确提出，推动内地与港澳深化合作，研究制定粤港澳大湾区城市群发展规划，标志着"粤港澳大湾区"正式成为国家级战略。从产业结构来看，粤港澳大湾区以先进制造业和现代服务业为主，港澳地区服务业发达，珠三角九市制造业基础雄厚，形成了先进制造业与现代服务业双轮驱动的产业体系。从产业规模来看，据统计，2015 年粤港澳大湾区经济规模达 1. 36 万美元，规模以上制造业增加值超过 4000 亿美元，拥有联合国产业分类中几乎全部的制造业门类。从主要工业化国家发展历程来看，"湾区经济"成为世界经济版图上必不可少的经济形态，以先进制造业为基础推动技术变革是城市集群发展的必然形势。粤港澳大湾区城市群建设的加快，将推动广东省在发展先进制造业方面进一步深化区域合作。

# 参考文献

艾华：《广东对外开放新阶段：粤企"走出去"战略渐入佳境》，《广东审计》2007年第4期。

白亮：《我国FDI与产业集聚》，《山东纺织经济》2003年第5期。

蔡耿怀：《从产业集聚水平，解读广东省"双转移"战略》，《中国集体经济》2015年第25期。

陈怀凯、丘磐：《广东电子信息产业与珠江三角洲——关于把珠三角作为中国发展知识经济实验区的建议》，《科技进步与对策》1999年第6期。

陈俊凤：《广东经济发展探索录》，广东人民出版社2009年版。

陈清泰：《国企改革：过关》，中国经济出版社2003年版。

陈新：《改革开放30年广东四大区域经济发展概述》，《广东经济》2008年第11期。

陈雪梅、陈鹏宇：《广东产业集群的形成、发展和升级》，《宏观经济研究》2004年第10期。

陈银荣、赵宁凡：《广东省制冷设备制造行业概况与发展浅探》，《制冷》1991年第3期。

陈宇：《L公司医用泵品牌定位研究》，硕士学位论文，华东理工大学，2017年。

陈章波：《广东电子信息产业战略发展重点的若干探究》，《西江大学学报》1999年第1期。

邓利方：《国际产业转移与广东承接对策》，《南方经济》2003 年第 12 期。

邓伟根、周毅：《我国家电业竞争力实证分析——广东的问题与对策》，《南方经济》1999 年第 7 期。

邓伟根：《转型中的顺德：中国市场经济的雏形》，《广东经济》1995 年第 12 期。

邓永飞：《小榄镇全民基础素质教育实践研究》，硕士学位论文，武汉理工大学，2012 年。

邓志阳：《发展以高新科技为导向的外向集群型经济——广东经济发展新模式探讨》，《广东外语外贸大学学报》2005 年第 4 期。

丁家树：《广东经济发展的回顾和世纪之交的战略选择》，载曾牧野、张元元、马恩成等《转型期广东经济改革与发展》，广东经济出版社 1998 年版。

董小麟：《广东工业的区域比较及发展思路》，载曾牧野、张元元、马恩成等《转型期广东经济改革与发展》，广东经济出版社 1998 年版。

杜弘禹：《珠三角制造业革新样本："机器换人"推动制造业加速迈向智能制造》，《21 世纪经济报道》2017 年 10 月 13 日。

段华明：《广东改革开放 30 年的历程与经验》，《探求》2008 年第 6 期。

封小云：《关于前店后厂模式的再思考》，《经济前沿》2003 年第 5 期。

冯惠流：《"入世"与广东石油化学工业面临的机遇与挑战》，《广东化工》2000 年第 27 卷第 3 期。

高山：《广东省制造业的全要素生产率——基于 2000—2007 年面板数据的实证研究》，《中国城市经济》2011 年第 15 期。

《广东改革开放纪事》编纂委员会编：《广东改革开放纪事（1978—2008）》上，南京日报出版社 2008 年版。

《广东年鉴 2006》，广东年鉴社 2007 年版。

《广东年鉴（2003）》综述部分，广东年鉴社 2004 年版。

《广东汽车制造业发展渐入佳境》2018 年 9 月 27 日，（http：//www. gdstats. gov. cn/tjzl/tjfx/201010/t20101021_81717. html）。

《广东省国民经济和社会发展第九个五年计划纲要》，1996 年。

《广东省"十一五"国有企业改革规划》，2006 年。

国家发展改革委体管所课题组、张林山：《国企改革历程回顾与当前改革重点》，《中国经贸导刊》2015 年第 7 期。

国家经贸委企业改革司：《2002 年国有企业改革的重点》，《财务与会计》2002 年第 4 期。

韩建清：《扎根改革现实，理论之树常青——广东理论界贯彻邓小平理论纪实》，《南方经济》1997 年第 6 期。

何峰：《广东制造业产业竞争力测算及其影响因素》，硕士学位论文，暨南大学，2012 年。

何慧萍：《我国石材基地已大部亮相——中国石材工业协会授予云浮市"中国石材基地中心"称号》，《石材》2004 年第 3 期。

胡彩梅、郭万达：《深圳转型升级和创新驱动：分析与借鉴》，《开放导报》2015 年第 5 期。

胡迟：《制造业转型升级："十二五"成效评估与"十三五"发展对策》，《中国经贸导刊》2016 年第 27 期。

华南、李娜、王碧清：《创新筑"巢"引"凤"栖》，《中华儿女》2017 年第 4 期。

《华为 GT800 数字集群实现六项创新》，《通信世界》2004 年第 4 期。

黄德鸿、张南：《大力推动产业重组，提高广东工业素质》，载曾牧野、张元元、马恩成等《转型期广东经济改革与发展》，广东经济出版社 1998 年版。

黄华华：《持续发展的广东》，《年鉴信息与研究》2009 年第 2 期。

黄子婧：《小娃娃撬动大产业》，《中外玩具制造》2018 年第 4 期。

纪春明：《广东省制造业转型升级研究》，硕士学位论文，广西师范大学，2013 年。

姜姝姝：《铁娘子董明珠格力造"人"》，《机器人产业》2016 年第

4 期。

金泽龙：《广东化学工业现状及发展思考》，《化工科技市场》2003 年第 26 卷第 9 期。

科学技术部办公厅：《广东科技创新之光闪耀南粤》2009 年 10 月 15 日。

口述：杨开茂，整理：林枫：《中国玩具第一省——广东玩具产业发展光辉 35 年》，中外玩具网"中外玩具制造"。

邝国良、曾铁城：《广州高新技术产业集群的特点、技术扩散与政策选择》，《科技管理研究》2008 年第 6 期。

兰正文、郑少智：《广东省制造业集聚发展状况的实证研究》，《统计与决策》2007 年第 11 期。

李红艳、徐明：《江苏、广东区域经济发展对比研究与江苏发展的战略选择》，《浙江工商职业技术学院学报》2004 年第 3 卷第 4 期。

李佳佳：《深圳今年拟推"自动发照机"》，《深圳商报》2018 年 3 月 2 日。

李君：《对外开放与深圳经济增长》，硕士学位论文，深圳大学，2017 年。

李萌、刘思悦：《制造名城东莞的奋进路》，《人民日报》（海外版）2017 年 7 月 7 日。

李晓峰、李祥英：《产业转型升级时期广东高职教育的发展现状及对策》，《职教论坛》2012 年第 27 期。

李晓雯：《广东省制造业集聚与扩散影响因素研究》，硕士学位论文，华南理工大学，2016 年。

李燕、贺灿飞：《1998—2009 年珠江三角洲制造业空间转移特征及其机制》，《地理科学进展》2013 年第 32 卷第 5 期。

梁灵光：《"先行一步"中的磕磕碰碰（上）》，《南风窗》1997 年第 8 期。

梁文艳、赵琳琳：《两极分化　珠三角制造业呈现新态势》，《新产经》2017 年第 9 期。

林先扬：《广东先进制造业发展历程、问题与策略探究》，《广东行政学院学报》2011 年第 23 卷第 5 期。

林毅夫：《新常态下政府如何推动转型升级》，《公安研究》2015 年第
5 期。

刘厉兵：《建链、补链、强链——来自佛山市产业转型升级的调研》，
《中国经贸导刊》2013 年第 22 卷第 24 期。

卢荻：《积极实施开放战略　广东要大胆"走出去"》，《广东经济》
2009 年第 8 期。

陆果怡：《从广东工业结构变动看支柱产业的选择》，载曾牧野、张元
元、马恩成等《转型期广东经济改革与发展》，广东经济出版社
1998 年版。

罗流发：《广东电子信息产业：机遇与挑战》，《珠江经济》1998 年第
1 期。

马壮昌、符立东：《推进产权制度改革，转变经济增长方式——顺德
市产权制度改革的实践与思考》，《南方经济》1996 年第 1 期。

毛艳华、李华：《区域制造业集群的结构特征与发展策略——基于广
东省投入产出数据的实证分析》，《产业经济评论》2009 年第 8 卷第
4 期。

毛蕴诗、汪建成：《广东企业 50 强——成长与重构》，清华大学出版
社 2005 年版。

穆明辉、魏嫚：《肇庆汽车制造业转型升级创新驱动研究》，《广东经
济》2017 年第 9 期。

《2016 年广东国民经济和社会发展统计公报》2017 年 3 月 4 日。

欧小兰、小赵：《30 年来"破"与"立"——广东科技立法与创新实
践事件回顾》，《广东科技》2012 年第 21 卷第 8 期。

潘符颜、冯位东：《规上工业盈利实现两位数增长》，《中国信息报》
2017 年 3 月 2 日。

綦恩周、王璐：《基于区位熵指数的佛山产业集聚现状及发展研究》，
《当代经济》2015 年第 16 期。

任晓阳、林洪：《广东省支柱产业投入产出的统计分析》，《广东商学

院学报》2000 年第 2 期。

桑瑞聪、郑义：《产业转移与产业升级——基于三个典型产业的案例分析》，《当代经济管理》2016 年第 38 卷第 7 期。

汕日：《国家火炬计划看中澄海成为国内唯一的智能玩具创意设计与制造产业基地》，《中外玩具制造》2007 年第 1 期。

石建国：《改革开放后党对经济体制改革的理论探索与国企改革的路径选择》，《党的文献》2013 年第 4 期。

《21 世纪经济报道》，2018 年 9 月 27 日（http：//www.sohu.com/a/163397707_468706）。

舒元：《广东发展模式》，广东人民出版社 2008 年版。

《顺德市人民政府，完善改革构建社会主义市场经济框架》，《珠江经济》1997 年第 7 期。

《"四轮驱动"：佛山打造先进装备制造产业带》，《科技日报》2015 年 3 月 5 日。

宋静存：《改革出理论，真知靠实践——记广东理论界对市场经济理论的探索》，《南方经济》1998 年第 1 期。

宋子鹏、杨少浪：《广东民营经济发展现状与对策分析》，《珠江经济》2008 年第 8 期。

苏瑞波：《美的集团技术升级剖析及对广东制造业技术升级的启示》，《广东科技》2017 年第 9 期。

苏云：《利用外资的关键在效益——珠江啤酒厂利用外资引进技术取得成效》，《南方金融》1989 年第 10 期。

隋广军：《广东产业发展研究报告》，暨南大学出版社 2001 年版。

田琰：《广州佛山同城发展提高人民生活质量》，《新经济》2018 年第 4 期。

汪建成、毛蕴诗、邱楠：《由 OEM 到 ODM 再到 OBM 的自主创新与国际化路径——格兰仕技术能力构建与企业升级案例研究》，《管理世界》2008 年第 6 期。

汪令来：《广东"双转移"战略》，《决策》2008 年第 7 期。

王光振、谢衡晓：《关于广东主导产业的选择》，载曾牧野、张元元、马恩成等《转型期广东经济改革与发展》，广东经济出版社 1998 年版。

王光振、谢衡晓：《论广东主导产业的选择》，《岭南学刊》1998 年第 2 期。

王慧：《优势传统产业转型升级，自主创新提升发展后劲》，《南方日报》2013 年 8 月 7 日。

王基宁：《考察广东军地企业得到的几点启示》，《军事经济研究》1989 年第 10 期。

王伟举：《转型中国：东莞进行时——一份城市经济社会转型的调查报告》，《北京文学（精彩阅读）》2013 年第 12 期。

王真：《广东制造业转型升级机制及其路径研究》，中国科协年会——分 2 "机器换人" 与智能制造论坛，2015 年。

魏大姣：《关于提升珠三角经济发展软实力的几点思考》，《商场现代化》2006 年第 01Z 期。

魏康、李宜谦：《首届珠江西岸先进装备制造业投资贸易洽谈会筹备顺利 151 家企业确定参展》，《装备制造》2015 年第 8 期。

温宪元：《邓小平与改革开放伟大事业——基于广东改革开放伟大实践的研究》，载《邓小平与中国道路——全国纪念邓小平同志诞辰 110 周年学术研讨会论文集（下）》，2014 年。

文倩：《佛山智能装备制造再加速》，《佛山日报》2015 年 8 月 13 日。

文倩：《一座制造业大市的产业金融发展之路》，《佛山日报》2017 年 7 月 5 日。

吴汉贤、邝国良：《广东产业转移动因及效应研究》，《科技管理研究》2010 年第 15 期。

吴江、曾兰兰：《广东省与江西省制造业集聚发展状况的对比研究》，《暨南学报》（哲学社会科学版）2011 年第 33 卷第 2 期。

伍励：《基于区域创新网络的传统产业集群升级研究》，硕士学位论文，中南大学，2008 年。

武筱婷：《观东莞制造业转型》，《纺织机械》2016 年第 2 期。

肖耿、张燕生：《佛山故事：政府——市场良性互动的关键作用》，财新《中国改革》2014 年第 3 期。

谢芳芳：《技术创新、开放程度与第二产业升级的实证研究》，硕士学位论文，中共广东省委党校，2017 年。

谢立仁：《大朗　织出来的彩色生活　中国羊毛衫名镇实至名归》，《纺织服装周刊》2008 年第 39 期。

谢鹏飞编：《广东发展之路：以改革开放 30 年为视角》，广东省出版集团、广东人民出版社 2009 年版。

谢思佳：《广东丝绸 7 年销售总额增 4 倍》，《南方日报》2007 年 6 月 25 日。

徐青：《金融危机对广东外贸的影响及对策分析》，《特区经济》2009 年第 5 期。

许卓云：《广东经济结构需要实施战略性的调整——再论进入结构转型期的广东发展战略与对策》，《新经济》2005 年第 1 期。

许卓云：《加快两个转变，推进广东产业结构转型》，载曾牧野、张元元、马恩成等《转型期广东经济改革与发展》，广东经济出版社 1998 年版。

薛凤旋：《都会经济区：香港与广东共同发展的基础》，《经济地理》2000 年第 20 卷第 1 期。

杨碧云、易行建：《广东外贸依存度高低的判断及其趋势预测——基于外贸依存度的国际与国内比较》，《国际经贸探索》2009 年第 25 卷第 1 期。

杨友孝、陈文良：《广东省外贸区域发展差异与外贸转型升级的关系研究》，《国际经贸探索》2014 年第 30 卷第 1 期。

佚名：《虎门服装成功"秘笈"》，《纺织服装周刊》2007 年第 42 期。

于剑、蔡颖：《推动企业改革　提高运营绩效　努力探索国有水务企业发展新模式》，《开放导报》2007 年第 5 期。

于之倩、杜文洁、张晗：《深圳产业转型升级的历史演进及影响因素研究》，《铜业工程》2016 年第 5 期。

俞晓东：《当前我国宏观经济政策之浅见》，《经济研究导刊》2009 年
第 17 期。

曾牧野、张元元、马恩成等：《转型期广东经济改革与发展》，广东经
济出版社 1998 年版。

翟宏伟、王文森：《广东产业转移初见成效》，《中国信息报》2009 年
7 月 22 日。

张玉荣、麦婉华：《阳江高新区作为广东示范性转移产业园——适应经
济新常态　融入"一带一路"大战略》，《小康》2015 年第 14 期。

张元元、招汝基、朱卫平：《顺德政府经济职能转变的考察》，《南方
经济》1997 年第 6 期。

张曌：《互联网背景下广东省制造业转型升级路径研究》，硕士学位论
文，广东财经大学，2015 年。

赵凌云：《"南方谈话"在中国改革开放与思想解放进程中的历史地
位》，《中南财经政法大学学报》2002 年第 2 期。

赵瑞希：《制造业"逃离"珠三角?》，《经济参考报》2017 年 8 月
4 日。

《制造业名城的转型与求索》，《南方日报》2013 年 4 月 17 日，2018
年 9 月 27 日（http://epaper.southcn.com/nfdaily/html/2013 - 04/
17/content_7182464.htm）。

《中国制造业转型广东样本：需要补"三堂课"》，《财经》2016 年 1
月 16 日。

钟坚：《经济特区的酝酿、创办与发展》，《特区实践与理论》2010 年
第 5 期。

朱雍：《2000—2001 年：中国国有企业改革的现状与前景》，《广西经
济管理干部学院学报》2001 年第 2 期。

朱雍：《1997—1998 年：中国国有企业改革的状况和前景》，载汝信
《1998 年：中国社会形势分析与预测》，社会科学文献出版社 1998
年版。

朱雍：《1999—2000：中国国有企业改革的现状与前景》，《探索》2000 年第 1 期。

朱雍：《1998—1999：中国国有企业改革的现状与前景》，《学习与实践》1999 年第 1 期。

《珠三角制造商第 8 期年度调研报告》2018 年 8 月 9 日。

2018 年 9 月 27 日，http：//guoqing. china. com. cn/zhuanti/2017 - 09/13/content_41579183. htm.

2018 年 9 月 27 日，http：//money. 163. com/15/1130/19/B9MLTQCB00-253B0H. html.

2018 年 9 月 27 日，http：//news. southcn. com/gd/content/2017 - 12/04/content_179321478. htm.

2018 年 9 月 27 日，https：//www. csgholding. com/Csg/overview. html.

2018 年 9 月 27 日，https：//www. sohu. com/a/110438039_468729.

2018 年 9 月 27 日，http：//tech. 163. com/05/0302/22/1DSGHE9H000-915BD. html.

2018 年 9 月 27 日，http：//tech. sina. com. cn/t/2005 - 06 - 24/1829645554. shtml.

2018 年 9 月 27 日，http：//www. gagc. com. cn/about_us/company_profile_jsp_catid_396_401_405. html.

2018 年 9 月 27 日，http：//www. marcopolo. com. cn/about - us/.

2018 年 9 月 27 日，http：//www. mindray. com/cn/about. html.

2018 年 9 月 27 日，http：//www. most. gov. cn/ztzl/kjzg60/dfkj60/gd/fzzcgh-cx/.

2018 年 9 月 27 日，http：//www. ndpaper. com/gb/aboutnd/profile. htm.

2018 年 9 月 27 日，http：//www. sohu. com/a/193955268_100007928.

2018 年 9 月 27 日，http：//www. wuyangmotor. com/about/i = 2& comContentId = 2. html.

2018 年 9 月 27 日，http：//www. zhongshungroup. com/allsocial. aspx # zlbj.

2018 年 9 月 27 日，http：//zwgk. gd. gov. cn/758336165/201307/t20130730_391840. html？keywords =.

2018 年 9 月 27 日，广东省科技厅网站（http：//www. most. gov. cn/zt-zl/kjzg60/dfkj60/gd/fzzcghcx/）。

2018 年 9 月 27 日，广东统计信息网（http：//www. gdstats. gov. cn/tj-zl/tjfx/201611/t20161128_348984. html）。

2018 年 9 月 27 日，广州统计信息网（http：//www. gdstats. gov. cn/tj-zl/tjfx/201006/t20100611_80054. html）。

2018 年 9 月 27 日，广州统计信息网（http：//www. gdstats. gov. cn/tj-zl/tjfx/200805/t20080506_59198. html）。

2018 年 7 月 1 日，中国经济网（http：//blog. ce. cn/index. php/uid – 113824 – action – viewspace – itemid – 1182446）。

# 后　　记

　　2018 年是中国改革开放四十年。习近平总书记指出，广东四十年发展历程充分证明，改革开放是党和人民大踏步赶上时代的重要法宝，是坚持和发展中国特色社会主义的必由之路，是决定当代中国命运的关键一招，也是决定实现"两个一百年"奋斗目标、实现中华民族伟大复兴的关键一招。

　　四十年来，在改革开放的旗帜下，中国开辟了一条全新的中国特色社会主义道路，对全球经济增长的贡献超过 30%，取得了举世瞩目的巨大成就。四十年前几乎没人听过中国制造，四十年后中国制造遍布全球。广东占全国 1.9% 的土地面积，贡献了全国 10% 的以上国内生产总值，其中广东制造功不可没。改革开放四十年来，广东制造一直走在全国制造业前列。

　　本书立足于总结改革开放四十年广东制造发展的经验和启示，沿着广东制造从无到有，从小到大、从简单粗放到高科技制造的发展探索和实践，总结了广东制造四十年发展中的四个阶段：起步发展、高速发展、调整发展、转型发展。回顾了每个阶段制造业发展中遇到的挑战、国家和地方开放政策和改革措施对制造业的显著影响，发展过程中支柱产业的变化与转型。

　　本书的具体分工如下：张斌教授对本书的结构设计与内容做了整体构思与安排。张斌教授与张宏斌副教授共同主持了全书五章的编撰，杨慧与谢瑞蓉参与了第一章的撰写，黄逸婷参与了第二章的撰写，段东霞参与了第三章的撰写，杨蕾参与了第四章的撰写，王强强参与了第五章的撰写。

本书是对广东制造发展四十年的总结，也是对广东制造发展研究领域诸多学者研究成果的系统梳理与回顾。本书编者由衷感谢诸多学者的研究为本书的编撰提供了大量的数据和素材！感谢出版社工作团队与中山大学岭南（大学）学院同仁不辞辛劳，确保本书如期出版！

**张斌　张宏斌**
2018 年 10 月于康乐园